U0920347

本书系北京高校中国特色社会主义理论研究协同创新中心（北京师范大学）阶段性成果。

人民日报学术文库

高校思想政治理论课专题教育教学案例丛书

中国特色社会主义专题教育教学案例

丛书主编　王树荫　张润枝

本册主编◎王　峰

人民日报出版社

图书在版编目（CIP）数据

中国特色社会主义专题教育教学案例 / 王峰主编 .
—北京：人民日报出版社，2017. 1
ISBN 978 - 7 - 5115 - 4500 - 8

Ⅰ. ①中… Ⅱ. ①王… Ⅲ. ①中国特色社会主义—专题研究—教案（教育） Ⅳ. ①D610

中国版本图书馆 CIP 数据核字（2017）第 024398 号

书　　名：中国特色社会主义专题教育教学案例
主　　编：王　峰

出 版 人：董　伟
责任编辑：陈　丹
封面设计：中联学林

出版发行：人民日报出版社
社　　址：北京金台西路 2 号
邮政编码：100733
发行热线：（010）65369509　65369527　65369846　65363528
邮购热线：（010）65369530　65363527
编辑热线：（010）65369518
网　　址：www. peopledailypress. com
经　　销：新华书店
印　　刷：北京天正元印务有限公司

开　　本：710mm × 1000mm　1/16
字　　数：295 千字
印　　张：17. 5
印　　次：2017 年 5 月第 1 版　　2017 年 5 月第 1 次印刷

书　　号：ISBN 978 - 7 - 5115 - 4500 - 8
定　　价：53. 00 元

前　言

什么是中国特色社会主义、怎样建设中国特色社会主义，是中国特色社会主义的根本问题。党的十八报告对中国特色社会主义的基本内涵、基本特征、基本遵循、根本保证等重大理论问题进行了阐释和说明。这些理论成果，深刻揭示了中国特色社会主义的本质，进一步回答了什么是中国特色社会主义、怎样建设中国特色社会主义的基本问题，体现了中国特色社会主义的实践特色、理论特色、民族特色、时代特色，把对中国特色社会主义规律的认识提高到了一个前所未有的新高度。

中国特色社会主义根植于中国人民的伟大实践之中，反映中国人民意愿、适应中国和时代进步要求。习近平总书记明确指出："中国特色社会主义不是从天上掉下来的，是党和人民历尽千辛万苦、付出巨大代价取得的根本成就。中国特色社会主义，既是我们必须不断推进的伟大事业，又是我们开辟未来的根本保证。"在中国特色社会主义的伟大实践中，中国特色社会主义道路是实现社会主义现代化的途径，是创造人民美好生活的必由之路；中国特色社会主义理论体系是实现中华民族伟大复兴的行动指南，是立于时代前沿、与时俱进的科学理论；中国特色社会主义制度是当代中国发展进步的根本制度保障，是对中国特色社会主义认识的进一步深化，也是我们党对世界社会主义发展的重大贡献。在庆祝中国共产党成立95周年大会上，习近平总书记明确提出坚持"中国特色社会主义道路自信、理论自信、制度自信、文化自信"。中国特色社会主义文化是我们党和人民在继承中华优秀传统文化、培育革命文化和建设社会主义先进文化的历史成果，文化自信的提出，标志着我们党对中国特色社会主义有了更加明确而开阔的文化建构。

中国共产党90多年的发展历程波澜壮阔，改革开放30多年来中国特色社会主义建设成就光彩耀人。实践发展永无止境，认识真理永无止境，理论创新永无止境。当前，我们要紧紧团结在以习近平为核心的党中央周围，团结一致，众志成城，高举中国特色社会主义伟大旗帜，坚定不移走中国特色社会主义道路，在实现中华民族伟大复兴的中国梦的征程中奋勇向前。

目 录

CONTENTS

第一章

中国特色社会主义理论

第一节　什么是社会主义，怎样建设社会主义

什么是社会主义、怎样建设社会主义，是邓小平同志在领导改革开放和现代化建设这一新的革命过程中，不断提出和反复思考的首要的基本的理论问题。1978 年十一届三中全会召开，这次会议冲破了教条主义和个人崇拜的束缚，重新确立了解放思想、实事求是的思想路线，作出了把工作重心转移到社会主义现代化建设上来的战略决策，旗帜鲜明地强调必须坚持社会主义道路，坚持人民专政，坚持中国共产党的领导，坚持马克思列宁主义、毛泽东思想。随后的十一届六中全会，党中央作出《关于建国以来党的若干历史问题的决议》，不仅提出了适合我国情况的社会主义现代化建设正确道路的经验启示，更成为邓小平理论的雏形。1992 年邓小平南巡讲话，重申了深化改革、加速发展的必要性和重要性，并从中国实际出发，在一系列重大的理论和实践问题上做出了重大突破，将建设有中国特色社会主义理论与实践大大地向前推进了一步。至此，邓小平理论正式形成。邓小平理论是一场以“实事求是”为精神实质的思想解放运动过程中产生或引用的旨在打破精神桎梏，促进社会主义经济和社会发展的一系列指导思想的总汇，它始终以建设有中国特色社会主义为主题，是中国共产党关于社会主义建设经验的理论总结，是马克思主义中国化的一大理论成果。本章节以邓小平理论为着眼点，选取社会主义初级阶段的基本国情、“一个中心，两个基本点”、“三个有利于”、社会主义市场经济、科学技术是第一生产力、“两手抓，两手都要硬”六个方面的 12 个案例，系统地论述了邓小平理论具体内容和伟大贡献。

一、社会主义初级阶段的基本国情

案例一：贫穷不是社会主义——小岗村的“壮举”

1978 年夏秋之交，安徽发生了百年不遇的特大旱灾，大批农民背井离乡外出乞讨。这年夏收分麦子，安徽省凤阳县小岗村每个劳动力才分到 3.5 公斤。全队 18 户，只有 2 户没有要过饭。队里严国昌等几个老人找到生产队长严俊昌商量：再这样下去不行了，得想想办法。办法就是不吃大锅饭！

副队长严宏昌再也不想出去要饭了，他联合了 18 户人家搞大包干。“我豁出去了，要是我被抓了，村上人会养活你们娘儿几个的。”他很悲壮地对自己的老婆说。

是年月的一天夜里，凤阳县梨园公社小岗生产队 18 户农民，聚在村里一间屋里，他们神态极为严峻地写下了一纸契约，全文如下：

时间：1978 年 12 月

地点：严立华家

我们分田到户，每户户主签字盖章，如此后能干，每户保证完成每户全年上交公粮，不在（再）向国家伸手要钱要粮。

如不成我们干部作（坐）牢杀头也干（甘）心，大家社员们也保证把我们的小孩养活到 18 岁。

到会的 18 人按了血红的手印。他们并不知道，这个小小的契约，却预示着农村一场大变革的开始。对于这个冒着身家性命危险带头实行“大包干”的严宏昌来说：这是逼出来的，不改革只有死路一条。

“不改革只有死路一条”，这也正是邓小平反复告诫人们的话。

安徽凤阳小岗村 20 户农民代表联名签订了分田和包产到户的契约，由此揭开了中国农村经济体制改革的序幕。而这份“红手印包干书”后来成为中国农村改革的一份重要文件，被认为是全国第一份包干合同书。

1979 年，小岗生产队大丰收，全年粮食产量由原来的 1.5 万多公斤猛增到 6 万多公斤。

这个自农业合作化以来从未向国家交过公粮的农村，第一次向国家交了公粮，还了贷款。这是他们做梦都不敢想的事。小岗的突破，产生了极大的示范效应，也引起了激烈的争论。

怎么看待这一突破性的实践呢？这令各省乃至中央官员伤了脑筋。

正在此时，邓小平于 1980 年 5 月 31 日同中央负责人就农村问题发表了重要谈话。

邓小平说："农村政策放宽以后，一些适宜搞包产到户的地方搞了包产到户，效果很好，变化很快。安徽肥西县绝大多数生产队搞了包产到户，增产幅度很大。'凤阳花鼓'中唱的那个凤阳县，绝大多数搞了大包干，也是一年翻身、改变面貌，有的同志担心，这样搞会不会影响集体经济。我看这种担心是不必要的。"

邓小平在关键时刻发表谈话，一下子扭转了乾坤。

根据邓小平谈话的精神，中央于1980年9月召开了各省市自治区第一书记座谈会，会后，中央印发了《关于进一步加强和完善农业责任制的几个问题的通知》（即"75号文件"，以下简称《通知》）。

这份《通知》终于公开接受用包产到户的办法解决中国农村的贫困。

（摘自：武文胜、艾琳：《1978年小岗村改革始末》，共产党员网，2016年05月01日，http://news.12371.cn/2016/05/01/ARTI1462064813467172.shtml，题目自拟。）

案例分析：

小岗村的改革是我国农村改革的一个缩影。1978年小岗村实行家庭联产承包责任制后，人们的生活水平获得了极大提高，"一年翻身，改变面貌"，小岗村迈出了中国巨变的第一步，拉开了中国改革开放的序幕。

改革开放前，中国经济发展水平较低，商品、食品供应严重匮乏，部分农村甚至没有解决最基本的温饱问题。小岗村的"壮举"不仅为我国农村改革开辟了一条道路，更反映了社会主义建设的一个重要思想：贫穷不是社会主义。1987年4月26日，邓小平在接见外宾时指出："搞社会主义，一定要使生产力发达，贫穷不是社会主义。我们坚持社会主义，要建设对资本主义具有优越性的社会主义，首先必须摆脱贫穷。"改革开放前，中国大部分地区追求绝对的共产主义，单一的计划经济体制致使中国陷入"穷社会主义"的怪圈，邓小平站在历史的高度上，率先提出"贫穷不是社会主义"的论断，不仅反映了农民摆脱贫穷的呼声，也成为了改革开放的先声。

思考讨论：

1. 小岗村迫于无奈进行的改革反映了改革开放前中国农村的什么问题？

2. 联系小岗村的改革谈谈我国农村的改革历程。

案例二：1978年邓小平访日

1978年是中国国家战略发生重大转变之年。是年8月，中日两国政府缔结《中日和平友好条约》，10月22日至29日，邓小平作为中国国家领导人，二战后首次正式访问日本。这次访问，是为了出席互换《中日和平友好条约》批准书仪式，也是邓小平在酝酿中国现代化大战略的过程中所做的一次取经之旅。邓小平访问日本时正值中共十一届三中全会前夕，他作为中国改革开放的总设计师，心中正在勾画着改革开放的宏伟蓝图，脑中思考着中国将来如何富强。

访问期间，邓小平在东京的日本记者俱乐部举行了一次为世人瞩目的记者招待会。参加记者招待会的400多名记者来自共同社、时事社、路透社、合众国际社、美联社、法新社、德新社等著名新闻机构。这是中华人民共和国领导人在出访时第一次同意以“西欧方式”同记者见面。

在回答有关中国的现代化问题时，邓小平让西方记者们充分领略了他坦率、务实和开放的风格。他说：“我们所说的在本世纪末实现的现代化，是指比较接近当时的水平。世界在突飞猛进地前进，那时的水平，例如日本就肯定不是现在的水平，我们要达到日本、欧洲、美国现在的水平就很不容易，要达到22年以后的水平就更难。我们清醒地估计了这个困难，但是，我们还是树立了这么一个雄心壮志。”

谈到要承认落后的时候，他突然说了一句饶有风趣的话：“长得很丑却要打扮得像美人一样，那是不行的。”这一尖刻的自我评价逗得记者们哄堂大笑，他们不得不承认，这种态度正是中国重新崛起的希望所在。

访问期间，邓小平还会见了日本社会党、公明党、民社党、新自由俱乐部、社会民主联盟和共产党等六个在野党领导人，并进行了约15分钟的恳谈。

恳谈中，邓小平大概想起了徐福奉秦始皇之命东渡日本寻求长生不老药的故事，便把话题一转，对大家说：“听说日本有长生不老药，这次访问的目的是：第一交换批准书；第二对日本的老朋友所做的努力表示感谢；第三寻找长生不老药。”话音一落，议长室里就爆发出哄堂大笑。之后，他又愉快地补充说：“也就是为寻求日本丰富的经验而来的。”邓小平的话诱发了各党领导人的幽默感。一时间，议长室里谈的尽是“关于药的话题”。

在对日本8天的访问中，邓小平挤出时间，怀着浓厚的兴趣先后参观了新日铁公司、日产汽车公司和松下电器公司等三个大企业。乘坐新干线从东京去关西时，记者问他有何感想。他说："快，真快！就像后边有鞭子赶着似的！这就是现在我们需要的速度。""我们现在很需要跑。"他还说，"这次访日，我明白什么叫现代化了。"

他在参观新日铁的君津钢铁厂时，仔细询问了工厂的设备、技术，并希望日本朋友把先进的生产管理经验介绍给在那里实习的中国工人，使人感到了他一定要在中国建成同样先进工厂的决心。正是这种决心在后来促成了上海宝钢的中日合作项目。邓小平在访问中总是一边参观，一边对比。

访问日本松下电器公司时，邓小平应邀来到一间展示微波炉等新产品的展览室，讲解人员把一盘烧麦用微波炉加热后，请邓小平观看，邓小平拿起一个烧麦看了，突然一下放到嘴里，边吃边说味道不错。这一幕出乎松下公司职员的意料，大家无不赞叹邓小平敢于尝试的精神。

（摘自：王泰平：《改革开放前夕：邓小平学到了什么》，中国共产党新闻网，2009年04月20日，http：//dangshi. people. com. cn/GB/85038/9155771. html，题目自拟。）

案例分析：

1978年，邓小平应邀访问日本，此次日本之行于邓小平而言是一次学习之旅，而于百废待兴的中国而言是一个重要转折。日本的经济发展勾勒出了邓小平眼中的现代化雏形，也展现出中国与日本存在的巨大差距。

党的十一届三中全会以后，在总结新中国成立以来历史经验和改革开放以来新的实践经验的基础上，党对我国社会主义所处的历史阶段进行了新的探索，逐步做出了我国还处于并将长时期处于社会主义初级阶段科学论断，准确地把握了我国的基本国情。社会主义初级阶段的基本国情，一是表明了我国社会已经是社会主义社会，我们必须坚持而不能离开社会主义；二是表明了我国的社会主义还在初级阶段。我们必须从这个实际出发，而不能超越这个阶段。这个最基本的国情告诉我们：只有改革开放才能使中国人民走向共同富裕的道路，只有改革开放才能使中国屹立于世界之林。

思考讨论：

1. 如何理解"长得很丑却要打扮得像美人一样，那是不行的"这句话？
2. 如何看待社会主义初级阶段的基本国情？

二、一个中心，两个基本点

案例一：错误思想倾向与《坚持四项基本原则》

十一届三中全会结束后不久，邓小平就敏锐地注意到了党内外出现的一些新的错误思想倾向。在经过实事求是的具体分析后，及时果断地采取应对措施。1979年1月18日至4月3日，中共中央在北京召开了理论工作务虚会。这是一次思想解放的会议，但是会议也暴露出一些新的错误思想倾向。在这种情况下，邓小平感到有必要对党内外出现的这些错误倾向进行纠正，讲一讲应该坚持的基本原则，确立共同的政治底线。1979年3月27日，邓小平在同胡耀邦、胡乔木等人谈话时，集中谈了讲话稿要表达的思想。他明确指出：四个坚持，坚持社会主义道路，坚持无产阶级专政，坚持党的领导，坚持马列主义、毛泽东思想的基本原理，现在该讲了。他要求讲话稿要结合分析当时出现的几个非法组织的活动来讲清楚“什么是社会主义民主”，以动员群众同坏人作斗争。

1979年3月30日，邓小平在理论工作务虚会上发表了《坚持四项基本原则》的长篇讲话，对前段时间党内的思想状况和社会上的思潮做出了回应。他批评“左”和右两种错误倾向，为刚刚开启的改革开放指明了方向。邓小平的讲话得到了绝大多数与会人员的支持。胡耀邦在会议的结束语中称赞邓小平的讲话使得整个会议开得相当圆满。

邓小平在《坚持四项基本原则》中明确指出：“中央认为，我们要在中国实现四个现代化，必须在思想政治上坚持四项基本原则。这是实现四个现代化的根本前提。”“这四项基本原则并不是新的东西，是我们党长期以来所一贯坚持的。”他还特地指出：“中央认为今天还是有很大的必要来强调宣传这四项基本原则。因为现在一方面，党内有一部分同志还深受林彪、‘四人帮’极左思潮的毒害，有极少数人甚至散布流言蜚语，攻击中央在粉碎‘四人帮’以来特别是三中全会以来所实行的一系列方针政策违反马列主义、毛泽东思想；另一方面，社会上有极少数人正在散布怀疑或反对这四项基本原则的思潮，而党内也有个别同志不但不承认这种思潮的危险，甚至直接间接地加以某种程度的支持。虽然这几种人在党内外都是极少数，但是不能因为他们是极少数而忽视他们的作用。事实证明，他们不但可以而且已经对我们的事业造成很大的危害。因此，我们必须一方面继续坚定地肃清‘四人帮’的流毒，帮助一部分还在中毒的同志觉悟过来，并且对极少数人所散布的诽谤党中央的反动言论给予痛击；另一方面用巨大的努力同怀疑上面所说的四项基本原则的思潮作坚决的斗争。”值得一提的是，当时四项基本原则的提出，既是为了纠“左”，也是为了纠右。但是随着改革开放的深入发展，其针对性越来越表现为纠正资产阶级自由化思潮。

（摘自：胡新民：《邓小平与四项基本原则》，《观察者》2015 年 05 月 11 日，http：//www. guancha. cn/HuXinMin/2015_ 05_ 11_ 319083. shtml，题目自拟。）

案例分析：

十一届三中全会召开前，中国经历了十年浩劫，“文革”中存在的“左倾”思想在短时间内很难消除，面对解放思想、实事求是的指导思想以及改革开放的政策，党内外出现了一些错误的思想动向，而《坚持四项基本原则》就是针对错误思想倾向提出的。

坚持四项基本原则即坚持社会主义道路；坚持人民民主专政；坚持共产党的领导，坚持马列主义、毛泽东思想。四项基本原则是中国共产党的立国之本，是实现现代化的根本前提。这也表明中国的改革开放是有计划、有选择地引进资本主义国家的先进技术和有益东西，绝不是引进资本主义制度和各种丑恶颓废的东西。中国的改革开放，从一开始就具有明确的社会主义方向，在社会主义现代化建设的过程中，必须坚持思想基本原则，坚决反对资产阶级自由化。

思考讨论：

1. 十一届三中全会后，《坚持四项基本原则》的讲话起到了什么作用？
2. 联系实际，谈谈你对“坚持四项基本原则”的看法。

案例二：一夜崛起的魅力之都——深圳

设计经济特区———为中国改革开放杀出一条血路

改革开放、振兴中华，是历史赋予中国共产党人新时期的新使命。1979 年，小平同志对时任广东省委书记习仲勋说：“还是办特区好，过去陕甘宁就是特区。中央没有钱，你们自己去搞，杀出一条血路来。”

由此中央工作会议确定在对外经济活动中，授权广东实行特殊的政策和灵活的措施，并酝酿在深圳、珠海、汕头等地兴办经济特区。小平同志根据全球化的时代特征和中国国情，高屋建瓴地设计了深圳等经济特区的发展模式，倾注了一代伟人的胸怀、智慧和谋略。

创办经济特区———为中国改革开放打造一批样板

1979 年 7 月，在小平同志作为中国改革开放总设计师的统领下，中共中央、国务院同意在广东省的深圳、珠海、汕头三市和福建省的厦门市试办出口特区，实行特殊的经济政策，灵活的经济措施和特殊的经济管理体制，并以外向型经济为发展目标。1980 年 5 月，中共中央和国务院决定将深圳、珠海、汕头和厦门这四个出口特区改称为经济特区，1980 年 8 月深圳经济特区正式成立。

特区的创办引领并推动了全国的改革开放和现代化建设的进程。一方面，深圳必须建设按国际惯例运作的新体制；另一方面，深圳必须突破传统的计划经济体制，探索建立新的经济体制和行政体制，建立能够适应在市场经济条件下运行的新体制。

肯定经济特区——为中国改革开放指明新的方向

1984 年，小平同志来到深圳经济特区，这既是深圳经济特区创业发展的关键时期，也是深圳发生有关“姓资姓社”论争最激烈的时候，小平同志为深圳题字：“深圳的发展和经验证明，我们建立经济特区的政策是正确的。”小平同志对深圳高度肯定和鼎力支持，不仅坚定了深圳人改革创新的意志，而且影响并推动了全国改革开放的进程。

与此同时，小平同志还提出：“特区是个窗口：是技术的窗口、管理的窗口、知识的窗口，也是对外政策的窗口”，展示了小平同志杰出的对外开放的战略和思想，体现了小平同志吸收和借鉴人类社会创造一切文明成果的胸怀和眼光。

总结经济特区——为中国改革开放确定方法路径

1992 年，小平同志再次亲临深圳经济特区视察，小平同志教导说：“改革开放胆子要大一些，敢于试验，不能像小脚女人一样，看准了的，就大胆地试，大胆地闯，深圳的重要经验就是敢闯”。小平同志的重要讲话，不仅总结了经济特区的精神特质和方式方法，而且极大地鼓舞和振奋了深圳人干事创业的精神。

作为中国改革开放方法论的设计者，小平同志在视察深圳的时候还就国家的发展提出了共同富裕的思想：他认为一部分地区有条件先发展起来，一部分地区发展慢点，先发展起来的地区带动后发展的地区，最终达到共同富裕。从而进一步揭示了社会主义社会的本质特征和方法路径。

（摘自：魏达志：《改革开放在深圳的伟大实践——邓小平同志创办经济特区的智慧与魅力》，《人民政协报》2014 年 8 月 21 日第 003 版，题目自拟。）

案例分析：

1987 年中国共产党第十三次全国代表大会制定了“党的基本路线”，核心内容即“一个中心，两个基本点”，既是以经济建设为中心，坚持四项基本原则，坚持改革开放。“一个中心，两个基本点”是根据我国社会主义初级阶段的基本国情指定的，充分体现了社会主义本质的要求，是解决我国现阶段社会矛盾的根本途径。

深圳作为改革开放的排头兵，在党的正确领导下取得了丰硕的成果，而深圳的发展也正是党的基本路线的有力体现。在深圳的发展中，始终坚持以经济建设为中心，以四项基本原则为前提，以改革开放为途径，解放思想，实事求是，不断锐意进取，勇攀高峰。事实证明，邓小平同志提出的“一个中心，两个基本点”，既是我们党在指导建设中国特色社会主义现代化建设的总方针，又是解放思想、实事求是在新时期的具体表现。深入贯彻落实“一个中心，两个基本点”是建设中国特色社会主义的必由之路。

思考讨论：

1. 改革开放以来，深圳发生了翻天覆地的变化。深圳的发展成就归功于什么?

2. 搜集资料，联系实际，谈一谈中国改革开放的前后变化。

三、三个有利于

案例一：“关广梅现象”与“姓资姓社”大讨论

在中国共产党第十三次全国代表大会期间的媒体见面会上，时年37岁的关广梅和其他三位企业家一起代表着20世纪80年代末中国社会最为重要的新兴力量。

在西方记者的逼问下，关广梅坦率透露了她在1986年的全部收入：44000元人民币。

在西方记者的追问下，关广梅坦率透露了她在1986年的全部收入：44000元人民币。当时的社会经济环境下，这个数字是中国人平均收入的12倍。但关解释说，她真实的收入只是平均值的2.5倍，其他收益都有着多元的处理方式，比如，以奖金的形式返还给工人、做一些未来投资以及尽可能支持国家建设。

事实上，激起西方媒体兴趣的不仅是关广梅的财富数据，而是在经济并不发达的辽宁本溪市租赁了8个食品商店、拥有1000名员工，使关广梅成为当年最富争议的经济人物。

关广梅1971年参加商业工作，从副食商店的营业员、业务员、门市部主任做到业务副经理。

1984年以后，关广梅的人生被改革开放的浪潮改变，她在改革中摸着石头总结出的经营方式取得了甚至超出她自己预料的效果。

1984年，她在本溪市蔬菜公司组织的承包招标中，以当年完成12万元，次年完成14万元，第三年完成16万元的利润指标，夺标承包消防副食商店。实际上，关广梅当年就实现利润18万元，当上了消防副食商店经理。

1985年初，关广梅提出租赁经营的设想，并成为本溪市第一个租赁经营者。1987年伊始，关广梅又与辞职投身改革的本溪市委政研室处长李明一起合租5家副食商店，形成了以本溪市最大的东明副食商场为龙头的8家租赁经营群体——东明商业集团。

然而改革的阻力和麻烦还是伴随着商场和个人不断提高的经济收益到来了。1986年开始，关广梅个人租赁经营群体引起了社会各界或是或非的种种关注。

承包经营者和生产工人是什么关系？如果个人说了算，工人还能不能说是企业的主人？个人承包的模式是不是又回到了资本主义经营方式？

1986年6月，《经济日报》上刊出了长篇通讯《关广梅现象》和《本溪市委、市政府的一封吁请信》，文章以“本溪出了个关广梅”开头，既描写了关广梅实行改革过程中取得的种种成绩，更真实地反映了她在改革中面临的阻力和困惑。并在随后通过多篇深度系列报道，在全国掀起了一场商业企业实行个人承包、租赁和租赁群体的经营方式是社会主义的，还是资本主义的，即所谓姓“社”、姓“资”的大讨论。正是这场实质上关系着中国经济改革性质认识的大讨论，标志着中国经济体制改革进入了一个新的时期。

在那个时期，城市内的经济体制改革话题还比较敏感，很少有哪个报纸敢做相关的报道，《经济日报》在此做了大胆的尝试，通过大讨论的形式对城市经济改革给予了支持。

时任《经济日报》评论部主任，后曾任《经济日报》总编辑的冯并在他撰写的《“关广梅现象”提出了什么》一文明确指出：“人们不要动辄提出姓什么问题，不要受旧框框、旧模式的影响，一遇到改革现象，一讲改革人物，就用‘社’和‘资’的陈旧尺度去衡量，观念不改革，我们将永远在姓什么问题上争论不休，徘徊不前。”

（摘自：《关广梅引发的“姓资姓社”大讨论》，北京广播网，2008年09月24日，http：//i1.www.rbc.cn/gbwzt/08zt/hczg/ylcj/200809/t20080924_871041.htm，题目自拟。）

案例分析：

20世纪80年代，“关广梅现象”的出现使人们对中国的发展产生了困惑，当时国内是一片清查资产阶级自由化以及对改革开放“姓资姓社”的争辩。

1990年2月，北京一家报社刊出《关于反对资产阶级自由化》的文章，这是最早提出改革开放“姓资姓社”问题的文章，此后，“姓资姓社”的争论持续发酵。关键时刻，邓小平指出，“不要以为，一说计划经济就是社会主义，一说市场经济就是资本主义，不是那么回事，两者都是手段，市场也可以为社会主义服务。”“关广梅现象”以及“姓资姓社”的争论反映了改革开放过程中人们对新兴事物认知的不断发展，而经过这场争论，中国人民更加明白，坚持改革开放是人心所向，发展市场经济是大势所趋，加快发展提高生活水平是众望所归，与时俱进、不断解放思想是必经之路。

思考讨论：

1. “关广梅现象”说明了什么问题？
2. 如何看待“姓资姓社”的大讨论？

案例二：南巡讲话——东方风来满眼春

《在武昌、深圳、珠海、上海等地的谈话要点》（节选）

改革开放胆子要大一些，敢于试验，不能像小脚女人一样。看准了的，就大胆地试，大胆地闯。深圳的重要经验就是敢闯。没有一点闯的精神，没有一点“冒”的精神，没有一股气呀、劲呀，就走不出一条好路，走不出一条新路，就干不出新的事业。不冒点风险，办什么事情都有百分之百的把握，万无一失，谁敢说这样的话？一开始就自以为是，认为百分之百正确，没那么回事，我就从来没有那么认为。每年领导层都要总结经验，对的就坚持，不对的赶快改，新问题出来抓紧解决。恐怕再有三十年的时间，我们才会在各方面形成一整套更加成熟、更加定型的制度。在这个制度下的方针、政策，也将更加定型化。现在建设中国式的社会主义，经验一天比一天丰富。经验很多，从各省的报刊材料看，都有自己的特色。这样好嘛，就是要有创造性。

改革开放迈不开步子，不敢闯，说来说去就是怕资本主义的东西多了，走了资本主义道路。要害是姓“资”还是姓“社”的问题。判断的标准，应该主要看是否有利于发展社会主义社会的生产力，是否有利于增强社会主义国家的综合国力，是否有利于提高人民的生活水平。对办特区，从一开始就有不同意见，担心是不是搞资本主义。深圳的建设成就，明确回答了那些有这样那样担心的人。特区姓“社”不姓“资”。从深圳的情况看，公有制是主体，外商投资只占四分之一，就是外资部分，我们还可以从税收、劳务等方面得到益处嘛！多搞点“三资”企业，不要怕。只要我们头脑清醒，就不怕。我们有优势，有国营大中型企业，有乡镇企业，更重要的是政权在我们手里。有的人认为，多一分外资，就多一分资本主义，“三资”企业多了，就是资本主义的东西多了，就是发展了资本主义。这些人连基本常识都没有。我国现阶段的“三资”企业，按照现行的法规政策，外商总是要赚一些钱。但是，国家还要拿回税收，工人还要拿回工资，我们还可以学习技术和管理，还可以得到信息、打开市场。因此，“三资”企业受到我国整个政治、经济条件的制约，是社会主义经济的有益补充，归根到底是有利于社会主义的。

计划多一点还是市场多一点，不是社会主义与资本主义的本质区别。计划经济不等于社会主义，资本主义也有计划；市场经济不等于资本主义，社会主义也有市场。计划和市场都是经济手段。社会主义的本质，是解放生产力，发展生产力，消灭剥削，消除两极分化，最终达到共同富裕。就是要对大家讲这个道理。证券、股市，这些东西究竟好不好，有没有危险，是不是资本主义独有的东西，社会主义能不能用？允许看，但要坚决地试。看对了，搞一两年对了，放开；错了，纠正，关了就是了。关，也可以快关，也可以慢关，也可以留一点尾巴。怕什么，坚持这种态度就不要紧，就不会犯大错误。总之，社会主义要赢得与资本主义相比较的优势，就必须大胆吸收和借鉴人类社会创造的一切文明成果，吸收和借鉴当今世界各国包括资本主义发达国家的一切反映现代社会化生产规律的先进经营方式、管理方法。

（摘自：邓小平：在武昌、深圳、珠海、上海等地的谈话要点，人民网，2000年12月29日，http：//www.people.com.cn/GB/channel1/10/20000529/80756.html，题目自拟。）

案例分析：

1992年1月18日—2月21日，改革开放的总设计师邓小平，以普通党员身份，先后赴武昌、深圳、珠海和上海视察，沿途发表了重要讲话。3月26日，《深圳特区报》率先发表了“东方风来满眼春——邓小平同志在深圳纪实”的重大社论报道，并集中阐述了邓小平南巡讲话的要点内容。

其中，针对“姓资姓社”的争论，邓小平提出了衡量一切工作是非得失的判断标准——“三个有利于”，即：是否有利于发展社会主义社会的生产力，是否有利于增强社会主义国家的综合国力，是否有利于提高人民的生活水平。“三个有利于”的提出打消了人们在改革开放问题上的疑虑，体现了中国在社会主义初级阶段解放和发展生产力的根本任务，更体现了中国增强综合国力的强烈愿望。“三个有利于”的判断标准不仅倡导了以人为本的思想理念，符合人的本质属性的要求，还兼顾了社会、国家、人民三方面的利益，是放之四海皆准的真理。

思考讨论：

1. 邓小平视察南方并发表重要讲话的背景是什么？
2. 联系实际，谈谈邓小平南巡讲话的重大意义。

四、社会主义也可以搞市场经济

案例一：改革开放后非公有制经济的发展

1992 年 1 月 18 日至 2 月 21 日，中国改革开放的总设计师邓小平同志视察南方并发表重要讲话，吹响了第二次思想解放的号角。

邓小平同志的南巡讲话，是进一步解放思想、实事求是的宣言书，犹如强劲的东风，吹遍了特区，吹遍了全国，吹散了人们头脑中的种种疑虑和禁忌，极大地解放了人们的思想。邓小平讲话中“三个有利于”的科学论断，为包括个体、私营经济在内的非公有制经济健康发展扫除了理论上和思想上的障碍，也为中共第十四次全国代表大会的召开奠定了思想基础。

1992 年 10 月 12 日党的十四大报告指出：“在所有制结构上，以公有制包括全民所有制和集体所有制为主体，个体经济、私营经济、外资经济为补充，各种经济成分长期共同发展，不同经济成分还可以自愿实行多种形式的联合经营。”党的十四大从时间上和空间上进一步为个体经济确立了重要地位，即确立了中国的个体私营经济不但要长期存在和发展，而且要同公有制经济在市场经济中互相合作、互相竞争，成为中国经济发展的一支重要力量。之后，党和国家采取了一系列政策和措施，鼓励、扶持和促进个体私营经济的发展。国家工商行政管理局放宽了私营经济的经营方式，简化了私营企业的登记手续，“除了关系国家安全和人民健康的行业外，原则上都允许个体、私营经济从事生产经营。”

1993 年 5 月。国家工商行政管理局发布了《关于促进个体经济私营经济发展的若干意见》对个体、私营经济的发展作出了更多更新更有利的规定。1993年11月，中共十四届三中会全通过了《中共中央关于建立社会主义市场经济体制若干问题的决定》，指出："在积极促进国有经济和集体经济发展的同时，鼓励个体、私营、外资经济发展。"同时还指出："公有制的主体地位主要体现在国家和集体所有的资产在社会总资产中占优势，国有经济控制国民经济的命脉及其对经济发展的主导作用等方面，而有的地方，有的产业可以有所不同，也就是说，并不需要各行各业在数量上都居绝对的主体地位。"中共十四届三中全会所作的以上决定，是建立社会主义市场经济的需要。同时也回答了理论界热烈讨论和人们关心的一些重大问题，对中国个体、私营经济的发展也具有重大和深远的指导意义。

1995年9月，党的十四届五中全会审议并通过了《中共中央关于制定国民经济和社会发展"九五"计划和2010年远景目标的建议》，进一步把发展个体私营经济作为今后十五年经济和社会发展必须贯彻的重要方针明确提了出来。在邓小平南方重要讲话及之后党的各项新的经济政策的鼓舞下，全国各省、自治区、直辖市先后做出了进一步发展个体、私营经济的决定，相继推出具体政策和措施以扶持、鼓励个私经济的发展。个体、私营经济发展进入了一个"黄金时节"，其发展速度空前迅猛。

（摘自：白晓玉：《改革开放以来中国个体私营经济的发展历程及思考》，《经济研究导刊》，2009年第12期，题目自拟。）

案例分析：

计划经济曾一度被认为是社会主义、共产主义的经济标志之一。新中国成立以来，中国的计划经济虽然为中国早期的经济恢复和发展做出了贡献，但也展现出诸多弊端。十一届三中全会后，邓小平尝试对当时的经济体制进行改革，提出了"社会主义也可以搞市场经济"的观点，尝试着将中国的经济体制从计划经济转移到市场经济上，建立社会主义市场经济体制。

1984年10月的十二届三中全会，会议一致通过《中共中央关于经济体制改革的决定》，系统地阐明了经济体制改革的重大问题，确认中国社会主义经济是公有制基础上的有计划的商品经济。1986年，全民所有制企业改革启动。1992年，社会主义市场经济体制改革目标确立。自此后，社会主义市场经济体制不断完善，非公有制经济获得了迅猛发展。社会主义市场经济的不断完善，一方面促进了人民生活水平的大大提高，基本实现了从贫困到小康的历史性飞跃；

另一方面促进了我国国民经济的飞速发展，国际地位的不断提高。可以说社会主义市场经济体制的确立是中国特色社会主义道路探索的正确选择。

思考讨论：

1. 改革开放后，个体、私营经济的迅猛发展说明了什么？
2. 联系实际，谈谈你对“社会主义也可以搞市场经济”的看法。

案例二：弄潮儿“下海”

当把万科、联想、海尔、上海大众、健力宝这几个名字联系起来，你也许想不到他们有一个共同之处：这几个在中国叱咤风云的企业都诞生在1984年前后。不仅如此，在这一年和以后的数年，诞生了很多当时微不足道，日后却各领风骚的公司。这一年，中国出现了第一次“下海经商”浪潮。

1984年初，邓小平来到南方，马不停蹄遍走特区，并为深圳、珠海两个经济特区题词。1984年10月，中共十二届三中全会讨论通过《中共中央关于经济体制改革的决定》，阐明了加快以城市为重点的整个经济体制改革的必要性、紧迫性，强调了增强企业活力，发展社会主义商品经济，政企分开等重大问题。

当时，人们普遍的思想观念是“捧铁饭碗、拿死工资”。然而，一部分有着强烈经商意识的人却不安于现状，开始把“铁饭碗”扔到了一边，一头扎入“商海”，一批民营企业在各地几乎同时涌现出来。这些人中包括如今已赫赫有名的企业家王石、柳传志、张瑞敏等，还有无数名气虽不那么响亮，但至今仍在商海遨游的人。从1984年起，“下海”这个词迅速在中国大地上热了起来。

1984年5月，刚刚闯到深圳不到一年的王石创办了“深圳现代科教仪器展销中心”，王石当上了经理。王石后来在他的自传中讲述了自己下海的经历。

1983年，王石离开广东省外经委来到深圳。当他看到如同一个巨大建设工地般的深圳，“兴奋，狂喜，恐惧的感觉一股脑涌了上来，手心汗津津的”。王石强烈地意识到这块尘土飞扬的土地孕育着巨大的机会。

在深圳做什么呢？他心里还没有数。但很快，王石发现一个买卖玉米的生意。王石打听到，香港大量需要玉米，而香港本土并不产玉米，几乎都是从国外进口。王石想为何不从东北直接运到香港呢？于是王石的第一单玉米生意开始了。有了第一桶金，王石在1984年组建深圳现代科教仪器展销中心，这就是万科的前身。

几年之后，深圳万科股份有限公司成立，公开向社会发行2800万股股票，并正式涉足地产业。1991年1月29日，万科在深交所挂牌交易，成为内地首批公开上市企业。2000年8月，中国华润总公司成为万科的第一大股东，万科成为专一地产公司，中国地产第一品牌。

在下海经商热潮的带动下，1984年成为中国现代企业和企业家诞生最为集中的一年。这一年，两个濒临倒闭的集体小厂合并成立了青岛冰箱总厂，出任厂长的张瑞敏引进德国利勃海尔的技术，最后将这家企业发展成中国家电知名企业“海尔”；这一年，广东三水的李经纬创出了健力宝品牌，并将其打向了美国洛杉矶奥运会；这一年，马胜利出任石家庄造纸厂厂长，以推行承包而闻名全国，他吸收了横跨全国十多个省市的100多家企业，组建了“中国马胜利造纸企业集团”，集团年产值曾达到4亿元；这一年，张近东从南京师范大学毕业，凭借10万元创业资本下海，随后创办了苏宁电器；也是这一年，上海大众汽车公司建立，并蝉联全国最大500家外商投资企业榜首位置多年……

正因为如此，有人将1984年称为中国的“公司元年”，下海、停薪留职也成为当时的一个流行词，“你下海了吗?”人们见面时常会发出这样的问候。改革开放后，中国大地共有三次下海经商浪潮，1984年的便是第一次，其后两次发生在1987年和1993年。在一次次的下海热中，一部分人先富了起来，经商的热情激发了起来，人们的目光不再只盯着“铁饭碗”，创业者翱翔的天空越来越广阔。

（摘自：《改革开放—弄潮儿纷纷“下海”》，辽宁省人民政府网，2009年09月09日，http://www.ln.gov.cn/qmzx/60ngq/60hh/hjsy/1984/200909/t20090909_419968.html，题目自拟。）

案例分析：

改革开放出期，不少有雄心壮志的青年从国有单位辞职，转而从事商业活动，成为了最早的“下海”者，如民营企业主、创业者等。1992年，邓小平南方讲话之后，国务院修改和废止了400多份约束经商的文件，大批官员和知识分子投身私营工商业，成为市场经济大潮中的弄潮儿。许多当时名不见经传的小人物，成为了叱咤房地产业的亿万富翁，下海的官员也是不计其数。据人事部统计，1992年，辞官下海者12万人，不辞官却投身商海的人超过1000万人。下海经商的浪潮有其特殊的背景。当初，社会主义市场经济体制尚未健全、竞争规则需要更多人才去“试水”，“下海潮”的出现，对突破当时僵化的经济体制起到了积极的作用。但需要注意的是，这种留着“铁饭碗”，以优惠政策鼓励公务员“下海”的做法，作为计划经济时代向市场经济时代转型时期的特定产物，随着中国市场经济的日趋成熟，已完成了历史使命，并退出了历史舞台。但是“下海潮”的出现表明了人们渴望富裕、勇于拼搏的奋斗精神，也表明了社会主义市场经济在中国的逐步确立。

思考讨论：

1. 改革开放后，为什么会出现下海经商的浪潮？
2. 搜集资料，谈谈你知道的下海经商的代表人物。

五、科学技术是第一生产力

案例一：尊重知识，尊重人才——1977 年恢复高考

1977 年底参加完高考后，孟繁华每天都要去一个地方——邮局，每次她都怀着焦急的心情询问邮局的工作人员：“有孟繁华的信吗?”因为景泰县城并不大，有时她还要一天去两趟，就这样过了 20 多天，有一天孟繁华终于等到了她要等的“信件”——兰州大学中文系的录取通知书。

今年 53 岁的孟繁华属于人们常说的“小三届”，是 74 届高中毕业生。直到拿上录取通知书的那一刻，孟繁华更庆幸自己当初所做的决定。孟繁华是家里的老大，还有两个妹妹。她初中毕业时，规定达到 18 周岁就可以招工，家里人考虑到家庭比较困难，都希望孟繁华去当工人，但是她一心要上高中。虽说高考已经暂停好几年了，但孟繁华想，上高中是上大学的一个台阶，是必经之路，有一天高考恢复了总能用得上。在她的坚持下，她以优异的成绩完成了高中学业，毕业后分到景泰兴泉公社喜集水大队插队，做了一名民办教师，教初中语文。

采访中，孟繁华反复提到，在恢复高考第一批考上大学的人中她是十分幸运的。与“老三届”相比，他们被耽误的时间相对较少，而且“文革”后期，也就是孟繁华上高中的一段时期，提出一个与“停课闹革命”相对的“复课闹革命”，教学秩序恢复到了较好的状态。她当时所在的科学院中学，有一批被“下放”的老教授代课，学生们受益匪浅。上山下乡，插队务农，孟繁华又是幸运的，她并没有被繁重的体力劳动所累，而是当了民办教师，有了比较充分的学习条件。

当孟繁华从报纸上看到恢复高考的消息，景泰县的知青们都已“炸”开了锅，大家奔走相告这件天大的喜事，相约一起去报名。

高考对于在景泰县政府当打字员的孟繁华无疑是一个出口。15 天的复习时间，孟繁华写了好多作文，并找到当地资深的语文老师给她指导。考试当天，孟繁华和几个知青一同赶往30 里开外的考点，他们住在当地招待所，令他们没有想到的是，他们受到了招待所所长的热情接待，不参加考试的人也都沉浸在一种快乐的气氛中，他们自发地送知青到考点，在考点外等待。孟繁华在考试中，常常透过教室的玻璃窗看着在外面等待的“陌生人”，心里倍感温暖。从此，把景泰当成第二故乡的孟繁华每年放假都要回去看看，看看她待过的学校，看看老同事。

“77 级”兰大中文系共有54 名同学，年龄最大的31 岁，年龄最小的只有17 岁，他们之间并没有现在人眼里的“代沟”。处于中间层的孟繁华对“老三届”始终保持着尊敬，也羡慕那些年轻的小同学。在她的眼里，“77 级”中文系就像一个团结向上的大家庭。

孟繁华说：“我们是幸运的，时间的流逝让我们更懂得珍惜，给了我们一种动力，如果不经历就永远不知道后来的可贵。”有人评价说77 级、78 级的大学生是有史以来最勤奋的大学生，对此，孟繁华有最深切的感受。上大学时，同学们经常相约去老师那里补习外语、讨论文学；每晚10 时30 分熄灯后，没有一个同学休息，所有的同学都集体点着蜡烛在教室里继续看书；他们成立文学社、办刊物；他们写剧本、演话剧……他们在校园里挥洒着一腔热血。因为他们身上肩负着强烈的使命感，报效祖国成为那一代人心里最迫切的要求。

对于30 年前的那场高考，孟繁华始终怀着感恩的心情。她说：“经过了十年的‘文革’，社会各个方面都形成了断档，而77 级正处在衔接这个断档的位置上。对于个人而言，高考改变了那代人的命运，对于国家而言，高考也开始改变国家的命运。”

（摘自：秦娜、徐爱龙：《追忆“77 级”》，《每日甘肃》2007 年05 月31 日，http：//gsrb. gansudaily. com. cn/system/2007/05/31/010364548_ 01. shtml，题目自拟。）

案例分析：

1977 年对于当时的一代人而言，是一个重大的转折点。1977 年9 月，在邓小平的强力推动下，中国教育部在北京召开全国高等学校招生工作会议，决定恢复已经停止了10 年的全国高等院校招生考试，以统一考试、择优录取的方式选拔人才上大学，这个重大决定标志着中国由此重新迎来了尊重知识、尊重人才的春天。

恢复高考后的首届大学生，即77级，在中国的教育史上是一个特殊的群体，他们不仅是恢复高考的首届大学生，更成为了一个重要的历史符号，一个时代的象征。而对于77、78级大学生而言，恢复高考则是命运的转折。1966年，高考中断，大部分知识青年到农村接受贫下中农再教育，想象与现实的差距使他们愈发迷茫而无望。恢复高考的决定不仅使他们有机会继续读书学习，更为其人生创造了崭新的舞台。恢复高考改变了当时全国人才选拔制度，是国家拨乱反正，向知识、文明的回归，是国家尊重知识、尊重人才的重要体现。

思考讨论：

1. 1977年恢复高考对于当时的学生和国家产生了什么影响？
2. 恢复高考的决定体现了国家的哪些发展战略？

案例二：科技与人才的瞭望塔——863计划

1986年3月3日，一份“关于追踪世界高技术发展的建议”被呈送到中南海，这是一封致邓小平、胡耀邦的信。信中建议是由中国科学院技术科学部主任王大珩、核工业部科学技术委员会副主任王淦昌、航天部空间技术研究院科学技术委员会副主任杨嘉墀、国防科学技术工业委员会科学技术委员会专职委员陈芳允等4位著名的老科学家提出的。他们针对世界高科技的迅速发展和世界主要国家已制定了高科技发展计划的紧迫现实，向中央提出了全面追踪世界高科技的发展和制定中国发展高科技计划的建议和设想。

两天之后，即3月5日，邓小平就在这个建议上作出批示：“这个建议十分重要，请紫阳同志主持，找些专家和有关负责同志讨论，提出意见，以凭决策。此事宜速作决断，不可拖延。”根据邓小平的意见，中央立即组织有关部门负责同志和专家对我国高技术的发展战略进行全面论证，制定高科技研究发展计划。这个计划因是1986年3月提出的，故简称“863”计划。

在研究论证高科技发展项目的过程中，出现了不同意见，一种意见认为，高科技发展项目应以发展国民经济为主，还有一种意见认为应以增强军事实力为主。为此，又报告中央。4月6日，邓小平作出明确指示：“我赞成‘军民结合，以民为主’的方针。”

此后，国家科委成立“863”计划编制小组，组织论证，广泛征求专家意见。10月6日，邓小平审阅赵紫阳9月25日关于该计划给邓小平并胡耀邦、李先念、陈云的报告和有关文件，作出批示：“我建议，可以这样定下来，并立即组织实施（如有缺点或不足，在实施中可以修改和补充）。耀邦、先念、陈云同志审核后，提政治局讨论、批准。”

邓小平对此问题的批复如此迅速和果断，充分反映出了他对于发展中国高科技的紧迫感和坚决态度。10月18日，邓小平在会见李政道和意大利学者齐基吉时透露了他的心情和想法，他说：“对于科学我是外行，但我是热心科学的。中国要发展，离开科学不行。在这方面，我们还是比较落后。”“发展高科技，我们还是要花点钱，该花的就要花。”“在高科技方面，我们要开步走，不然就赶不上，越到后来越赶不上，而且要花更多的钱，所以从现在起就要开始搞。”

在邓小平的支持和推动下，11月，中共中央、国务院批转了《高技术研究发展计划纲要》。计划纲要确定从世界高技术的发展趋势和我国的需要与实际可能出发，选择15个主题项目，分别属于7个领域，包括生物技术、航天技术、信息技术、先进防御技术、自动化技术、能源技术和新材料技术的一些领域，以此作为突破重点，在几个重要的高技术领域跟踪世界水平。至此，一个面向21世纪的中国战略性高科技发展计划正式公诸于世。这样重大的一个计划，从提出建议到最后决定，只用了8个多月的时间，既认真又迅速，这同邓小平的支持和推动是分不开的。

“863”计划实施后，上万名科学家协同攻关，我国的高技术研究开发取得了重要进展，今天我国在生物、航天、信息、自动化、能源、新材料、海洋等技术领域可以与世界技术前沿直接对话，极大地增强了中国人自主发展高技术，参与国际竞争的信心。

（摘自：《1986年邓小平亲自决策启动“863”计划》，中国共产党新闻网，2014年12月23日，http：//dangshi. people. com. cn/n/2014/1223/c85037 – 26258764. html，题目自拟。）

案例分析：

1986年3月，面对世界高技术蓬勃发展、国际竞争日趋激烈的严峻挑战，邓小平同志在王大珩、王淦昌、杨嘉墀和陈芳允四位科学家提出的“关于跟踪研究外国战略性高技术发展的建议”上，做出重要批示。在充分论证的基础上，党中央、国务院果断决策，于1986年11月启动实施了“高技术研究发展计划”，简称“863计划”。

“863计划”的出台为我国高科技技术的起步、发展和产业化奠定了坚实基础。863计划始终瞄准世界高技术发展前沿，不断提高我国的自主创新能力，取得了一大批达到或接近世界先进水平的创新性成果，863计划不仅重视高技术集成创新和培育战略性新兴产业，成功开发了一批具有自主知识产权的产品，更围绕国防现代化建设需求，发展我国新的战略威慑手段和装备，取得了突出的成绩。863计划所取得的成就对于提升我国自主创新能力、提高国家综合实力、增强民族自信心等方面发挥了重要作用。

思考讨论：

1. “863计划”出台的重大意义是什么？
2. 谈谈你对“科学技术是第一生产力”的理解。

六、两手抓，两手都要硬

案例一：一手抓物质文明，一手抓精神文明

1979年春，中国科学院副院长李昌首先向时任中央秘书长兼宣传部部长的胡耀邦提出：十一届三中全会以后，我国在建设物质文明的同时，还必须建设社会主义精神文明。这个主张立即获得胡耀邦的热烈赞同。6月，在中宣部召集的一次会议上，胡耀邦提出：我们要建设高度物质、高度文明、高度民主的现代化国家，我们必须有高尚的精神生活。9月29日，全国人大常委会委员长叶剑英在纪念中华人民共和国成立30周年的讲话中，正式提出“建设高度的社会主义精神文明”，“是我们社会主义现代化的重要目标，也是实现四个现代化的必要条件”。1980年12月的中央工作会议还把建设社会主义精神文明列为重要议题进行了讨论。邓小平在这次会上指出：“所谓精神文明，不但是指教育、科学、文化（这是完全必要的），而且是指共产主义思想、理想、信念、道德、纪律，革命的立场和原则，人与人的同志式关系，等等。”

此后，“建设精神文明”多次被写入党内的重要文件。《关于建国以来党的若干历史问题的决议》、党的十二大报告和《中共中央关于经济体制改革的决定》都重申了“建设精神文明”的任务。这一时期，中央还编纂了《毛泽东、周恩来、刘少奇、朱德论社会主义精神文明》一书，于1981年8月由战士出版社出版，为社会主义精神文明建设提供了重要的思想和理论来源。

党的十二大特别是十二届三中全会以后，经济体制改革逐步全面展开。这促进了生产力的发展，引起了经济生活、社会生活、工作方式和精神状态的一系列深刻变化。改革的深入发展对人们的思想道德素质和科学文化素质提出了更高的要求。但如何加强社会主义精神文明建设，并使之同坚持改革开放和以

现代化建设为中心相适应，一直没有很好解决。为了更好地加强这方面的工作，中央在回顾和讨论几年来精神文明建设成就以及面临问题的基础上，适时地作出了关于社会主义精神文明建设指导方针的决议。

1985年9月23日，邓小平在中共全国代表会议上明确指出："社会主义精神文明建设，很早就提出了。中央、地方和军队都做了不少工作，特别是群众中涌现了一大批先进人物，影响很好。不过就全国来看，至今效果还不够理想。主要是全党没有认真重视……这几年生产是上去了，但是资本主义和封建主义的流毒还没有减少到可能的最低限度，甚至解放后绝迹已久的一些坏事也在复活。我们再不下大的决心迅速改变这种情况，社会主义的优越性怎么能全面地发挥出来？我们又怎么能充分有效地教育我们的人民和后代？不加强精神文明的建设，物质文明的建设也要受破坏，走弯路。光靠物质条件，我们的革命和建设都不可能胜利。过去我们党无论怎样弱小，无论遇到什么困难，一直有强大的战斗力，因为我们有马克思主义和共产主义的信念。有了共同的理想，也就有了铁的纪律。无论过去、现在和将来，这都是我们的真正优势。这个真理，有些同志已经不那么清楚了。这样，也就很难重视精神文明的建设。"鉴于此，邓小平还指出："当前的精神文明建设，首先要着眼于党风和社会风气的根本好转。"

（摘自：高天鼎：《新时期党的第一个精神文明建设决议诞生记》，中国青年网，2015年04月21日，http：//agzy. youth. cn/qsnag/zxbd/201504/t20150421_ 6590843. htm，题目自拟。）

案例分析：

改革开放初期，"文革"遗留的封建主义、宗派主义等思想残余依旧存在，为了同经济建设和经济体制改革相适应，邓小平提出了"两手抓，两手都要硬"的方针，反复强调，一手抓物质文明，一手抓精神文明，邓小平指出，"过去很长一段时间，我们忽视了发展生产力，所以现在我们要特别注意建设物质文明。与此同时，还要建设社会主义的精神文明"。他还指出，"抓精神文明建设，抓党风、社会风气好转，必须狠狠地抓，一天不放松地抓，从具体事件抓起。"

改革开放以来，随着市场经济的逐步确立，人们的生活水平不断提高，不少人在利益趋使下，奉行"金钱至上"的观念，以至于忘了精神层面的修养。精神文明建设的提出不仅加强了人们对精神建设的重视程度，更加强了党的思想政治教育，社会主义精神文明建设的不断推进不仅提高了整个民族的科学文化素质，更树立了以爱国主义为核心的伟大民族精神。

思考讨论：

1. 精神文明建设提出的背景及原因是什么？

2. 精神文明建设提出的重大意义是什么？

案例二：华西村：既富口袋，又富脑袋

华西村的发展之路，是一条转型之路。“早转早主动，早转早得益，快转多得益。”这是老书记吴仁宝对于转型升级的判断。

华西村党委书记吴协恩说，华西村从建村伊始，就一直根据市场变化调整发展路子，“转型”始终贯穿在持续发展的脉络中。华西村通过20世纪70年代造田、80年代造厂、90年代造城、21世纪腾飞等阶段目标，先后取得了农业样板村、农村工业化和城镇化以及农业现代化等诸多成就。

如今，华西村从最初单一的农业转到了农、工、商、建、游五业并举。吴协恩说，华西村通过大力度的技改提升、节能减排和转型升级，目前已形成以“海运海工、旅游航空、物流储运、资源金融、提升三农”为主的产业新格局。

华西村的发展之路，是一条共同富裕之路。50年来，华西村一直以集体经济所有为主。华西人把以公有制为主体的“公司合作制、公司双富有”的方式称为“一村两制”。在处理积累和分配的关系上，华西村一直坚持这样的原则——多提积累，少分配；少分现金，多参股。这种分配方式不仅增值了集体资产，也增加了个人财产性收入。华西村既没有“亿万富翁”，也没有“两手空空”，既保证了个人的勤劳富、节俭富，也保障了集体的共同富、长久富。

2001年，华西村周边20个经济相对落后的村庄陆续并入如今的“大华西”，如今的“大华西”村民过上了“基本生活包，老残有依靠，优教不忘小，三守促勤劳，生活环境好，小康步步高”的幸福生活。

华西村的发展之路，是一条重视精神文化之路。“华西既要富口袋又要富脑袋，富脑袋甚至比富口袋更重要……”多年来，吴仁宝一直向来自海内外的游客宣讲“社会主义富华西”的道理，讲述文化建设与精神文明的重要性。

日前，记者来到华西村的大街小巷和公园广场，到处能看到不同时代英雄模范人物的塑像，这是为了用优良传统文化教育人。

吴仁宝向来善于借古喻今，用古人的故事做村民思想工作，把传统的文化和道德赋予新的内涵。

“华西村有《水浒传》《三国演义》壁画，有毛泽东、周恩来、邓小平等伟人塑像，有孔子、墨子、老子等先哲塑像。”华西村党委副书记周丽说，“我们这样做，是为了使华西的村民、职工受到良好教育和启发。”

1988年，华西村成立了当时全国独一无二的“精神文明开发办公室”，并建立了一支不以盈利为目的的艺术团，每年坚持为全国观众和当地村民演出超过500场，传播诚信文化、高尚道德观念和党的方针政策。

“50年来，文化建设是推动华西村经济发展的根本动力。”吴协恩说，“华西村能够有今天的发展，就是因为抓了文化建设。华西村要求一个党员就是为人民服务的一面旗帜，强调‘有福民先享、有难官先当’，我认为这些就是很好的文化。只要坚持做到，我们就可以取得更大的成功。”

（摘自：《华西村借优良传统文化推进精神文明建设》，新浪网，2011年12月19日，http://news.sina.com.cn/c/2011-12-19/155923657177.shtml，题目自拟。）

案例分析：

江苏省华阴市华西村是坚持中国特色社会主义共同富裕的典范，被誉为“天下第一村”。华西村在老书记吴仁宝的带领下，从当初负债2.5万元起步的江南穷村，到如今经济总量超过300亿元，成为下辖九大公司、60多家企业的“华西村集团”，这不能不说是一个经济奇迹。同时，华西村坚持“既富口袋，又富脑袋”的发展理念，成立了独一无二的“精神文明开发公司”，强调“孝悌之道”。老书记吴仁宝强调“物质精神双富有，才是真正的富有”，这让华西村人民在物质得到极大满足的同时，精神世界也丰富多彩。

在社会主义现代化建设的今天，社会主义精神文明建设的根本任务，是适应社会主义现代化建设的需要，培养有理想、有道德、有文化、有纪律的社会主义公民，提高整个中华民族的思想道德素质和科学文化素质。所以加强精神文明建设不仅有利于中国特色社会主义建设事业的人才培养，更有利于促进物质文明的发展。因此，我们不许始终不渝地坚持两手抓，两手都要硬。

思考讨论：

1. 华西村在精神文明建设中有哪些值得借鉴的做法？

2. 谈谈你对“既富口袋，又富脑袋”的理解。

第二节　建设什么样的党，怎样建设党

党的十三届四中全会以后，由于党所处的环境和肩负的任务有了新的变化，党在思想、组织、作风建设方面出现了一些突出问题。以江泽民同志为核心的第三代中央领导集体审时度势，提出了“三个代表”的重要思想，即中国共产党要始终代表中国先进生产力的发展要求，始终代表中国先进文化的前进方向，始终代表中国最广大人民的根本利益。“三个代表”重要思想对在长期执政、对外开放、发展社会主义市场经济条件下加强和改进党的建设提出了一系列新思想、新观点，创造性地回答了新的历史条件下建设什么样的党，怎样建设党的问题，深化了我们对新的时代条件下推进中国特色社会主义事业和加强党的建设的规律的认识。“三个代表”重要思想是对马克思列宁主义、毛泽东思想和邓小平理论的继承和发展，反映了当代世界和中国的发展变化对党和国家工作的新要求，是加强和改进党的建设、推进我国社会主义自我完善和发展的强大理论武器。本章节以“三个代表”重要思想为着眼点，选取前事不忘，后事之师、全心全意为人民服务、工人阶级的先锋队、中国人民和中华民族的先锋队、中国特色社会主义事业的领导核心六个方面及 12 个案例，系统地论述了“三个代表”重要思想的发展脉络及科学内涵。

一、前事不忘，后事之师

案例一：进京赶考，凌云壮志

执政宣言：发出“两个务必”的告诫

1949 年 3 月 5 日至 3 月 13 日，党的七届二中全会在西柏坡召开。毛泽东在报告中预见性地提出了防止“糖衣炮弹”进攻的重大问题。他说：“可能有这样一些共产党人，他们是不曾被拿枪的敌人征服过的，他们在这些敌人面前不愧英雄的称号；但是经不起人们用糖衣炮弹的攻击，他们在糖衣炮弹面前要打败仗，我们必须预防这种情况。”

提出问题的同时，毛泽东也给出了解决之策。他振聋发聩地提出了中国共产党的执政宣言：“夺取全国胜利，这只是万里长征走完了第一步。中国的革命是伟大的，但革命以后的路程更长，工作更伟大，更艰苦。这一点现在就必须

向党内讲明白，务必使同志们继续地保持谦虚、谨慎、不骄、不燥的作风，务必使同志们继续地保持艰苦奋斗的作风。”

经过历史的大浪淘沙，“两个务必”已经成为“赶考”精神的核心内容，成为全党作风建设的制胜法宝，警钟长鸣，世代传承。

会上，在毛泽东的倡导下，还围绕不当李自成、拒腐防变这个主题，提出了党内的六条规定，即一是不做寿，二是不送礼，三是少敬酒，四是少拍掌，五是不以人名作地名，六是不把中国同志同马恩列斯并列。这与当前中共中央提出的“八项规定”一脉相承。

“赶考”宣言：不当李自成，希望考个好成绩

1949 年 3 月 23 日，党中央离开西柏坡向北平进发。

在头一天晚上，毛泽东批阅完最后一批文件后，站在窗前眺望着夜空，一支一支地抽起烟来，边吸烟边想着李自成进北京的历史悲剧，这也是他这些天来一直在思考的问题。直到 3 月 23 日凌晨三四点钟，毛泽东才上床睡觉。

23 日饭后，毛泽东走出门口，周恩来迎上去问：“没有休息好吧？应该多休息一会儿才好，长途行军坐车也是很累的。”

毛泽东兴奋地说：“今天是进京的日子，不睡觉也高兴啊！今天是进京‘赶考’嘛，进京‘赶考’去，精神不好怎么行呀？”

周恩来笑着说：“我们应该都能考试及格，不要退回来。”

毛泽东满怀信心地说：“退回去就失败了。我们决不做李自成，我们都希望考个好成绩。”

西柏坡纪念馆的讲解员一遍遍重复讲述着这个耳熟能详的故事。

这个故事里，包含着毛泽东进京前满怀胜利的喜悦，也包含着临考前如履薄冰的忐忑。

当日临近中午，中共中央和解放军总部分乘 11 辆小汽车、10 辆大卡车离开西柏坡，一路北上。

香山过渡：穿补丁衣服会见民主人士

1949 年 3 月 25 日凌晨，毛泽东一行由涿州改乘火车向北平进发。

考虑到当时北平社会情况复杂，中共中央在北平的驻地选在香山，作为过渡。

在香山双清别墅，毛泽东会见了张澜、李济深、柳亚子、黄炎培等民主人士。每次会见老先生的时候，他都要到门口去迎候。

有一次，毛泽东在会见张澜的时候，让卫士李银桥给他找一件好点的干净点的衣服。于是，李银桥在他的衣服里找了个遍，也没找到一件合适的不带补丁的衣服。这时候，李银桥就对毛泽东说："主席，咱们真是穷秀才进京'赶考'，一件好衣服都没有。"毛泽东当时就说："历来纨绔子弟考不出好的成绩，安贫者能成事，嚼得菜根者，百事可做。张澜是个贤达人士，他不会怪罪的，只要整齐干净就好。"这样毛泽东就穿着带着补丁的衣服会见了张澜。

从3月25日开始，毛泽东在香山双清别墅，白天请教民主人士，晚上伏案决策战役和思考建国体制，日理万机，迎接新中国的诞生。

1949年9月27日，北平改为北京。1949年10月1日，毛泽东等党和国家第一代领导人登上天安门城楼，向世界庄严宣布：中华人民共和国中央人民政府在今天成立了。

（摘自：赵永刚：《进京赶考故事串：从西柏坡到北平新中国一路走来》，凤凰网，2014年03月24日，http：//hebei. ifeng. com/news/detail_ 2014_ 03/24/2025462_ 3. shtml，题目自拟。）

案例分析：

1949年3月23日，中共中央从西柏坡启程前往北平，在中国革命即将取得全面胜利之时，毛泽东将入驻北平之行生动的比喻为"进京赶考"。对于即将执政的中国共产党而言，此时存在着诸多挑战，一是因革命胜利产生的骄傲自满情绪的挑战；二是资产阶级糖衣炮弹的挑战，三是全面执政的挑战。毛泽东所说的"进京赶考"其实是在向全党发出强烈警示，"进京赶考"并不是一时的赶考，而是永无止境的赶考，这是警醒共产党人一定要吸取历史教训，戒骄戒躁，保持党和人民的血肉联系，以免重蹈历史覆辙。

进入新时期以来，以江泽民为核心的第三代党中央领导集体，在全面总结党的历史经验和如何适应新形势新任务的要求的基础上，提出了"三个代表"的重要思想，即"中国共产党要始终代表中国先进生产力的发展要求，中国共产党要始终代表中国先进文化的前进方向，中国共产党要始终代表中国最广大人民的根本利益"。"三个代表"的提出创造性的回答了"建设什么样的党、怎样建设党"的问题，是共产党"进京赶考"的又一重大理论成果。

思考讨论：

1. 在中国革命即将取得全面胜利、新中国建立前夕，毛泽东把入驻北平，建立新中国喻为"赶考"。原因是什么？

2. “进京赶考”对新时期下共产党的建设有哪些启示？

案例二：帝国倾覆：苏联解体

新华社原驻莫斯科分社社长万成才回忆

戈尔巴乔夫上台，民众抱很大期望

1985 年戈尔巴乔夫上台，50 多岁的他带来了与众不同的清新形象，加上相貌也符合了苏联人的审美需求，又善于演讲，大家觉得苏联终于可以摆脱老人政治，所以民众对他抱以很大期望，要知道以前那些领导人就算是念稿也念不清楚。

还记得有次分社的设备坏了，请苏联的工程师过来修，我特意为苏联的三次国丧向他表示慰问，而他听了却没有回应，但要是谈到戈尔巴乔夫，他就马上变得健谈起来，从他的眼神里可以看出对戈尔巴乔夫的喜爱。

1987 年，戈尔巴乔夫启动政治体制改革，当时的苏联媒体都言论自由了，一时间各个报纸对斯大林和勃列日涅夫的批判铺天盖地，几乎到了全盘否定苏联历史的地步，但对赫鲁晓夫的批判却相对较少。报纸上同样也出现了传统派攻击戈尔巴乔夫的文章，呼吁把他赶下台。

1989 年苏联施行民主选举，民主派全面掌权，加上 1990 年修宪，这时苏联人的思维与价值已变得更加多元。处处是辩论与探讨，在议会大厦里，是人民代表之间的辩论。在议会外，大街小巷都是普通民众三五成群的小辩论，“要不要社会主义？”“要不要计划经济？”无论是官方还是民间，都离不开国家该往何处去的主题。

1991 年，我那时已在北京专门负责编辑苏东方面的新闻。8 月 19 日那天，我们接到了苏联方面来传来的消息，说莫斯科发生了政变。而此时分社同志还在睡觉，我们马上从北京打电话到分社，让记者们赶紧到新闻现场，但由于当时的局势非常复杂，所以我们写内参写得比较多，而关于“八一九事件”的公开报道相对较少。

通货膨胀率达到 2000%

1991 年 10 月，我被任命为莫斯科分社社长。重回苏联，感受到了启动政改以来，苏联人的日常生活非但没有改观，而且情况变得更糟糕。

在农贸市场里，只有西红柿、黄瓜、土豆几样品种，水果就更是少得可怜。通货膨胀率居然达到了 2000% 以上，商品价格每天都要涨 90%。我有一位苏联朋友在《真理报》评论部工作，他曾经有几万卢布的存款，短短几天之间这几万块钱就没有了任何价值。

我们经常去戈尔巴乔夫主持的国务委员会采访，但感觉他已经被叶利钦架空了，就连我们中国大使想要向戈尔巴乔夫递交国书，他都没时间接。国家早已分崩离析，血肉已经没了，却只剩下了苏联的“白骨架”。而此时的苏联民众已经对戈尔巴乔夫极度失望了。

12 月 25 日，当戈尔巴乔夫宣布苏联解体的那一刻，没有人感到诧异，也没有人为此哀伤，大家都很平静。苏联解体的稿子是我写完后发到国内的，但提前几个小时就已经写好了，因为我们通过各种渠道证实，马上要宣布的就是解体的消息。当苏联国旗从克里姆林宫降下来的时候，我们迅速赶到红场，却什么也没发生，一切都是那么正常，可真实情况是一个国家消失了。虽然我们早已料到，但苏联民众的若无其事还是让我们很惊讶。

2007 年叶利钦去世，我在莫斯科见到了戈尔巴乔夫，那是在他基金会的办公楼里，他的办公室满墙挂的都是他和妻子的照片。我们当时聊了很多，但他显得比过去老多了。因为不想刺痛他，所以我们聊天的时候尽量避开敏感话题。他还是很健谈，说很多人背叛了自己，下台之后，只有一个人给自己打了电话，那些曾经的亲密战友与革命同志纷纷离他远去。在他 80 岁生日的时候，莫斯科甚至没有多少人想起。临走之前，戈尔巴乔夫送给我一本他写的书——《理解改革》。他真诚地希望人民能够理解他的改革，他并不是想把国家推向灭亡。

（摘自：胡元：《中国人亲历的苏联解体》，《文史参考》2011 年 23 期，题目自拟。）

案例分析：

1991 年 12 月 25 日，苏联总统戈尔巴乔夫宣布辞职并把国家权力移交俄罗斯总统叶利钦，苏联国旗从克里姆林宫上空缓缓落下，正式宣告苏联解体。苏联解体标志着冷战格局的结束，对国际共产主义运动造成了重大影响。

苏联巨变的主要原因在于苏共对马列主义和科学社会主义的背叛，纵观苏共垮台和苏联解体的历史过程可以发现，导致苏联解体的决定性原因是以戈尔巴乔夫为代表的领导集团推行了错误的“改革”路线与方针，实质则是放弃了马克思列宁主义在意识形态的指导地位。苏联解体后，世界震惊。据《李鹏外事日记》记载，苏联解体后，江泽民第一时间主持了会议，并指出，“中国要坚持社会主义，只要把经济搞上去，就什么也不怕”。苏联解体的历史悲剧警示我们：只有坚持马克思主义的立场、观点和方法，走中国特色社会主义道路，才能实现国家的长治久安。

思考讨论：

1. 搜集资料，谈谈苏联解题的原因是什么？

2. 苏联解体对中国有哪些前车之鉴？

二、全心全意为人民服务

案例一：张思德——为人民服务的模范代表

张思德，1915 年 4 月出生在四川省仪陇县一个贫苦佃农家庭。他出生仅 7 个月，母亲就因病无钱医治而离开人间。父亲被迫把他抱给叔父收养。

1933 年 2 月，中国工农红军第四方面军创建了川陕革命根据地。同年 10 月，四川军阀刘湘纠集 20 万反动军队向红军发动了六路围攻。这时张思德被批准参加了红军。他多次机智地完成了侦察敌情的任务，不顾长途艰险传送红军和地方党组织的重要军事情报，为红军取得胜利创造了条件。1935 年 3 月，张思德随红四方面军参加了二万五千里长征。他勇敢机智，曾只身泅水过江，夺得敌人的渡船，为红军强渡嘉陵江创造了条件。在川西茂洲地区，他神奇般地一人夺得敌人两挺机枪，一时传为佳话。1936 年 10 月，他到达陕北，次年加入中国共产党。

张思德在其短暂的一生中，不论在什么时候，始终严格要求自己，总是把党和人民的利益放在高于一切的位置，坚持一切为人民服务的宗旨，并在实践中一丝不苟地贯彻下去。

1941 年至 1942 年，抗战到了最艰难的时刻。节约每一粒粮食，每一份资源，都是极其重要的。张思德以自己的实际行动，起到了模范带头作用。他的棉衣早已破烂不堪，但每次轮到他换新棉衣，他总是坚持不肯，每次都是把旧棉衣拆补好再穿上。

张思德对身边的同志始终充满关心。他经常主动帮助炊事员挑水、烧火，帮助饲料班锄草、喂马。春天易发病症，他就上山采来草药，为同志们预防疾病。冬天天冷，他就主动进山烧制木炭，为同志们取暖。上级发下来的奖品，他舍不得用，都送给了同志们。有的同志生病，他就用自己的津贴买些鸡蛋，给生病的同志送到床前。

张思德也非常关心老百姓，和老百姓结成鱼水相依的亲密友谊。他经常抽时间到驻地附近老百姓家帮他们收割庄稼、修路、挑水。一次，一只狼叼走了一个小孩，他提枪就追出门外，为了防止开枪伤了孩子，他就赶上去一把抓住狼尾巴，打死了恶狼，救回了孩子。还有一次，外出值勤途中，他看到一个老大娘背着一大捆柴，非常吃力，就立即上前帮大娘把柴背回家。此后，他就把大娘当作自己的亲娘，常去看望，帮大娘种庄稼，做家务。

1944 年初，张思德积极响应党中央提出的大生产运动号召，主动到安塞县石硖谷办生产农场，担任副队长。秋天来临之时，他带领同志们进入林区，为中央机关烧制冬天取暖的木炭。烧炭是个技术要求很高的活，火要烧得均匀，压火要到火候。为了掌握好火候，张思德吃住在窑旁。白天，他巡回各窑，掌握火候。晚上他要起来好几次，爬上各个窑顶，观察烟色。窑里温度很高，有的木炭出窑还有火星。但每次出炭，他都是抢先钻到窑的最里边捡木炭，手里包的破布着火了，他就用手弄熄后继续干。同志们要和他换位置，他总是不肯。在他的带领下，大家仅用一个月时间就烧炭 5 万多斤，超额完成了任务。

当年 9 月 5 日，张思德和战友小白决定再新挖几个窑，多烧些木炭。当挖到中午时，突然窑顶掉下几块碎土，出现险情。张思德眼疾手快，一掌将小白推出洞口。厚厚的窑顶坍塌下来，把张思德埋在下边。战士们和老百姓从四面赶来，拼命刨土。小白得救了，张思德却没能抢救过来。他牺牲时，年仅 29 岁。

为了悼念张思德，中央机关和中央警卫团在延安凤凰山下枣园沟口的操场上为张思德举行追悼大会。毛泽东同志参加了追悼会，亲笔题写了“向为人民利益而牺牲的张思德同志致敬”的挽词，并发表了《为人民服务》的演讲，高度赞扬了张思德完全、彻底为人民服务的崇高思想境界和革命精神。

（摘自：周文林，张思德：《全心全意为人民服务的一生》，中国共产党新闻网，2007 年 04 月 18 日，http：//cpc.people.com.cn/GB/75289/5628790.html，题目自拟。）

案例分析：

1944 年 9 月 8 日，毛泽东在张思德同志的追悼会上作了《为人民服务》的演讲。当时，抗日战争正处在十分艰苦的阶段，有许多困难需要克服。毛泽东主席针对这一情况，讲述为人民服务的道理，号召大家学习张思德同志全心全意为人民服务的精神，团结起来，打败日本侵略者。

在《为人民服务》中，毛泽东指出，“人固有一死，或重于泰山，或轻于鸿毛。张思德同志是为人民利益而死的，他的死是比泰山还要重的。”可以说毛泽东给予了张思德高度的评价，同时，为人民服务的精神也就此成为中国共产党人的道德追求。为人民服务是适应时代要求而产生的一种道德思想，就当时而言，这是对广大革命工作者的要求。新时期下，全心全意为人民服务依旧是共产党的宗旨，坚持全心全意为人民服务体现了社会主义道德的根本要求，是建立和发展社会主义市场经济的要求，也是共产党人不懈的精神追求。

思考讨论：

1. 阅读《为人民服务》全文，谈谈你对“为人民服务”的理解？
2. 搜集资料，寻找为人民服务的模范代表。

案例二：人民公仆：郑培民

1990年5月，湘潭市委书记郑培民被调往湘西土家族苗族自治州，出任州委书记。

郑培民一上任就问：“哪个村子最穷啊？”随后，就去了叭仁村。

“叭仁”是苗语，意思为山顶上。要到达这个三面悬崖一面山的村寨，首先要从湘西的首府坐车到乡里，然后，喘着粗气，手脚并用，徒步走上4个小时的12公里陡峭山路。苗族群众之所以十几年后还记得郑培民，是因为他是住过这里的最大的领导。在他之前，只有乡干部爬上过这个走起来累死人也吓死人的山头。

时隔多年，他在州干部大会上说过的8个字还像楔子一样钉在人们脑海里：来湘西“三生有幸”；在湘西“埋头苦干”。

郑培民接过前任的接力棒，率领全州干部群众继续围绕扶贫开发这根主线做文章。

湘西贫困。每逢青黄不接时，全州有三四成百姓断粮，政府不得不从外地调入大量返销粮。

自治州开始推行“双两大”地膜玉米新技术。这是一项弯着腰，在田中豆腐块大小方格周围摆两株苗的累活，郑培民不是坐在办公室里指挥，他带着机关干部下地，自己弯着腰在田里干活，给农民演示。1992年春，在田里示范劳作了几天的州委书记郑培民，一脚踩空，仰面摔下了三米多高的田坎，摔成了脑震荡。

书记的行动也是推行农业新技术的“科教示范”，从这一年起，全州的粮食开始自给。

学理工出身，又来自工业较发达的湘潭市，郑培民无疑比其他人更具有现代化的工业理念，他看到的是湘西州未来10年后的发展前景。这个前景，又可能是当地干部群众在短期内不能理解的，这是考验郑培民耐心的过程。他用手比划过一个雁阵给干部们看："大雁飞在天上，要有一个班长，就是领头雁。这个领头雁啊，不能飞得太快，脱离开雁阵，就起不到头雁的作用了；可也不能飞得太慢，混在雁阵里，就失去了头雁的作用。"

湘西在二十世纪五六十年代发展起来的小水电，为自治州的发展起步奠定了基础。然而，小水电受着季节的制约，也制约着湘西的进一步发展。但在当时的观念和体制下，放弃了小水电也就意味着放弃了地方和一些部门的利益，因而阻力重重。郑培民这时起了"头雁"的作用，果断决策：引进大电网。

湘西州当时的湘泉酒厂，只是一个年上缴利税200多万元的小酒厂。郑培民在前任扩建湘泉酒厂的基础上，又进一步支持了这个酒厂的三期扩建。如今，壮大起来的湘泉酒厂已成为上市公司，自治州干部的工资，三元钱中就有两元来自这个公司上缴的利税。

现在看来，郑培民十几年前在湘西做的，虽然没有把政绩摆在自治州首府的街面上，但却是为即将起飞的湘西州养壮身子骨，丰满羽翼而练的内功。这种打底子的事情，不太显山露水，但却是那种要咬紧牙关努力的沉重活计。

叭仁是个为水发愁的村庄。滴水贵如油，接济不上的时候，村民之间宁愿出借粮食，却不愿让邻居拎走一桶水。郑培民去调查后，政府为村子通了水，拉了电。村民们再不用走上16里路，拎着重重的木桶，吃力地到山沟里去提水了。

两年多时间，郑培民跑遍了全州218个乡镇，住过30多个乡镇。这只是一个粗略到乡镇，尚不包括村寨的统计。除去在省里、州里开会、办公需要的时间，在"开门见山"的湘西，这是一个没有喘息之机的数字。

妻子去湘西看他，一进屋，地上扔的是一双粘满泥巴的胶鞋，唯一一套出国时置办的西装，在柜子里已被虫子蛀满了洞。郑培民拦住要帮他刷鞋的妻子：天天都要穿，一出门，还是要粘泥的……

形象是干出来的。在湘西州委的选举中，郑培民全票当选州委委员，全票当选州委常委，全票当选州委书记。有的干部誉称他是"三个百分之百"，郑培民当即纠正说："只有一个百分之百，那就是全州人民对共产党百分之百的信任和感情!"

（摘自：《公仆本色——追记湖南省委原副书记、省人大常委会原副主任郑培民同志》，中国共产党新闻网，2009 年 06 月 19 日，http：//cpc. people. com. cn/GB/64093/64104/158494/9509950. html，题目自拟。）

案例分析：

郑培民 1969 年加入中国共产党，一直以"做官先做人，万事民为先"的行为标准严格要求自己，兢兢业业，访贫问苦，体察民情，深受百姓爱戴。2002 年 3 月 11 日，郑培民因突发心肌梗塞，在北京逝世，享年 59 岁。郑培民的事迹感动了华夏大地，被评为 2002 年"感动中国"人物，他的颁奖词是，"他身居高位而心系百姓，他以'做官先做人，万事民为先'为自己的行为标准，直到生命的最后时刻仍然不忘自己曾经许下的诺言。他树立了一个共产党人的品德风范，他在人民心里树立起一座公正廉洁为民服务的丰碑。"

以郑培民为代表的共产党人始终坚持心系民生，为民谋利，始终坚持脚踏实地，求真务实，始终坚持克己奉公，严于律己，以自己"情浓钱淡、永葆清白"的感人实践，为社会做出了廉洁奉公的表率，将全心全意为人民服务的宗旨贯彻到生活的方方面面，以自己的实际行动赢得了人民的信任。

思考讨论：

1. 郑培民的身上体现了共产党人的哪些精神?
2. 观看 2002 年《感动中国》，谈谈你的观后感。

三、工人阶级的先锋队

案例一："七一"讲话谱新篇

2001 年，江泽民在江苏、浙江、上海等地考察工作时指出，各级党委的思想认识要跟上客观形势的发展，抓紧在非公有制经济组织内开展党的工作。这是党确立和巩固社会主义初级阶段基本经济制度、引导非公有制经济健康发展的需要，也是加强党同非公有制企业广大职工群众的联系，巩固党在新形势下执政的群众基础的需要。

2001 年 7 月 1 日，江泽民在庆祝中国共产党成立 80 周年大会上发表重要讲话。江泽民指出，根据国际国内形势的变化和党面临的历史任务，我们"必须坚持党的工人阶级先锋队的性质，始终保持党的先进性，同时要根据经济发展和社会进步的实际，不断增强党的阶级基础和扩大党的群众基础，不断提高党的社会影响力”。接着，江泽民指出：“看一个政党是否先进，是不是工人阶级的先锋队，主要应看它的理论和纲领是不是马克思主义的，是不是代表社会发展的正确方向，是不是代表最广大人民的根本利益。”江泽民在讲话中分析了中国社会阶层的巨大变化。他说：“改革开放以来，我国的社会阶层构成发生了新的变化，出现了民营科技企业的创业人员和技术人员、受聘于外资企业的管理技术人员、个体户、私营企业主、中介组织的从业人员、自由职业人员等社会阶层。而且，许多人在不同所有制、不同行业、不同地域之间流动频繁，人们的职业、身份经常变动。这种变化还会继续下去。在党的路线方针政策指引下，这些新的社会阶层中的广大人员，通过诚实劳动和工作，通过合法经营，为发展社会主义社会的生产力和其他事业做出了贡献。他们与工人、农民、知识分子、干部和解放军指战员团结在一起，他们也是有中国特色社会主义事业的建设者。”在这里，江泽民说私营企业主通过“诚实劳动”，成为了“社会主义建设者”。

关于私营企业主能否入党的问题，江泽民在讲话中说：“不能简单地把有没有财产、有多少财产当作判断人们政治上先进与落后的标准，而主要应该看他们的思想政治状况和现实表现，看他们的财产是怎么得来的以及对财产怎么支配和使用，看他们以自己的劳动对建设有中国特色社会主义事业所作的贡献。”江泽民在讲话中提出了“能否自觉地为实现党的路线和纲领而奋斗，是否符合党员条件，是吸收党员的主要标准”。江泽民在讲话中还指出：“应该把承认党的纲领和章程、自觉为党的路线和纲领而奋斗、经过长期考验、符合党员条件的社会其他方面的优秀分子吸收到党内来”。这就为私营企业主中的优秀分子入党问题做出了结论。这是进入21世纪以来，党的建设理论以及党对私营企业的方针政策方面的大突破。

（摘自：马立诚：《大突破：新中国私营经济风云录》，中国工商联合出版社2006年版，276—277页，题目自拟。）

案例分析：

随着社会主义市场经济的不断发展完善，我国工人阶级出现了新的变化，主要表现在：一是队伍迅速扩大，内部结构发生诸多变化；二是岗位流动加快，职工更加年轻化；三是科学文化和技术素质明显提高。随着工人阶级内部结构的变化，不少人对工人阶级的地位产生了担忧，同时对工人阶级的范围产生了争论。江泽民在庆祝建党八十周年讲话上提出，我们在坚持党的工人阶级先锋队的性质，始终保持党的先进性的同时，要根据经济发展与社会进步的实际，不断增强党的阶级基础和扩大党的群众基础。这一创新性的论断扩大了工人阶级的范围，并没有改变我国工人阶级的地位，而且从长远看，有利于提高工人阶级的整体素质，发挥工人阶级的整体优势，不断增强党的阶级基础。

思考讨论：

1. “七一”讲话有哪些突破?

2. 谈谈你对“工人阶级”概念的理解。

案例二：工人阶级要肩负起历史赋予的光荣使命

岁末年初，正值地处祖国北疆的内蒙古最寒冷的日子。江泽民总书记在考察国有企业的同时，广泛接触在生产一线的职工群众，了解他们的工作和生活情况，把党中央的温暖送到他们的心坎。

在企业车间，在职工家里，总书记走到哪里，哪里就充满了掌声和笑声。身穿工作服的工人们热情地簇拥在总书记身边，抢着回答总书记的提问；宿舍区的职工们，听说总书记来了，竞相邀请总书记到他们家中作客。

在一机厂总装车间，江泽民细心地发现车间虽然有两道门，却没有安棉门帘。他问厂里的负责人：“现在车间的温度有多高?”回答是12度。“如果安上棉门帘呢?”“能达到16度。”总书记提高了声音，关切地说：“那就安上嘛！提高4度就能暖和许多。”

1月29日上午，江泽民来到一机厂生活区，专程看望了青年劳模王文山一家。

29岁的王文山是一机厂的一名焊工，先后荣获全国技术能手和全国“五一”劳动奖章。第一次见总书记，王文山夫妇显得有些腼腆而拘谨。当江泽民得知王文山的爱人李燕梅在厂里的动力处工作时，便风趣地说：“那我们俩还是同行啊!”一番话说得在场的人都笑了，气氛顿时活跃起来。接着，江泽民回忆起50年代时他在长春汽车制造厂动力分厂工作时的情形。“动力部门要管全厂的供电、供水、供气、供暖等，工作很重要，也很辛苦，没有节假日，还经常要上夜班。”他关切地叮嘱李燕梅要注意劳逸结合，同时希望王文山要多承担一些家务，支持爱人的工作。

这时，有人捧着一摞王文山荣获的各类奖状和证书给江泽民看，江泽民看后对王文山说："你是技术能手。电焊是门技术性很强的工作，俯焊跟仰焊的难度大不一样，要求掌握的技术也不一样，至于焊口上的质量，那要求就更高了。"他勉励王文山继续努力，掌握更精湛的技术，为企业的改革与发展做出新的贡献。

二机厂的电工班长刘树起，因车间无生产任务去年下岗，现在的生活来源主要靠基本生活费和做临时工挣的钱。妻子是蔬菜公司工人，家中还有一个正在读高中的儿子。江泽民听说后特意到他们家中看望。

在拥挤的屋里，江泽民同刘树起一家亲切交谈，详细了解他们的生活状况，从每月的总收入，到生活开销，都一一问到。江泽民对刘树起说："我们国家正处在改革和发展的关键时期，从计划经济到社会主义市场经济，企业提高效益，调整产品结构，出现部分职工下岗，这是必然经历的一个过程。特别是军工企业的转产，总要有个过程。尽管困难不少，但是也应该看到国有企业在技术、设备、人才方面所具有的优势，基础是好的。只要肯动脑筋、想办法，找门路，是大有希望的。你们要坚定信心，相信党，相信政府，充分应用自己的技能和劳动，生活一定会好起来。"

总书记的一席话，说得刘树起不住地点头表示赞同。

（摘自：《知难而进 前景光明——江泽民总书记在内蒙古考察国有企业纪实》，新华网，1999 年 02 月 03 日 http：//news. xinhuanet. com/misc/2002 – 07/19/content_ 485296. htm，题目自拟。）

案例分析：

我国的工人阶级具有光荣的革命传统。新民主主义革命时期,，工人阶级在中国共产党的领导下前仆后继、英勇奋斗，为新民主主义革命的胜利建立了伟大功勋。新中国成立后，工人阶级自力更生、奋发图强，为社会主义的建设做出了巨大贡献。目前，世界多极化和经济全球化的趋势继续发展，科技进步日新月异，综合国力竞争日益激烈。实现国家的跨越式发展必须全心全意依靠工人阶级，充分发挥工人阶级的主人翁作用和伟大力量。我们要高度重视发挥工人阶级的作用。工人阶级是社会物质财富和精神财富的主要创造者，是我们党执政的阶级基础，是改革开放和社会主义现代化建设的主力军。同时也要深入实际，真切地了解工人阶级的状况，切实维护好职工群众的利益，巩固和强化工人阶级的主人翁地位，进一步发挥工人阶级在改革开放和社会主义现代化建设中的作用。

思考讨论：

1. 江泽民对“工人阶级”的期望是什么？

2. 谈谈新形势下，工人阶级的重要作用。

四、中国人民和中华民族的先锋队

案例一：新阶层新群体的出现

知名民营企业家、三一重工股份有限公司董事长梁稳根最近很忙。过去一周连续三个晚上，他都在接受中外媒体记者的集体采访，不仅因为他麾下企业把美国总统奥巴马告上了法庭，也因为他的另一个身份：中共十八大代表。

“过去，别说当代表，连入党都难。今天我能当代表，而且民企代表能有这个比例，这是很大的进步。”梁稳根说。

梁稳根所说的民企代表，按中共官方用语，属非公有制企业和新社会组织党代表。中组部的数据显示，十八大上，这个群体总人数为36人，其中8人为新社会组织党员，剩下28人来自非公企业。数据还注明：非公有制企业党员中有24名出资人。

这个群体另一个广为人知的名称叫“新社会阶层”，这个概念的提出可追溯到本世纪初。2001年江泽民在建党80周年的“七一”讲话中首次提到，中国的社会阶层构成发生了新的变化，出现了民营科技企业的创业人员和技术人员、受聘于外资企业的管理技术人员、个体户、私营企业主、中介组织的从业人员、自由职业人员等新的社会阶层。

一年后，中共十六大修改党章，把党章中党员发展对象里的“其他革命分子”修改为“其他社会阶层的先进分子”。江苏沙钢集团董事长沈文荣、重庆南方集团董事长孙甚林等多位民营企业家也首次作为新阶层人士中的先进分子，亮相党代会。

55岁的梁稳根见证了这一政策变化，并成为受益者。虽然年轻时就有入党想法，深信“共产党员是有理想、追求上进的人”，但80年代辞职创业后，民营企业家的身份一直使他入不了党。从写第一张入党申请书到2004年成为党员，历时18年。三年后，他当选中共十七大代表。

“来自新社会阶层的代表从无到有，从少到多，这与新时期中共阶级基础不断扩大和巩固有关，也是中共在新的国内国际环境下加强执政的必然需要。”中共中央党校教授谢春涛说。

谢春涛说，新阶层人士是社会主义现代化建设的重要力量。他们中的先进分子参与中共最高议政平台，表达这个阶层的呼声和诉求能为中共治国理政提供建设性意见。

“民营企业家当了代表以后，对发展事业的动力是一个很大激励。”梁稳根说，他所在的集团办公楼叫“党委楼”，党员占员工总数的八分之一，集团每天早上响起的第一支歌是《歌唱祖国》。

追求政治先进是新阶层人士十八大代表的共同选择。

周海江代表领导的红豆集团在国外的分公司建成了中国民企第一个境外党支部。十八大代表、山西沁新煤焦股份有限公司董事长孙宏原在集团内部开设了远程教学——“网上党校”，集团党委领导每年都要在网上党校上一次党课。

十八大代表盛莉来自于外商企业云集的上海。在她就职的诺基亚西门子上海分公司，她常将支部组织活动与企业发展战略结合，公司深受其益。外籍老板对中共党组织的态度也发生转变。目前，她所在公司已有90多名党员，80%是中高层、研发人员等骨干。

中共十八大提出的一些发展思路，得到了新阶层人士的关注和认可，认为“顺应了他们的诉求”。

梁稳根说，十八大报告一到手，最先看鼓励支持民营企业发展的内容。“看到这个，我就放心了，证明基本政策没有变”。

十八大代表、海南现代科技集团董事长邢诒川说，报告提出“保证各种所有制经济依法平等使用生产要素、公平参与市场竞争、同等受到法律保护”，这让民营企业家“吃了定心丸”。

（摘自：《中共为“新社会阶层”人士打开更大成长空间》，中国新闻网，2012年11月13日，http://www.chinanews.com/gn/2012/11-13/4326007.shtml，题目自拟。）

案例分析：

2001年江泽民在建党80周年的“七一”讲话中首次提到，中国的社会阶层构成发生了新的变化，出现了民营科技企业的创业人员和技术人员、受聘于外资企业的管理技术人员、个体户、私营企业主、中介组织的从业人员、自由职业人员等新的社会阶层。

随着社会主义市场经济的不断完善，新阶层已成为中国经济和社会发展的重要力量，这部分新阶层绝大多数是非中共人士，而且具有不断扩大的趋势，他们的政治诉求逐步增强，并且聚集了中国大部分的高收入者。江泽民的“七一谈话”充分肯定了新社会阶层的重要作用，而两会上新阶层、新群体代表委员的不断产生与增加，不仅是中国社会结构随经济发展变化的缩影，更体现了中国民主政治的发展，为新阶层、新群体的民主诉求，开辟了更宽广的渠道。新阶层新群体的出现、发展及壮大离不开中国共产党的支持，也表明了中国共产党永远是中国人民和中华民族的先锋队，始终代表了中国最广大人民的根本利益。

思考讨论：

1. 新社会阶层的出现说明了什么？
2. 搜集党员职业构成比例资料，谈谈你对新社会阶层的看法。

案例二：墨西哥革命制度党的陨落

对墨西哥而言，20世纪是革命制度党的世纪。

从1929年到2000年，革命制度党连续执政长达71年之久。其间，革命制度党曾带领墨西哥人民创造了国家统一、政治安定、经济腾飞的“墨西哥奇迹”。然而，自20世纪80年代以来，革命制度党的民众支持率一路走低，终于在2000年的总统大选中败北，丧失政权，其原因发人深省。

指导思想混乱

革命制度党的指导思想是革命民族主义。革命民族主义思想的核心是墨西哥革命时期提出的“民族主义与主权”、“自由与民主”及“正义与社会公正”，反对殖民主义、帝国主义，主张建立“民主、公正、自由、平等”的社会。20世纪80年代以前，革命制度党正是在这一思想的指导下，较好地处理了对外开放与维护国家主权之间的关系，以及经济发展与社会公正之间的关系，从而维护了党的团结，赢得了广大选民的支持，保住了自己长期执政的地位。然而，自1982年德拉马德里总统执政以后，革命制度党逐渐地背离了革命民族主义的指导思想。特别是1988年上台的萨利纳斯总统公开地放弃了革命民族主义，转而以“社会自由主义”作为党的指导思想。所谓“社会自由主义”实质上就是当时欧美流行的“新自由主义”，它过分强调经济自由，缺乏对社会问题的重视，容易导致社会贫富两极分化，与革命制度党一贯遵循的墨西哥革命的宗旨完全相悖。

群众基础动摇

自20世纪80年代中期以来，历届革命制度党政府遵循新自由主义的发展模式，开始进行经济结构改革。改革措施取得了一定成效，墨西哥经济走出了债务危机和经济危机的阴影，通货膨胀率大幅度下降，外资源源不断地流入，宏观经济也有了较快的增长。但是，革命制度党政府在经济改革中忽视了社会公平，严重削弱了党执政的群众基础。首先，墨西哥民族工业受到外资的强烈冲击，国有企业由1982年的1155家，减少到1993年的209家，仅在萨利纳斯政府期间倒闭的私营中小企业就高达15万家，企业倒闭造成工人大量失业，而政府对此应对无策。其次，外国农产品的大量涌入使缺乏政府补贴和生产率较低的农民处境日益艰难，不少农民破产。而土地私有政策和随之而来的土地兼并，瓦解了原有的村社制度，许多农民特别是印第安农民丧失了赖以生存的最后依靠。因此，广大村社社员从革命制度党的支持者变为反对者。1994年初，南部恰帕斯州的印第安农民展开了反政府的武装暴动，对革命制度党政府造成严重挑战。再次，经济改革导致了严重的贫富两极分化。近20年来，墨西哥90%的家庭收入减少。据官方统计，到20世纪末，墨西哥全国9700万人口中有4600万人生活在贫困线以下，其中2700万人为赤贫，相反占全国人口10%的富人拥有全国80%的财富，最富有的300个家族拥有全国50%的财富。总之，革命制度党的经济改革政策严重地损害了中下阶层民众的利益，动摇了党赖以执政的群众基础。

党内腐败严重

在长期的执政过程中，由于缺乏必要的监督机制，革命制度党内部逐渐形成了一个较为稳定的既得利益集团，腐败现象层出不穷。上至总统及其亲属、内阁部长、州长、副总检察长等政府要员，下及政府一般公务员都依仗权势，谋取私利。在革命制度党下台之前几年，贪污腐化丑闻迭起，影响恶劣，党的威信一路下滑，引起民众的普遍不满。1995年2月，前总统萨利纳斯的哥哥劳尔·萨利纳斯因涉嫌贩毒和非法致富被捕入狱，据称其聚敛的财富高达数十亿美元。

派系斗争激烈

革命制度党原本由各地方党派统合而成，党内派系斗争由来已久。20世纪80年代，党内在如何处理社会经济危机的问题上，出现严重的意见分歧和组织分化。1986年8月，以米却肯州州长、前总统之子夸·卡德纳斯和前党主席穆·莱多为首的激进派党员组成民主潮流派，公开批评政府的内外政策，要求在党内进行民主改革。1987 年 8 月，民主潮流派被开除出党，造成党的第一次严重分裂。卡德纳斯转而联合其他 14 个反对派组织组成全国民主阵线，参加 1988 年的总统大选，并获得了 31% 的选票，位居第二位，对革命制度党候选人萨利纳斯造成了严重威胁。这次总统大选彻底打破了革命制度党在选举中毫无悬念地获胜的传统政治模式，标志着革命制度党正式走向衰落。

（摘自：胡小君：《墨西哥革命制度党缘何丧失政权?》，人民网，2005 年 09 月 26 日，http：//politics. people. com. cn/GB/30178/3727474. html，题目自拟，内容有删减。）

案例分析：

墨西哥制度革命党连续执政长达 71 年之久，然而因为诸多原因丢失了执政地位，这不得不使我们有所反思。中国共产党自成立以来，始终肩负实现中华民族伟大复兴的历史使命，团结带领全国各族人民，为了国家富强、民族振兴、人民幸福不懈奋斗，朝着实现中国梦的目标一步步前进。中国共产党执政 67 年的历史和经验证明，中国共产党领导和管理国家的能力是坚强有力的。中国共产党从建党之日起，就把自己的根深扎于人民群众之中，将全心全意为人民服务作为唯一宗旨，这一宗旨集中体现了中国共产党的人民性的本质。同时，中国共产党是中华民族各族人民利益的忠实代表。中国共产党不但代表了工农的利益，同时也代表了民族的利益，更是中华民族的优良传统的继承者，中国共产党无愧是中国人民和中华民族的先锋队。

思考讨论：

1. 通过墨西哥制度革命党丢失政权的例子，你认为一个国家兴盛发达、长治久安的关键是什么?

2. 中国长治久安的根本保证是什么，为什么?

五、中国特色社会主义事业的领导核心

案例一：永葆共产党人的政治本色

20 世纪 80 年代，上海作为中国大陆最为发达的大都市，在转型中对内优势流失、对外无法对接。上任之初的朱镕基市长被财袋子、煤炉子、菜篮子等一系列问题困扰，一年之内头发全部变白。1988 年 5 月，朱镕基走马上任，在主持首次市政府常务会议时，就提出上海“需要速度，需要效率，需要果断行事，需要雷厉风行”。

在这次会议上，他当机立断建立“一个机构、一个窗口、一个图章”审批项目的外国投资工作委员会。在该委员会成立之前，上海审批一个外国投资项目需要盖126个图章，效率十分低下。很多外国投资者因为审批程序原因，推迟甚至放弃了在上海的投资。

上海市外国投资工作委员会成立后，外商投资项目只要通过该委员会的一个图章就完成了全部审批手续。这项举措，让世界投资者对上海信心大增，外资进入上海的速度和规模成倍地增加。

1988年6月29日，朱镕基在接受香港英文虎报记者辛格莱采访，提到上海市外国投资工作委员会时说：“如有个项目，中科院上海技术物理研究所与中日合资的上海尼赛拉传感器有限公司谈判了一年没解决，市外资委接过来，开一个会就解决了。前几天，报纸上报道了上海与美国合作的一个轴承生产项目，经过70天就批准了，也是通过这个机构办的。”

北京大学立法研究中心客座教授徐晓冬评价说，在当时计划经济色彩浓厚、开放阻力重重的情况下，“一个窗口、一个公章”的决策提出并付诸实施，需要巨大的勇气。“一窗一章”后来在全国各地逐步推广开来，对加大开放步伐、推动行政管理体制改革起了重要作用。

接着，朱镕基审时度势，大胆推出一系列改革措施，以解决上海各种紧迫的社会问题。他不失时机地将财权、事权下放，推行市、区两级政府分权，将行政和社会事务下放权力给区；将经济管理权由委办局分权给企业，实行政企分开。

朱镕基长期从事经济工作，被小平同志称赞为“懂经济”的领导人。面对上海工业的困难局面，他以壮士断腕的勇气，大刀阔斧地进行产业结构调整，领导传统工业“金蝉脱壳”、“返老还童”，逐步实现年轻化、集约化；同时，大力扶持和发展电子、汽车、信息技术等新一代支柱产业和新兴产业。

这期间，朱镕基还拍板筹建上海证券交易所，1990年6月获国务院正式批复建立。他在上海证券交易所成立仪式上第一句话，就鲜明提出“建立证券交易所，表明中国改革开放的决心不会变”，这也表明他坚定推进市场化改革的远见卓识。

在上海工作期间，朱镕基还以浦东开放开发为重点，以“上海经济同世界经济接轨”为理念、目标，大胆推出关税豁免、自由进入、土地批租、开放外资银行、推行股份制等一系列特殊政策，不断扩大上海对外开放，积极改善上海投资环境，为浦东开放开发打下坚实的基础。

“他勇于直面时弊、敢抓敢管，一抓到底，对矛盾、问题、困难不回避，不遮掩，不粉饰。”徐晓冬说，“针对一些同志当‘太平官’、做‘老好人’，不愿得罪人的现象，他严肃指出，现在我们的‘关系学’太多了，大家不愿批评了，讲情面、讲关系、怕‘穿小鞋’。这样下去，我们党和国家的事业是要被断送的。”

（摘自：桂杰、陈亚聪，朱镕基：《我们离开人民群众就一事无成》，《中国青年报》2013 年 08 月 15 日 11 版，题目自拟，有删减。）

案例分析：

朱镕基在任时大力推行反腐改革，这也体现了中国共产党对待腐败绝不姑息的态度。中国特色社会主义最本质的特征就是坚持中国共产党的领导，中国的事情要办好首先要把党建设好。一个信仰坚定、纪律严明、作风过硬、清正廉洁的马克思主义政党，就能始终保持旺盛的生机与活力，永远立于不败之地。实现这个目标，我们必须永葆共产党人政治本色，坚守自己的精神家园。补精神之钙，筑信仰之基，守为政之本，站位才会高，眼界才会宽，心胸才会开阔；坚持正确政治方向，自觉恪守、践行为人民服务的根本宗旨，始终保持并不断发展与人民群众的血肉联系，党的执政基础才会越来越深厚和巩固。中国共产党带领中国人民开创了中国特色社会主义道路，在实现现代化的进程中取得了举世瞩目的伟大成就，使我国的社会生产力、综合国力和人民群众的物质文化生活水平得到显著提高，实践表明，中国共产党是中国特色社会主义事业的领导核心。

思考讨论：

1. 朱镕基大力推行反腐说明了什么？
2. 如何认识和防范腐败可能给党的肌体造成的严重危害？

案例二：历史和人民的正确选择

国之命，在人心。

历史的主体是人民。历史的选择，是通过人民对各种政治力量长期比较来实现的；历史的走向，是通过人民的自觉活动来完成的。

“水可载舟，亦可覆舟”，“得民者昌，失民者亡”。一个政党的前途命运，最终取决于人民的选择。正如胡锦涛同志曾深刻指出的：“中国人民正是在长期的历史比较中，选择我们党作为自己根本利益的代表，作为国家和民族复兴的领导力量。”

这种“历史比较”，在民主革命时期，主要表现为人民对共产党和国民党两大政治力量的比较，中国共产党经过人民的严格“考试”，被拥上了领导者和执政者的地位。

“万物有所生，而独知守其根。”党一登上历史舞台，就坚定地站在中国最广大人民利益的立场上，把实现最广大人民利益要求作为自己根本纲领，救民族于危亡、拯民众于水火。农民问题是中国革命的根本问题。党先后实行了土地革命、减租减息和彻底的土地改革等政策，不仅解放了生产力，而且把中国大多数民众争取到自己的身边，这是中国共产党领导中国革命取得胜利的主要原因之一。抗日战争时期，党提出抗日民族统一战线政策，调动了各阶级的积极性；解放战争时期，党的政治主张代表了社会各阶层和民众的利益，陈毅元帅“淮海战役的胜利是老区人民用小车推出来”的感叹，是人民选择和拥护共产党的真实写照。而国民党从代表大地主大资产阶级利益立场出发，不仅始终没有实行“耕者有其田”的政策，而且政治独裁、经济腐败、盘剥民脂民膏，这就把自己置于广大人民群众的对立面，再也无法逃脱其在大陆覆亡的历史命运。

延安窑洞旁，一代伟人曾在为一名普通战士举行的追悼会上发表演讲，明确提出我党我军的唯一宗旨：“我们的共产党和共产党所领导的八路军、新四军，是革命的队伍。我们这个队伍完全是为着解放人民的，是彻底地为人民的利益工作的。”

正是从“打土豪、分田地”的纲领性口号中，从“砍头只当风吹帽，笑洒热血为大众”的壮举中，从露宿街头、不扰民众的行动中，从毛泽东的补丁衣服、朱德的扁担、仁弼时的断腿眼镜中，人民认识了我们党和我们党领导的人民军队。

1940 年 3 月，华侨领袖陈嘉庚率“南洋华侨回国慰问考察团”到重庆、延安考察参观并慰问抗日将士。通过对国统区与解放区、重庆与延安的比较，他感慨地断言：“得天下者，共产党也!”这一感言代表着人民共同的政治向往。

这种“历史比较”，在党执政特别是长期执政的条件下，主要表现为中国与世界各国尤其是处于同一发展水平国家的比较，人民继续坚定地选择中国共产党作为自己的领导者。

新中国成立后，在党的坚强领导下，中国人民以前所未有的主人翁姿态和高涨的创造热情，积极投入社会主义改造和国家经济建设。尽管我们党在发展进程中走过一段弯路甚至出现过“文革”这样的严重失误，但就像有自我净化能力的大海那样，党能够敢于并善于纠正自身的错误而与时俱进，在波澜壮阔的改革开放实践中开辟了一条中国特色社会主义道路，给古老的中华大地带来了历史性巨变。新中国成立 60 年，国内生产总值以年均 8.1% 的速度增长，2008 年的经济总量比 1952 年增加了 77 倍，2010 年跃升到世界第二位。1952 年我国经济总量占世界的比重很小，1978 年才达到 1.8%，而到 2010 年，中国国内生产总值占世界的比重已经达到 9.5%。新中国成立初期，我国人均国民总收入不到 100 美元，改革开放初期不到 200 美元，到 2009 年达到了 3650 美元。人民生活实现了由贫困到总体小康的历史性跨越，中国已经成为拉动世界经济发展的重要力量。

所有这些，令世界瞩目，令全体中国人骄傲、自豪。这充分说明，中国共产党是中国人民根本利益的忠实代表，是真正维护国家利益和为人民谋利益的党。

（摘自：齐彪：《历史的选择，人民的选择——中国共产党领导地位的形成及其启示》，中国共产党历史网，2011 年 05 月 31 日，http：//cpc. people. com. cn/GB/14782033. html，题目自拟，有删减。）

案例分析：

近代以来，由于帝国主义、封建主义、官僚资本主义的残酷剥削，中国人民遭受了深重灾难，中国社会主权沦丧，国民遭殃。为了挽救国家危亡，中国不同的阶级、集团和先进知识分子走上了救国救民之路。事实证明，只有用马克思主义武装起来的先进政党，才能真正担负起领导中国革命、推翻反动统治的人物，建立独立、统一、民主、富强的新中国。中国共产党是历史的选择，人民的选择，中国共产党成立 95 年来的历史，是领导全国各族人民为实现民族独立、人民解放和国家富强、人民幸福而不懈奋斗的历史；是不断探索适合中国国情的革命和建设道路，推进马克思主义中国化的历史；是保持和发展自身先进性，在各种风险和挑战的考验中发展壮大的历史。进入改革开放以来，正是中国共产党在全中国人民面前树立起中国特色社会主义这面发展进步之旗、团结奋斗之旗，并使其越来越鲜亮。中国共产党不愧为中国特色社会主义事业的领导核心。

思考讨论：

1. 为什么说中国共产党的执政地位是历史和人民的选择？
2. 怎样理解中国共产党是中国特色社会主义事业的领导核心？

第三节　实现什么样的发展，怎么实现发展

党的十六大以来，以胡锦涛同志为总书记的党中央，高举中国特色社会主义伟大旗帜，以邓小平理论和“三个代表”重要思想为指导，立足社会主义初级阶段基本国情，在2003年7月28日的讲话中提出“坚持以人为本，树立全面、协调、可持续的发展观，促进经济社会和人的全面发展”，按照“统筹城乡发展、统筹区域发展、统筹经济社会发展、统筹人与自然和谐发展、统筹国内发展和对外开放”的要求推进各项事业的改革和发展的方法论——科学发展观。科学发展观的第一要义是发展，核心是以人为本，基本要求是全面协调可持续性，根本方法是统筹兼顾，这为进一步推动中国经济改革与发展指明了思路，是中国共产党的重大战略思想，标志着中国共产党对于社会主义建设规律、社会发展规律、共产党执政规律的认识达到了新的高度，标志着马克思主义的中国化，标志着马克思主义和新的中国国情相结合达到了新的高度和阶段。科学发展观“是马克思主义关于发展的世界观和方法论的集中体现，是同马克思列宁主义、毛泽东思想、邓小平理论和“三个代表”重要思想既一脉相承又与时俱进的科学理论”；科学发展观在马克思主义的活的灵魂——“具体地分析具体的情况”指导下，按照唯物辩证法的科学方法论，与时俱进实事求是地分析和对待发展过程中的一切问题，最大限度地促进了生产力和一切社会事业的全面发展、协调发展和可持续发展。

一、改革开放是决定当代中国命运的关键抉择

案例一：浓缩的精彩

粗衣麻布换成了锦衣华服，录音机变成了MP4，高楼大厦替代了平房。800多幅照片以及10多组图表、数字，浓缩了改革开放30年来南京的精彩变迁。2008年岁末，由市委宣传部、市委党史工办、市档案局、市地方志编纂委员会办公室等部门共同举办的南京市纪念改革开放30周年成就展，成了这个冬日南

京市民生活中的一件大事。一个多月来，近20万市民自发前往参观展览，2000多条留言里，他们写下了为南京30年巨大成就感到骄傲和自豪，也对南京未来30年寄予了美好祝福。

这是一个与众不同的展览，因为展出的所有老物件都是由南京市民自发捐献的。为了使展览既能全面反映南京30年改革开放的成就，又能让老百姓愿意看、喜欢看，乐于从中接受教育，市委宣传部在方案中确定了“图片选择强调新旧对比，辅之以实物征集，增强市民群众、新闻媒体在办展中的参与性”的思路。

市民高松一下子就捐出了17件老物件，其中大多数是20世纪七八十年代的东西，有大哥大、文具盒、老门牌等等。“平时有空时，我也经常把这些东西翻出来给孩子们看看，正好有展览的机会，可以让更多人看到30年间的巨大变化。”

一串串珍贵的记忆碎片，经过主办方精心的编排，拼出了一幅南京改革开放30年来波澜壮阔的历史画卷。历史，因还原而生动——800多幅照片、10多组图表数据拼出一幅历史画卷。

黑色的大哥大、BP机、计划年代的各种票证、20世纪八十年代发行的纸质股票……展览中最吸引人的是这些大家从箱子底里翻出来的老物件，它们静静地躺在那里，反映30年来南京市民的生活变迁。

“南京这30年的变化把我的眼睛都看花了”、“不看不知道，对比吓一跳”……一个多月来，2000多条朴实真诚的留言，既是对南京改革开放30年成就的赞美，也从另一个侧面反映了展览的成功。

30年改革开放所释放和迸发出来的“中国活力”令世界瞩目和赞叹。这种“活力”，体现在世界上极为罕见的经济发展年均增速上，更体现在每个中国人点点滴滴的生活中。南京就是个生动缩影。在展馆中，800多幅照片、一组组图表、一串串数据，把南京改革开放30年来波澜壮阔的历史画卷清晰地呈现在我们眼前，让我们对未来充满信心。

发展是硬道理，发展也是最大的民意。30年来，尽管我们遭遇了众多急流险滩，但改革开放的航向始终如一。我们凭着坚定信念，在战胜一个又一个挑战中创造了辉煌。充满信心坚定前行，坚持改革开放不动摇，我们必定能化挑战为机遇，创造更大辉煌，奋力推进南京走在新一轮改革开放和科学发展前列。

（摘自：毛庆，周茜：《浓缩的精彩——南京纪念改革开放30周年成就展综述》，《南京日报》2009年1月24日第A02版）

案例分析：

38 年前，世纪伟人邓小平把中国引领上改革开放的伟大航程；38 年后，改革开放已在中华大地上结出累累硕果。短短 38 年里，中国经历了举世瞩目的历史大转折和事业大发展，由一个国民经济濒临崩溃边缘、农村 2.5 亿人生活在温饱线下的国家，变成了有强大市场活力的世界第二大经济体，国民经济持续快速健康发展，综合国力显著提升，国际影响力和民族凝聚力大大增强，社会政治稳定，人民生活上总体实现了由温饱到小康的历史性跨越。

改革开放是强国富民之路，社会进步之路，是体制创新之路，是政治昌明之路。胡锦涛在党的十七大报告中强调指出："改革开放是决定当代中国命运的关键抉择。"38 年后的今天，我们依然要坚持改革开放，使中华民族在新的历史时期继续谱写历史篇章。

思考题：

1. 我国在改革开放的进程中取得了哪些重大的发展成就？为什么能够取得如此大的成就？

2. 请从改革开放实际效果的角度谈谈你是如何理解改革开放是决定当代中国命运的关键抉择？

案例二：江苏"四小龙"腾飞探秘

被称为江苏省"四小龙"的江阴、常熟、张家港、昆山 4 个市，曾是"苏南模式"的主要代表，对集体经济有着特殊的感情。伴随着旧有模式的打破，虽然这几个地方文化相似，地缘相近，但走出了不同的发展道路，形成了各自的优势与特色。

思想解放释放了巨大潜能

乡镇企业曾是苏南经济的基石，也是苏南人的骄傲。随着时代的发展，其产权模糊、政企不分的弊端日益暴露出来，成为制约发展的障碍。1998 年，苏南人奔赴浙南等地"取经"，对自己做了一次全面的"体检"，认识到主要差距是个体私营企业发展滞后。"早改制少流失，晚改制多流失，不改制要消失"，逐渐成为苏南各县的共识。个体私营经济的崛起与勃兴，成为"四小龙"一道新的亮丽风景线，成为拉动经济快速增长的一大引擎。

善抓机遇找到了经济腾飞的跳板

抢抓机遇是启动发展的钥匙，实现飞跃的跳板。就县域发展而言，江苏"四小龙"都至少抓住过一次较大的发展机遇：江阴抓住了企业上市融资的机遇；昆山抓住了发展外向型经济的机遇；张家港抓住了企业改组改制、做大做强企业集团的机遇；常熟抓住了商贸兴市和较早放手发展个体私营经济的机遇。

“四小龙”四条路

江阴市被称为江苏省的“第一财神县”，他们不仅以全国万分之一的土地，千分之一的人口，创造了超过二自五十分之一的国内生产总值，而且通过做大做强主导产业，崛起了一批全国同行业的“龙头老大”。江阴走的是一条通过乡镇企业技术改造和上市融资，推动产业升级的路子。

与江阴不同，昆山市走的是一条外向带动、后来居上的发展之路。依靠外向型经济的带动，昆山迅速实现了经济总量的扩张和产业结构的升级，已从一个传统的农业县一跃成为经济繁荣、生活宽裕、环境优美的新兴工商城市，成为全省乃至长江三角洲发展中的一个亮点。

1992年初，张家港瞄准周边先进县（市），提出了“工业、外贸、城市建设争先进，各项工作创一流”的奋斗目标。这种“公开叫板、明枪交战”的锐气，犹如一粒石子激活了苏南经济的一池春水。在全国第三届县域经济基本竞争力评比中，张家港市名列第三位。

善于发挥自己的长处与特色，是常熟市私营经济快速崛起的又一个重要原因。一个以常熟招商城为依托、以农贸市场为基础、以专业市场为骨干的投资多元化、商品多样化、层次多极化、全方位开放的区域市场体系已经形成。

“四小龙”的成功实践启示人们，县域经济的活力来自符合本地实际的思路，来自特色所产生的竞争力。目前，他们正大胆改革，扬长避短，向更高的目标迈进。

（摘自：包永辉：《半月谈》，2004年第13期，第48—50页。）

案例分析：

江阴、张家港、昆山和常熟这四个县级市被称为江苏省的“四小龙”，它们文化相同，地缘相近，但在突破“苏南模式”束缚之后，通过不断改革，却走出了不同的发展道路，形成了各自的优势与特色。江阴走的是一条通过乡镇企业技术改造和上市融资，推动产业升级的路子。被称为“苏南的苏北”的张家港，不肯服输，不断寻找竞争对手，作为自己赶超的目标。昆山市走的是一条外向带动、后来居上的发展之路。私营个体经济已成为常熟活力最强、后劲最足、潜力最大的经济增长点，常熟也由此成为创新“苏南模式”的代表。

江苏“四小龙”的实践证明，在地区经济发展模式上决不能搞“克隆”。

县域经济的活力来自符合本地实际的思路，但坚持自己的优势与特色，并不排斥吸取众家之长。

思考题：

1. 江苏“四小龙”的成功实践带给我们的启示是什么？
2. 结合本案例谈一谈改革在社会发展中的作用。

二、科学发展，“好”与“快”有机结合

案例一：煤炭大省的“黑色革命”

煤电联营、变“输煤”为“输电”、创新煤炭交易机制、城乡采暖“煤改电”……当前受困煤市寒潮中的中国产煤大省山西，正经历“煤炭革命”，力图将黑色煤炭绿色发展，打造成为全国清洁能源基地。

因煤而富的山西，当前煤炭市场疲软、环境代价巨大，这两大障碍拦住了煤炭产业的传统发展路径。挖煤、卖煤、烧煤的初级产业链条，现如今在山西已难以为继。近日，山西省官方密集出台多个关于煤炭供给侧结构性改革的多项细则以及实施方案，力促“煤炭革命”。

在山西出台的《推进煤炭绿色低碳消费的实施细则》中，山西将力促该省煤电产业优化升级，全面推进煤炭绿色低碳消费。除了煤炭，电力是山西的另一个支柱产业，煤电联营，“让煤从空中走”，变“输煤”为“输电”，山西欲以这一举措推动山西煤炭供给侧改革，化解煤炭过剩产能。

上述《细则》明确，“十三五”期间，山西将统筹晋北、晋中、晋东三大煤电基地资源优势，科学有序开发；大力推进已核准的低热值煤发电项目建设；进一步提高城市集中供热比例；优化布局高参数、大容量机组的常规燃煤火电项目。依照山西省《推进煤电一体化深度融合实施方案》，到2017年，山西省现役调主力发电企业将全部实现煤电一体化或长协合同运营全覆盖。

在山西出台的《关于创新煤炭交易机制的实施细则》中提出，山西将推进煤炭交易机制创新，为煤炭生产、物流、消费企业提供更好的交易平台，拓宽销售渠道、降低交易成本、提高交易效率。该平台预计2016年底上线运行。

与此同时，山西省将扩大电力直接交易，推进城乡采暖“煤改电”试点工作。在山西省《推进城乡采暖“煤改电”试点工作实施方案》中，2016年，山西将力争完成5000户居民、50个高速公路服务区采暖“煤改电”试点任务。

此外，山西省还设立了煤炭清洁利用投资基金，按照《设立煤炭清洁利用

投资基金实施细则》，该基金总规模为100亿元人民币，用于加速山西省煤炭产业结构转型、升级。基金的主要投向为：煤电一体化产业、现代煤化工产业、煤层气抽采利用、碳交易及减排、碳捕集及封存方面等方面。

作为中国唯一的国家资源型经济转型综改试验区，身肩为中国资源型经济探路重任的山西，推动煤炭的清洁高效利用，实现“煤炭革命”，可以说，其成败在一定程度上决定着中国能源革命的成败。

（摘自：任丽娜：《山西“煤炭革命”让“黑煤变形”打造“绿色煤炭”》，中国新闻网，2016年06月12日，http：//www. sina. com. cn/）

案例分析：

煤炭是我国的主要能源和重要工业资料，煤炭工业健康发展关系国家能源安全和经济安全。如何解决煤炭行业“小、散、乱、差”的局面，彻底打破制约山西工业经济实现长期、稳定增长的瓶颈。山西省委、省政府以壮士断腕的勇气，毅然做出了煤炭资源整合重组的战略决策，吹响了煤炭资源大整合的号角。如今，借助科技手段，高河煤矿每年可处理乏风94亿立方米，相当于减排140万吨二氧化碳当量，还能发出2亿千瓦清洁电能。同处沁水煤田的晋煤集团，煤层气日抽气量已达700万立方米，产销量占全国三分之一以上。在去年煤炭亏损的情况下，煤层气盈利2.5亿元，成为其抵御市场寒冬的重要支撑。

煤炭资源整合，为山西省以煤为基、多元发展的现代产业之路打下了基础。整合后的煤矿将全部建成高产、高效、高标准的现代化矿井，使山西煤炭产业走上全面、可持续发展的轨道，从煤炭大省向煤炭强省跑步转型。

思考题：

1. 山西省在迈向煤炭资源强省过程中，还有哪些问题需要关注和破解？
2. 你认为煤炭大省如何可以实现全面的“绿色转型”？

案例二：“龙江第一村”——新农村建设的范例

在不靠海、不沿江，远离城市、不通铁路的甘南县，距县城30公里的绿野中，有一个别样的村庄。一位外省的领导来村里参观后感慨：我们现在建设新农村，可新农村什么样心里没底。到了兴十四，我知道了，这就是一个实实在在的新农村。这，就是人称“龙江第一村”的甘南县音河乡兴十四村。

光靠打粮食永远富不起来

当今兴十四村，农业收入只占全村总收入的5%，二三产业收入分别占到

38%和57%。甘南县委书记任玉良总结：兴十四已经实现了“四化”：农业产业化，农区工业化，农村住宅别墅化，多数农民非农化。农业完全实现机械化，喷灌化、生态化。2004年，兴十四全体村民实现了农转非。2005年，兴十四村创办了富华国际生态产业园。所有项目建成投产后，富华集团的销售收入将达到40亿元，增加利税7亿多元，安置劳动力3200多人。

在34年的时间，一个曾多年生产靠贷款、吃粮靠返销、生活靠救济的“三靠村”，现在建成了拥有35家企业，10亿多元固定资产，1800多名员工的省内首富村、别墅村。

农民也能像城里人那样生活

从2002年到2004年，村里投资近亿元，在松柏杨柳间建起了136栋别墅和集中供热及自来水网。祖祖辈辈挑水吃的农民，如今住进了别墅，像城里人一样吃上了自来水，用上了天然气和暖气。

如今在兴十四，65岁以上的农民实行退休制度。老人们每年享受100公斤大米、50公斤面粉的待遇，每月还额外享受80元的生活补贴费。村里投资50万元建起村卫生所，村民生小病不用出村就能治。兴十四的村小学校设备是全省一流的。小学生的学杂费全免。全村有线电视入户率达到100%，光缆程控电话入户率达95%以上。

现在的兴十四村，与其说是一个村庄，不如说是田野里的现代都市小镇更贴切。兴十四人不仅生活不比城里人差，就连身份也已经“脱农入城”。2004年，兴十四村900多人实现了集体“农转非”。

农村需要新农民

看到村民们对富裕生活的满足，付华廷提出：“兴十四不光要成为富裕村，更要成为文明村！”

兴十四村是全县出名的无超生、无赌博、无迷信活动、无刑事犯罪、无重大事故、无环境污染的“六无村”，连续20多年没发生刑事案件，邻里相处和睦，农村常见的赌博耍钱，兴十四很难看到。

说起今后的发展，付华廷说，我们要在加强管理、杜绝浪费、招商引资和引进人才上，下更大的力量，推动全村和集团实现大发展、快发展。

（摘自：高学冬，姚建平：《“龙江第一村”甘南县兴十四村：新农村建设的范例》，《黑龙江日报》2006年12月16日。）

案例分析：

统筹城乡经济社会发展，逐步改变城乡二元经济结构，建设社会主义新农村，是我们党从全面建成小康社会的全局出发做出的重大决策，是新世界新阶段解决“三农问题”的重大战略部署。十八届五中全会提出要推动城乡协调发展，健全城乡发展一体化体制机制，健全农村基础设施投资长效机制，推动城镇公共服务向农村延伸，提高社会主义新农村建设水平。

建设社会主义新农村是一项系统工程，又是一项长期、艰巨、复杂的重大历史事务。兴十四村由一个资源匮乏、交通不便、基础薄弱的贫困村，发展成为拥有8.7亿元资产、33家企业、1800名员工的富华企业集团，成为闻名遐迩的富裕村、文明村，其发展的经验为社会主义新农村建设提供了有益的借鉴。

思考题：

1. 为什么说解决“三农问题”是全面建成小康社会进程中的关键问题？

2. 黑龙江省甘南县兴十四村的新农村建设模式对社会主义新农村建设有哪些启示？

三、深化政治体制改革，扩大社会主义民主

案例一：阳光动迁，破解“天下第一难”

一边高楼摩天，一边危棚简屋，这种在国内一些大城市仍普遍存在的现象，激励着政府部门加快推进旧区改造，改善老百姓的居住环境。然而在实际操作中，由于一些不规范的动拆迁时有发生，让这项原本改善民生的好事，慢慢变成了“天下第一难”。

近年来，上海积极探索“阳光动迁”新路，提出了动迁事前征询、过程公开透明的办法，把动迁的主动权和决策权交给老百姓；政府则定位服务群众、保障公平，此举深得动迁居民欢迎，让“天下第一难”逐渐柳暗花明。

地处上海建国东路马当路的390地块，距离淮海中路、新天地等城市黄金地段咫尺之遥，但369户居民一度居住在逼仄破陋的老屋中，没有独立厨卫设施，只有动迁才能彻底改变这里居民的困苦。

动迁难，在寸土寸金的市中心动迁更是难上加难。“实际上老百姓都想动迁、盼动迁，但又最怕不公平、不透明，前后不一致。”负责390地块动迁的上海安佳拆迁公司总经理张国樑早在2004年就开始探索“阳光动迁”，长期的动迁工作经历让他感同身受：坚持“阳光动迁”才是出路。

为此，390 动迁基地率先试点“征询制”、“数砖头加套型保底”的新机制。“征询制”，就是由居民投票决定要不要动迁和动迁方案；“数砖头”，就是以被拆除房屋为补偿依据并给予补贴，规避了原先“数人头”造成的不透明、不公平；“套型保底”就是对安置后仍有困难的居民进行保障托底，确保居者有其屋。

住在这里几十年的居民王月琴没想到，原先疑虑重重的动迁，竟然如此公开公平，而且居民可以全程参与，共同制订方案，共同进行监督，“本来总是担心老实人会吃亏，现在从头看到尾，彻底相信这样的动迁很公平！”

实践证明，“阳光动迁”已成为破解“天下第一难”的有效途径。为确保动迁居民利益，加快城市建设进程，上海近年来探索旧区改造事前征询新方法，将政府责任、百姓意愿、社会评价有机结合，得到动迁居民的广泛认可和好评。

尝到了“阳光动迁”的甜头，动迁“老兵”张国樑信心更足。他说，干了几十年动迁，感觉“阳光”的味道最好，现在动迁明显有“三少三多”的变化：上访少了，锦旗多了；冲突报警少了，居民与动迁人员交朋友多了；后期居民“失踪”少了，已搬居民“回娘家”多了。

（摘自：陆文军：《上海：探索“阳光动迁”化解“天下第一难”》，新华网，2011 年 08 月 16 日，http：//news. xinhuanet. com/2011 –08/16/c_ 121867933. htm）

案例分析：

城市建设中经常会面对旧区改造动迁难题，有人将其称为“天下第一难”，拆迁已成为影响和谐社会建设的重大不稳定因素。上海在城市高速发展中也深受其扰，历年动迁积累的矛盾已占该区信访总量 50% 以上。

安居是民生之本，尽快破解动迁难题，让老百姓分享城市发展的成果，改善居住条件，是政府义不容辞的责任。4 年多来，上海“阳光动迁”已深入人心，通过“事前征询、过程公开、依法操作、事后评估”等方式，实实在在推进了中心城区的旧区改造工作：一是动迁速度明显加快，二是动迁矛盾大幅降低，三是动迁成本明白可控。从“为民做主”到“由民作主”，阳光拆迁主动将居民纳入动迁征收工作中，坚持公平公正、公开透明的原则，广泛地吸收民智并凝聚共识，成为破解动迁征收难题的“金钥匙”。

思考题：

1. 阳光动迁、阳光征收对破解当前城市拆迁困局有哪些借鉴意义？

2. 你认为阳光动迁、阳光征收要抓好哪些关键环节？

案例二：党代会差额选举的“秘密”

从“不少于15%”到“多于15%”：差额比例扩大中的民主进步

差额选举比例提高是十八大党代表选举的一个重要特征。2011年11月，中组部下发通知明确指出：“选举产生出席党的十八大代表，差额选举的比例应多于15%。”十七大时，这一规定则是“不少于15%的差额比例”。从“不少于”到“应多于”的变化，扩大了党内民主的选举范围。

差额选举引入竞争机制，对候选人提出了更高的要求

形成有限竞争的政治空间。差额选举——特别是在差额比例较大的背景下——提供了选择空间，形成一定范围的竞争。这为党内政治生活注入了新鲜活力，对提升用人机制的活力也是有利的。

运作有序、风险可控。逐步扩大差额选举的方式，尽可能多地体现选举人意志，有利于形成党员对党的领导机构和领导者的心理认同。等额选举有时也会产生优秀的领导者。但“优秀”是相对优势，是比较出来的。差额选举扩大了党员、代表的选择权，在一定程度上强化了党员党代表的主体感，其心理认同相对可靠。

党的十八大：预选采用差额选举办法，差额比例均多于8%

2012年11月12日下午和13日上午，十八大举行各代表团全体会议，先后对中央委员、中央纪委委员和候补中央委员进行了预选。按照大会选举办法的规定，预选采用差额选举办法，差额比例均多于8%。整个预选工作在总监票人、监票人的监督下，严格按照大会选举办法进行，预选结果有效。

党代表差额选举：增加一线党员比例已成惯例

增加一线党员，缩减党员干部。在党代表选举中增加生产工作一线党员和缩减党员领导干部，已成为党代会的一项制度性惯例。少数民族代表占一定比例，十八大比十七大增加7名。十八大最终选出少数民族党代表249名，比十七大增加7名，占总数11%，符合中央“少数民族党员代表应占一定比例”的要求。大幅提高工人代表数量。中央要求，工人党员代表比例要在十七大时基础上较大幅度提高。根据新华社最终公布的结果，十八大工人代表工人党员由十七大时的51名增加到169名，占7.4%。其中，包括农民工党员26名。

（摘自：搜狐新闻《聚焦2012十八大专题》，http：//news. sohu. com/s2012/1675/s356659025/，2012年11月12日）

案例分析：

差额选举是候选人数多于应选人数的简称。可以在预选中差额，也可以在正式选举中差额，形式不一。在新民主主义革命时期，中国共产党就有差额选举的先例。1945 年，党的七大主席团确定了中央委员会差额预选方针，规定候选人数应多于应选人数的 1/3。中国新民主主义革命的胜利，证明七大的政治路线和党的选举的成功。党执政后，1956 年召开了第八次全国代表大会。八大的选举民主程度是空前的。在真正民主基础上的初始提名，其意义远在差额选举之上。党的十一届三中全会提出民主要制度化法制化。选举是一套相对完整的体系，从提名过程公开，到承诺、投票，再到相应的任期、质询、罢免等系列程序，均需完善。只有在民主氛围中，只有各种制度的支撑下，差额选举才能不负众望地成为推进党内民主的一个环节。

思考题：

1. 结合案例，谈谈差额选举如何体现民主进步？
2. 你认为应该如何推进差额选举的制度化建设？

四、发展社会主义先进文化，建设社会主义核心价值体系

案例一：皮村“工友之家”的农民工文化之路

据中国国家统计局 2011 年 4 月 28 日发布的《2010 年第六次全国人口普查主要数据公报》称，我国流动人口中约 2.5 亿左右是进城务工的农民工，1 亿左右农民工是出生于 20 世纪 80、90 年代的“新生代农民工”。庞大的农民工群体已经形成新劳动者阶层。如何尊重、调动农民工的积极性、创造性，让他们参与到文化创造、文化建设当中，对于文化建设和促进农民工融入城市有不可忽视的作用。北京朝阳区金盏乡皮村的工友之家提供了一个由农民工自我创造、自我表现、自我教育、自我服务的样本。自 2002 年成立起，工友之家通过创作歌曲、诗歌、编排话剧、舞蹈或拍摄纪录片等文化形式为农民工和社区提供文化服务，并以文艺活动为媒介，开展与政府、社会各界的合作，倡导正面价值观，促进社会和谐与共同发展。他们的创作和活动在全国产生了很大影响，形成了一个辐射全国的打工文化活动中心。

皮村位于北京市朝阳区金盏乡，距天安门 46 公里，紧靠首都机场，是典型的城乡接合部。此地原有户籍人口 2000 人，自改革开放以来，来自全国各地的进城务工人口不断流动至此。到 2012 年前后，外来人口膨胀到 3.8 万，总人口

达4万人左右。皮村是中国农民工生活的缩影，农民工普遍从事低端劳动，但收入较低、权益保障难、社会交往面窄、享受得起的文化生活较少。工友之家开展了针对这些人群的文化服务，政府及时发现工友之家，并将其活动纳入到政府公共文化服务工作中来，社会各界力量参与其中，扶持了工友之家的良性发展。

文化活动提升了农民工的自尊、自信，培养了健康积极的社会心态。工友之家开展的活动，内容贴近生活、形式朴实简单，适合公众参与。工友在参与过程中得到了不同的提高和改变。耿建业是个木匠，湖北人，52岁，身高只有150公分。性格腼腆自卑，在2012年第一届打工春晚上，他平生第一次登台演出，与两个打工妹一起跳《梦之舞》，把钉钉子、刨花、抹灰等工作动作也融入到舞蹈当中，跳舞使他开朗阳光，热心做公益事业。王春玉是个快递员，40多岁，来自河北张家口，憨厚木讷，喜欢写诗，在工友之家办的内部小报《皮村报》上发表过诗作，他热爱学习，每次从住处到工友之家听讲座要步行6公里，但他很满足。何文琼是个川妹子，38岁，干家政工。喜欢唱歌跳舞的她，是工友之家的铁杆志愿者，文化让她找到很多朋友，对生活充满热情。

文化活动是社会和谐稳定的助推器。农民工自己参与和创造文化，不仅对塑造农民工的城市市民身份有积极意义，也对促进整个社会的和谐稳定有助推作用。当农民工在文化中展示自己的历史文化、表达自己愿望梦想的时候，他们的精神和尊严才可能被了解和尊重，全社会的尊重和关怀才有依托和可能。文化使农民工找到了自尊、自信和归属感。文化也让全社会意识到必须理解尊重农民工，尊重普通劳动者，把帮扶弱势群体当作自己应尽的社会责任。

（摘自：刘忱：《皮村“工友之家”的文化之路》，2015年9月13日，http：//blog. sina. com. cn/s/blog_ a3f177c70102vtaa. html）

案例分析：

加强农民工文化工作，以文化方式促进农民工融入城市，是当前农民工工作的重要课题，也是公共文化服务体系建设的重要责任。北京朝阳区金盏乡皮村的“工友之家”提供了一个由农民工自我创造、自我表现、自我教育、自我服务的样本。工友之家的文化活动，在全国同类组织中自然地形成了辐射、吸引、影响作用。一方面，新工人艺术团经常到各地巡回演出、交流访问，同类机构负责接应安排；另一方面，北京工友之家利用自己兴办的网站“大声唱”和“新工人网”传递信息、交流思想，也经常把各地服务农民工的民间社会组织召集到皮村，举办艺术节、文化交流或大型公益性活动。这些文化机构形成了同声相和、同气相求，互相支持、互相呼应的文化群落。

以公共文化服务的方式搭建平台，消弭社会隔阂，化解社会矛盾，增加社会各界相互了解和相互支持，促进社会认同感、归属感和社区公共精神的成长壮大，其作用不可小看。让公共文化服务走入生活常态、形成制度，就可以把越来越多的人容纳进来，形成全社会沟通交流的健康氛围。

思考题：

1. 怎样认识农民工当中“打工文化”的社会功能和文化意义？
2. 如何认识和保障农民工的文化权利？

案例二：方永刚：传播党的理论是我的使命

“传播党的创新理论是我神圣职责，在传播真理中我能收藏成就和快乐，体验生命的真正意义，追求生命的最大值！”方永刚是个充满激情的学者，也常常因精神而入神，因生动而感动。在某分部政委张占云心路历程中，曾三次有幸为方教授做授课主持。因为有了近距离的接触，也就有了更深入的了解和认识。

2001 年 7 月，时任副政委的张占云邀请方永刚教授到分部，围绕领会和贯彻落实“三个代表”的重要思想为党委机关作专题辅导。那天下午一下火车，方教授顾不得旅途的疲劳，便走进机关干部的办公室，与大家攀谈起来，晚间，草草吃了几口饭，便全身心投入到修改讲稿中，直至深夜。第二天上午授课时，做为主持的张占云发现方教授眼睛通红，脸色灰黄，但他授课时的激情却丝毫未受到影响。两个多小时的辅导，多次被自发的掌声打断。

2003 年 7 月的一个下午，那天烈日当空，酷热难熬。本想将这一课安排在第二天上午讲，这样会凉爽些。可方永刚执意不肯，因为他决定讲完课当晚就返回大连。第三次给方教授主持授课是在 2006 年 6 月份。胡主席提出“三个提供、一个发挥”的我军新的历史使命后，分部又诚邀方教授进行一次专题理论辅导。那天早晨，方教授在经历一夜的火车颠簸后着凉感冒、咳嗽，导致嗓子发炎、声音沙哑，但为了不耽误教学计划，他顾不着休息，强撑着坚持给党委机关人员授课，并尽最大限度提高声调，让台下同志们都听清楚、听明白。他满脸的汗水、沙哑的声音着实让在场的人感动不已。

三次主持给张政委带来三次不同的收获，近距离体会到了方永刚教授用生命传播党的创新理论的蓬勃激情。过后，这位政委真诚问方永刚哪来这么一股激情，他十分动情地说："传播和践行党的创新理论，是我生命的全部意义和最大价值，是我的生命之约。""我热爱这个事业，所以我总是充满激情，我讲课两分钟就进入状态。"

"千江有水千江月，万里无云万里天"。10 年来，从鸭绿江畔到内蒙高原，从渤海之滨到长白山麓。方永刚的足迹走过联勤部队山山水水，方永刚的声音传遍一座座联勤军营。他用自己的言行为太阳底下最壮丽的事业而燃烧，无愧于"人类灵魂工程师"的神圣称号，他在联勤部队真情传播党的创新理论的模范行动，会永远铭记在沈阳军区联勤部队每一位官兵的心间！

（摘自：吴久军，戴岳：《真情传播党的创新理论情洒白山黑水——海军大连舰艇学院政治系教授方永刚深入沈阳军区联勤部队真情传播党的创新理论闪光足迹写真》，中国共产党新闻，2007 年 4 月 10 日，http：//cpc. people. com. cn/GB/64093/64387/5589863. html）

案例分析：

科学信仰之于共产党员，如同人生的长明灯；科学信仰之于教师，乃师大之德。

方永刚用他的人生来诠释自己的理想，使得他的理想更加感动人，也增强社会对他的理想的认同。教师这一职业是平凡的，但这一职业被方永刚演绎得伟大而崇高。方永刚的讲学和科研任务繁重：年均完成教学任务 200%，为官兵和干部群众作报告 1000 多场，撰写论文 100 多篇。方永刚信仰坚定。他说："没有科学信仰的人是不幸的人，我的信仰就是马克思主义"。正是由于有如此坚定的信仰，方永刚才会将原本枯燥的理论演绎得如此鲜活。纷繁错综的历史变迁，在他抑扬顿挫的讲述间成了评书。方永刚是在以生命传播和捍卫党的理论，践行并传播着社会主义核心价值体系。

思考题：

1. 当代大学生应如何学习方永刚成为社会主义核心价值体系的身体力行者？
2. 试述方永刚精神所具有的时代意义。

五、告别封建式"田园牧歌"，构建社会主义和谐社会

案例一：和谐杭州，最美妈妈

2011 年 7 月 2 日下午 1 点半，在杭州滨江闻涛社区中，一名 2 岁半女童突然从 10 楼坠落，在楼下的女邻居吴菊萍奋不顾身冲过去用双手接住了孩子。小

女孩经抢救无生命危险，愈后良好。而吴菊萍的左手臂粉碎性骨折，受伤较重。当时她还有一个未断奶的7月龄男婴要喂养照顾，被网友称为“最美妈妈”。

最美妈妈产生在美丽的杭州，不禁让人对这座城市产生浓厚兴趣。白居易千年之前就有诗直白的抒发胸意，“忆江南，最忆是杭州”，如今吴菊萍女士的义举又为这座城添了一份深深地内在美。杭州城作为一个经典的旅游城市，有着美丽的自然资源，又有着南宋皇都的古城背景，是一个南方人民世代安居、宜居的地方，素有“鱼米之乡”、“丝绸之府”、“茶叶之都”、“花果之地”的美称。这些是古已有之的良好物质基础。

和谐的意义，最终要落实在任何人的关系上。俗话所说的“远亲不如近邻”，其实质也是在讲这种友爱互助的道理。下面让我们从非典说起。2003年，在水立方1号楼的76户人家因非典被隔离13天。刚开始，这个只有1名保安的单元楼陷入了混乱。楼里从事计算机工作的牟晓军进行了一番安静的思考，既然人不能出去，为什么大家不可以用网络来联系？随后，热心的牟晓军与其他居民在网上达成共识，商定成立“自救会”，这个及时的“自救会”迅速成了协调中心，帮助发放饭菜，给情绪低落的居民打气……这便是杭城首个“邻里互助会”和那个有名的“在水一方”论坛。

一开始，许多人都以为，非典过去了，这个互助会也会慢慢“消退”，居民关系重新恢复到以前的状态，见面点点头。可让大家没有想到的是，互助会一步一个脚印走下来了。除了大家一起出游，共度佳节，帮助居民整理问题，如今互助会的功能得到了更多延伸。一个明显变化是，互助会的会员从起先的三四十人，发展到现在已有120多名工作人员。

人说危难见真情、真性，不管是最美妈妈，还是在水一方社区老百姓，都在危难之中做出了仁爱、友爱之举。除此之外，还有杭州邻居节、钱塘老娘舅、民生圆桌会、勇救西湖落水者的外国友人等让人心生温暖之举。杭州的和谐氛围，不是一朝一夕轻易得来的事情。也正如杭州首个邻里“互助会”会长牟晓军所言，“这其实是水到渠成的事情”，“我们身处的这个时代，每个人其实都有需求，都需要理解和帮助”。

（摘自：《“最美妈妈”吴菊萍》，新浪网，http：//news. sina. com. cn/z/zuimeimama）

案例分析：

通俗讲，现代公民社会是一个人人参与社会管理事务，行使公民权利，履行公民义务的社会，这与现代社会工业化、城镇化的大发展息息相关。与以前中国社会少数人统治大多数人的年代相比较，老百姓不再是默默无闻的大多数。邻里互助会的力量，小区业委会的力量，这些都是人民群众主体地位的新生代展现，调动了一切积极因素，形成了人人有责建设和谐社会、人人共享和谐成果的生动局面。虽然公民社会在大踏步前进，虽然老百姓和谐友爱不胜枚举，虽然物质生活条件在不断改善，但和谐社会的建设还任重道远，人和人之间的利益冲突还层出不穷。我们大学生，当以公民人的现代身份和主动心态，投入到未来社会事务的变革和管理之中，发挥新生代的力量。

思考题：

1. 从最美妈妈以及和谐杭州的事例中，如何理解社会主义和谐之美的含义？
2. 谈谈你可以为构建和谐社会做出哪些方面的贡献？

案例二：互助幸福院里说养老

71岁的农妇郑莲花和老伴没有想到，能在20多平方米的独立房间里安度晚年。郑莲花是河北省张家口市康保县人。她以前住的是土房，年久失修。3个孩子都在外打工，每年就春节回家一趟。老两口没人照顾，孤孤单单，连个说话的人都没有。

去年，郑莲花和老伴交了2000元押金，搬进了村里建好的“互助幸福院”。在互助幸福院内，郑莲花和老伴有自己独立的房间，房间温暖明亮，窗是塑钢窗，门是防盗门，房间内还有卫生间。

每户的房间相连，连成一个“回”字院落，老人们在院内休闲娱乐，在院外有一块菜地可种菜。“我们不用交房租，每个月就交自己家的水电费。更重要的是，老人们互相有个照应，还能在一起打扑克、遛弯，非常开心。”郑莲花说。

郑莲花所在的土城子镇胡家房村户籍人口437人，目前在村人口仅125人，平均年龄约63岁。现在住在村里互助幸福院的有18户34人，最年轻的64岁，最大的95岁。

土城子镇党委书记张国亮说，互助幸福院不同于养老院，是村集体建院、分户生活、生活自理、抱团养老。

近年来，随着农村劳力大量外流，康保县农村60周岁以上贫困老人、五保老人、伤残人员占到农村常住人口的60%，70%的村庄“空心化”、“老龄化”。

康保县的情况并非个例。空心村、危房户、空巢老人，已成为当前中国农村面貌的“三原色”。尤其是许多老人家庭贫困，居住条件简陋，生活无人照顾，精神慰藉缺失，传统的家庭赡养由于居住分散，导致民政救助成本高、效果差。为破解这一难题，康保县2013年试点互助幸福院模式，并于2014年大范围推广。互助幸福院建设捆绑整合利用农村危房改造、民政、财政一事一议、交通等各类项目资金，将农村60周岁以上鳏寡孤独和有生活能力、无生产能力的贫困老人、空巢老人集中居住，分户生活。互助幸福院由村委会统一管理，统一服务，老人无偿居住，子女没有继承权。

康保县委书记冯印涛说，全县已建成11所互助幸福院，并配建了活动室、卫生室、洗澡间、储物间、健身场地和小菜园等配套基础设施，已入住300多位老人。每个幸福院都建有专门的医疗卫生室，可以为老人提供及时有效的医疗服务。同时，组织自愿者定期上门开展打扫卫生、被褥洗换、垃圾清运和陪聊、心理疏导等精神慰藉服务。

“入住户将原宅基地证交给村委会，并同意拆迁、复垦等集体征用事项。通过实施互助幸福院建设，既实现了人口集聚，空心村的自然消失，又将废旧的住宅进行复垦，整合土地恢复生态环境，村容村貌改善。”冯印涛说。

据介绍，康保县今年计划新建15所互助幸福院，规划到2020年全县建成100所互助幸福院。

（摘自：白林：《“互助幸福院”模式破解农村养老难题》，新华网，2015年4月20日，http：//news. xinhuanet. com/2015 –04/20/c_ 1115024382. htm）

案例分析：

城镇化飞速发展，不少农村人口涌向了城市，随之而来的是农村留守老人慢慢增多，他们出行不便、生活困难、缺少关爱。村民越来越少，这也让农村老人在就医、购物、交流等方面出现了新的困难，还有随之而来的精神孤独和寂寞。

康保县实实在在地将养老服务作为深化社会管理创新、加强民生工作、构建和谐社会的一件大事来抓，互助养老幸福院的建设破解了农村社会化养老难题，既保留了农村的传统生活习惯，又实现了公共服务的有效覆盖。从深化农村社会管理体制改革来看，实现了农村养老服务设施建设与扶贫转移战略有机结合、与新农村建设同步规划推进，拓展了农村政策有机整合、扶持资金集约利用、基础设施综合使用、土地资源有效开发的新领域。

思考题：

1. 你认为农村互助幸福院对解决农村养老有什么意义？
2. 全力打造优质养老工程对社会主义和谐社会的构建有何意义？

六、以改革创新精神全面推进党的建设新的伟大工程

案例一：苏联解体的历史悲剧

13年前，一个重大事变使全世界感到震惊，也使中国人民和中国共产党人深感忧虑，这就是苏共亡党和苏联亡国的事变。1991年8月23日，俄罗斯联邦总统叶利钦发出“禁共令”，宣布苏联共产党在俄罗斯的活动为非法。8月24日，戈尔巴乔夫宣布辞去苏共中央总书记职务，并建议苏联共产党中央解散。苏共中央书记处竟然接受了这个建议，只是提出召开一次中央全会予以确认，但这个提议由于得不到叶利钦许可而作罢。

就这样，苏联共产党不明不白地被判了死刑，退出了历史舞台。短短几天里，红场上一座又一座革命领袖的塑像被推倒了；一些老布尔什维克自杀了；一批党的领导人被解职或逮捕了……

亡党必然亡国。12月21日是个悲剧性的日子，俄罗斯、乌克兰等11个加盟共和国正式签署了《阿拉木图宣言》，宣布“独立国家联合体正式成立，苏维埃社会主义共和国联盟不复存在”。12月25日晚，戈尔巴乔夫在中央电视台向全国、全世界宣布：“鉴于独联体成立之后的局势，我停止自己作为苏联总统的活动。”晚上7时30分，克里姆林宫上空飘扬了74个春秋的苏联国旗———镰刀锤子红旗在凛冽的寒风中悄然降下，取代它的是俄罗斯的红蓝白三色旗。

苏联共产党是列宁缔造的一个有着88年历史、1500万党员的大党；苏联是有着74年历史、2亿9千万人民的世界上第一个社会主义国家，却在没有战争，没有外敌侵略的情况下顷刻瓦解。对此，每一个致力于社会主义事业的人无不深感痛惜。

苏联剧变是《共产党宣言》诞生以来国际共产主义运动遭受的最大挫折，是人类社会发展长河的重大曲折。苏共苏联与我党我国有着太多的历史渊源：十月革命一声炮响催生了中国共产党；大革命时代我们“以俄为师”；新中国成立后尊苏联为“老大哥”；虽在斯大林逝世后两党两国发生了分歧，但苏共亡党、苏联亡国还是给中国人民和中国共产党人心里蒙上了一层重重的阴影。当然，它带给我们更多的是思考和警示。中国共产党十六届四中全会作出的《中

共中央关于加强党的执政能力建设的决定》指出："我们必须居安思危，增强忧患意识，深刻汲取世界上一些执政党兴衰成败的经验教训，更加自觉地加强执政能力建设，始终为人民执好政、掌好权。"分析苏共亡党、苏联亡国的原因，从中汲取历史教训，对我们今天切实增强忧患意识，提高党的执政水平，巩固党的执政地位，永远立于不败之地，具有十分重要的现实意义。

（摘自：白皋：《苏联剧变告诉我们什么》，人民网，2004 年 11 月 3 日，http：//www.people.com.cn/GB/shizheng/1026/2962514.html）

案例分析：

江泽民同志在总结苏共等一些长期执政的党丧失政权的历史教训时说："一个政权也好，一个政党也好，其前途命运最终取决于人心向背，不能赢得广大群众的支持，就必然垮台。苏联东欧之所以发展到今天这样的程度，确有西方敌对势力推行和平演变战略的因素，但是归根到底，是苏联东欧党的领导者推行一条错误路线，错误的方针和政策，严重脱离了群众造成的。"

共产党，尤其是一个像苏共这样长期执政的大党，必须毫不动摇地坚持党的基本路线，坚持社会主义道路，坚持党的领导。否则，背离了马克思主义的正确路线，就会迷失前进的方向，就会使改革走向歧途，使党失去阶级基础和群众基础。历史并不遥远，苏联剧变的一幕幕悲剧好像就在眼前，正如邓小平同志所说的那样，"促使我们很冷静地考虑一下过去，也考虑一下未来"。

思考题：

1. 前苏联的巨变如何体现"亡党必然亡国"的道理？

2. 纵观前苏联这样第一个社会主义国家的败落过程，谈谈为何要"坚持党的领导必须改善党的领导"？

案例二：胡锦涛：全面提高党的建设科学化水平

胡锦涛指出，我们党担负着团结带领人民全面建成小康社会、推进社会主义现代化、实现中华民族伟大复兴的重任。形势的发展、事业的开拓、人民的期待，都要求我们以改革创新精神全面推进党的建设新的伟大工程，全面提高党的建设科学化水平。

胡锦涛强调，全党必须牢记，只有植根人民、造福人民，党才能始终立于不败之地；只有居安思危、勇于进取，党才能始终走在时代前列。全党要增强紧迫感和责任感，牢牢把握加强党的执政能力建设、先进性和纯洁性建设这条主线，坚持解放思想、改革创新，坚持党要管党、从严治党，全面加强党的思想建设、组织建设、作风建设、反腐倡廉建设、制度建设，增强自我净化、自我完善、自我革新、自我提高能力，建设学习型、服务型、创新型的马克思主义执政党，确保党始终成为中国特色社会主义事业的坚强领导核心。

一是要坚定理想信念，坚守共产党人精神追求。对马克思主义的信仰，对社会主义和共产主义的信念，是共产党人的政治灵魂，是共产党人经受住任何考验的精神支柱。

二是要坚持以人为本、执政为民，始终保持党同人民群众的血肉联系。为人民服务是党的根本宗旨，以人为本、执政为民是检验党一切执政活动的最高标准。

三是要积极发展党内民主，增强党的创造活力。党内民主是党的生命。要坚持民主集中制，健全党内民主制度体系，以党内民主带动人民民主。

四是要深化干部人事制度改革，建设高素质执政骨干队伍。坚持和发展中国特色社会主义，关键在于建设一支政治坚定、能力过硬、作风优良、奋发有为的执政骨干队伍。

五是要坚持党管人才原则，把各方面优秀人才集聚到党和国家事业中来。广开进贤之路，广纳天下英才，是保证党和人民事业发展的根本之举。要尊重劳动、尊重知识、尊重人才、尊重创造，加快确立人才优先发展战略布局，造就规模宏大、素质优良的人才队伍，推动我国由人才大国迈向人才强国。

六是要创新基层党建工作，夯实党执政的组织基础。党的基层组织是团结带领群众贯彻党的理论和路线方针政策、落实党的任务的战斗堡垒。要落实党建工作责任制，全面推进各领域基层党建工作，扩大党组织和党的工作覆盖面，充分发挥推动发展、服务群众、凝聚人心、促进和谐的作用。

七是要坚定不移反对腐败，永葆共产党人清正廉洁的政治本色。反对腐败、建设廉洁政治，是党一贯坚持的鲜明政治立场，是人民关注的重大政治问题。这个问题解决不好，就会对党造成致命伤害，甚至亡党亡国。反腐倡廉必须常抓不懈，拒腐防变必须警钟长鸣。

八是要严明党的纪律，自觉维护党的集中统一。党的集中统一是党的力量所在，是实现经济社会发展、民族团结进步、国家长治久安的根本保证。各级党组织和广大党员、干部特别是主要领导干部一定要自觉遵守党章，自觉按照党的组织原则和党内政治生活准则办事，任何人都不能凌驾于组织之上。

他强调，面对人民的信任和重托，面对新的历史条件和考验，全党必须增强忧患意识，谦虚谨慎，戒骄戒躁，始终保持清醒头脑；必须增强创新意识，坚持真理，修正错误，始终保持奋发有为的精神状态；必须增强宗旨意识，相信群众，依靠群众，始终把人民放在心中最高位置；必须增强使命意识，求真务实，艰苦奋斗，始终保持共产党人的政治本色。

（摘自：《十八大报告中提出：要以改革创新精神全面推进党的建设新的伟大工程》，新华社，2012 年 11 月 27 日）

案例分析：

中国共产党是按照马克思列宁主义建党原则建立起来的工人阶级先锋队组织，从一开始就是一个按照科学化要求建立的政党。毛泽东在为中国共产党红军第四军第九次代表大会写的决议中指出，“教育党员使党员的思想和党内的生活都政治化，科学化”。

治党始终坚强有力，治国才会正确有效。如果党不管党、治党不严，就会严重影响党的先进性和纯洁性，严重削弱党的创造力、凝聚力、战斗力，甚至危及党的生存和发展。坚持党要管党、从严治党，需要从执政党建设的规律出发，既继承党的建设的成功经验，又探索党的建设的新办法，全面提高党的建设科学化水平。党担负着团结带领人民全面建成小康社会、加快推进社会主义现代化、实现中华民族伟大复兴的重任。全面提高党的建设科学化水平，是新形势下推进党的建设新的伟大工程、坚持和发展中国特色社会主义的必然要求。

思考题：

1. 全面提高党的建设科学化水平与发挥党的领导核心作用有何联系？

2. 新时期，面对“四大风险”与“四大考验”，你认为应如何全面推进党的建设这项新的伟大工程？

第四节 圆梦“两个百年”，实现中华民族伟大复兴

面对理论发展的机遇，要扎根伟大实践，获得理论创新的源头活水；要把握时代精神，紧紧跟上发展潮流；要树立世界眼光，吸收借鉴人类文明有益成果，不断深化对中国特色社会主义理论体系的学理研究及其成果宣传，增强对中国特色社会主义的道路自信、理论自信、制度自信，切实使科学理论成为全

面建成小康社会、夺取中国特色社会主义事业新胜利的强大思想武器。中共十八大以来，以习近平为总书记的新一届中央领导集体，带领全党全国各族人民积极应对前进道路上的困难和挑战，坚定不移的深化改革开放，大力推进国家治理体系和治理能力现代化建设，凝聚起实现中华民族伟大复兴的中国梦的强大力量，以“四个全面”、“五位一体”、“五大发展理念”建构起提振决胜、实现全面小康的宏伟蓝图，以政治生态的“绿水青山”为全面推进党的建设新的伟大工程谱新曲、奏华章。习近平总书记在十八大以来治国理政新的实践中，提出的这一系列富有创见的新思想、新观点、新论断、新要求，深刻回答了新形势下党和国家发展亟待解决的重大理论和现实问题，进一步升华了党对中国特色社会主义规律和马克思主义执政党建设规律的认识，闪耀着马克思主义真理的光辉，是坚持和发展中国特色社会主义的最新理论成果，为全党和全国各族人民在新的历史起点上实现新的奋斗目标提供了科学指南和基本遵循。

一、“四个全面”治国理政

案例一：让老百姓过上好日子

“我们的人民热爱生活，期盼有更好的教育、更稳定的工作、更满意的收入、更可靠的社会保障、更高水平的医疗卫生服务、更舒适的居住条件、更优美的环境，期盼孩子们能成长得更好、工作得更好、生活得更好。人民对美好生活的向往，就是我们的奋斗目标。”2012 年 11 月 15 日，习近平总书记在十八届中央政治局常委同中外记者见面时的这段讲话，朴实亲切、饱含深情，温暖了亿万人的心。

1. 实现经济发展和民生改善良性循环

民生是人民幸福之基、社会和谐之本。增进民生福祉是我们党坚持立党为公、执政为民的本质要求。改善民生是推动发展的根本目的，经济发展是前提，离开经济发展谈改善民生是无源之水、无本之木。既要通过发展经济，为持续改善民生奠定坚实物质基础，又要通过持续不断改善民生，为经济发展创造更多有效需求，实现两者良性循环。

2. 抓住人民最关心最直接最现实的利益问题

保障和改善民生是一项长期工作，没有终点站，只有连续不断的新起点。习近平总书记指出，抓民生要抓住人民最关心最直接最现实的利益问题，抓住最需要关心的人群，一件事情接着一件事情办、一年接着一年干，锲而不舍向前走。

3. 坚决打赢脱贫攻坚战

消除贫困、改善民生、逐步实现共同富裕，是社会主义的本质要求，是我们党的重要使命。小康不小康，关键看老乡，关键看贫困老乡能不能脱贫。习近平总书记指出，如果贫困地区长期贫困，面貌长期得不到改变，群众生活长期得不到明显提高，那就没有体现我国社会主义制度的优越性，那也不是社会主义。

4. 维护社会和谐稳定

社会和谐是中国特色社会主义的本质属性，是我们党不懈追求的社会理想。社会稳定是改革发展的前提。没有和谐稳定的社会环境，一切改革发展都无从谈起，再好的规划和方案都难以实现，已经取得的成果也会失去。必须保持清醒头脑，始终牢记和谐稳定是根本大局的道理，着力提升维护社会和谐稳定的能力和水平，为经济社会持续健康发展创造良好环境。

5. 构建全民共建共享的社会治理格局

社会治理是社会建设的重大任务，是国家治理的重要内容。改革开放以来，党和政府高度重视社会管理，取得了重大成绩，积累了宝贵经验。同时也要看到，当前改革处于攻坚期深水区，社会管理面临新情况新问题，迫切需要通过深化改革，实现从传统社会管理向现代社会治理转变。

6. 坚持总体国家安全观

国家安全是人民幸福安康的基本要求，是安邦定国的重要基石。增强忧患意识、风险意识，做到居安思危、有备无患，是治党治国必须始终坚持的一个重大原则。习近平总书记强调："我们党要巩固执政地位，要团结带领人民坚持和发展中国特色社会主义，保证国家安全是头等大事。"

（摘自：《让老百姓过上好日子》，人民网，http：//cpc. people. com. cn/n1/2016/0506/c64094－28329147. html，2016 年 05 月 06 日）

案例分析：

"天地之大，黎元为先。"民生连着民心，民心牵着国运。党执政多年的经验告诉我们，如果忽视社会进步和人民群众真实的幸福感、获得感，就会透支社会发展潜力，发展也就难以为继。民生问题是中国改革最大的问题，解决民生问题是最大的政治，改善民生是最大政绩。正如习近平总书记所说："我们党和政府做一切工作出发点、落脚点都是让人民过上好日子。"

不断改善民生，是实现以国家富强、民族振兴、人民幸福为主要内容的“中国梦”的题中应有之义。集合13亿人梦想的中国梦的实现，民生改善是最好的诠释。众志成城，同心协力，共同铸造中国梦之臂力，需要经济社会的不断发展，更需要民生的持续改善，这是复兴之本、梦想之基。

思考题：

1. 为什么十八大以来，党要把民生工作和社会治理工作作为社会建设的两大根本任务？

2. 结合身边的事例，谈谈民生的改善情况。

案例二：“进京赶考”远未结束

7月11日至12日，党的群众路线教育实践活动开始不久，中共中央总书记、国家主席、中央军委主席习近平来到自己联系的河北省调研指导。“当年党中央离开西柏坡时，毛泽东同志说是‘进京赶考’。60多年过去了，我们取得了巨大进步，中国人民站起来了，富起来了，但我们面临的挑战和问题依然严峻复杂，应该说，党面临的‘赶考’远未结束。”

11日下午，习近平在上午到石家庄正定县进行调研之后，来到革命圣地西柏坡，在同县乡村干部和群众座谈时郑重作出这个表示。

新中国从这里走来——1948年5月至1949年3月，中共中央曾在地处太行山东麓的平山县西柏坡办公，指挥了辽沈战役、淮海战役、平津战役三大战役，召开了著名的七届二中全会，毛泽东同志向全党发出了“两个务必”的号召，要求务必使同志们继续地保持谦虚、谨慎、不骄、不躁的作风，务必使同志们继续地保持艰苦奋斗的作风。西柏坡成为党中央解放全中国的“最后一个农村指挥所”。

习近平30多年前在石家庄市正定县工作时就到过西柏坡，其后又多次来。这次是他到中央工作后第二次来。西柏坡纪念馆内，一块展板让习近平久久驻足，上面写着“根据毛泽东的提议，全会做出六条规定：一、不做寿；二、不送礼；三、少敬酒；四、少拍掌；五、不以人名作地名；六、不要把中国同志同马恩列斯平列。”

这是中国共产党人“进京赶考”前定下的规矩——伫立展板前，习近平一一对照着说：“不做寿，这条做到了；不送礼，这个还有问题，所以反‘四风’要解决这个问题；少敬酒，现在公款吃喝得到遏制，关键是要坚持下去；少拍掌，我们也提倡；不以人名命名地名，这一条坚持下来了；第六条，我们党对此有清醒的认识……”

“这里是立规矩的地方。党的规矩、制度的建立和执行，有力推动了党的作风和纪律建设。”习近平表示，西柏坡我来过多次，每次都怀着崇敬之心来，带着许多思考走。对我们来讲，每到井冈山、延安、西柏坡等革命圣地，都是一种精神上、思想上的洗礼。每来一次，都能受到一次党的性质和宗旨的生动教育，就更加坚定了我们的公仆意识和为民情怀。历史是最好的教科书。对我们共产党人来说，中国革命历史是最好的营养剂。多重温这些伟大历史，心中就会增加很多正能量。

习近平最后表示——“从实现‘两个一百年’目标到实现中华民族伟大复兴的中国梦，我们正在征程中。‘考试’仍在继续，所有领导干部和全体党员要继续把人民对我们党的‘考试’、把我们党正在经受和将要经受各种考验的‘考试’考好，努力交出优异的答卷。”“党的十八大以来，我们新一届中央领导集体接过了党、国家、人民交给我们的沉甸甸的接力棒，我们一定要接好这一棒。”

（摘自：习近平：《党面临的“赶考”远未结束》，人民网 http：//qzlx. people. com. cn/n/2013/0714/c364565 –22190345. html，2013 年 07 月 14 日）

案例分析：

64 年前，毛泽东在西柏坡的最后一夜把进京执政比做进京“赶考”，表明了当时进京定都的重要性。历史雄辩证明，共产党人考出了好成绩，得到了全中国人民的拥护，成为我们各项经济社会事业的当之无愧领导者。今天，习总书记说“党面临的‘赶考’远未结束。”寓意深刻，发人深省，耐人寻味，有着十分重要的现实意义。共产党执政的历程就是“赶考”过程，党的事业、业绩就是“答卷”，党的宗旨和性质决定了考官是“人民”。面对新的历史条件下“新题”，如何交上满意“答卷”，人民评出高分，甚至是满分，是我们党执政的追求和目标，因此我们必须认真做答，“答案”要正确、更要精彩。

思考题：

1. 谈谈你认为习总书记提出的“党面临的‘赶考’远未结束”深意何在？
2. 结合史实，谈谈你对“两个务必”提出背景的认识。

案例三：打铁还需自身硬，扎紧制度笼子

党的十八大以来，以习近平同志为总书记的党中央创新发展马克思主义党建学说，把全面从严治党纳入“四个全面”战略布局，坚定不移推进全面从严治党、依规治党，凝心聚力、直击积弊、扶正祛邪，党的建设开创新局面，党风政风呈现新气象。从严治党的实践，已经试出了人心向背，必须坚持不懈抓下去，使管党治党真正从宽松软走向严紧硬。

管党治党一刻不能松懈

党要管党、从严治党，是党的建设的一贯要求和根本方针。习近平总书记指出：“党要管党，才能管好党；从严治党，才能治好党。”“打铁还需自身硬。”“中华号”巨轮乘风破浪、顺利前行，关键靠党来掌舵，靠党来掌握方向。要坚持治国必先治党、治党务必从严，提高管党治党的能力和水平，靠“自身硬”凝聚起不可战胜的磅礴力量，创造无愧于历史的辉煌业绩。

补足共产党人精神上的“钙”

理想信念是共产党人精神上的“钙”。习近平总书记反复强调，“理想信念坚定，骨头就硬，没有理想信念，或理想信念不坚定，精神上就会‘缺钙’，就会得‘软骨病’”，“就可能导致政治上变质、经济上贪婪、道德上堕落、生活上腐化”。从严管党治党，首先就要坚定党员干部的理想信念。

用制度治党、管权、治吏

制度问题更带有根本性、全局性、稳定性、长期性。党要管党、从严治党，必须有坚强的制度作保证。全面从严治党，要坚持思想建党和制度治党紧密结合，全方位扎紧制度笼子，更多用制度治党、管权、治吏。用制度治党，就是要依法依规治党。用制度管权，就是要把权力关进制度的笼子里。用制度治吏，就是要用制度从严管理干部。从严管理干部不仅要从思想教育上严起来，更要从制度设计和执行上严起来，着力解决失之于宽、失之于松、失之于软的问题。

用铁的纪律维护党的团结统一

古人说：“欲知平直，则必准绳；欲知方圆，则必规矩。”没有规矩不成其为政党，更不成其为马克思主义政党。我们党的党内规矩是党的各级组织和全体党员必须遵守的行为规范和规则。

坚持以零容忍态度惩治腐败

党的十八大以来，我们党以零容忍的态度重拳反腐，坚持“老虎”、“苍蝇”一起打，使不敢腐的震慑作用充分发挥，不能腐、不想腐的效应初步显现，

反腐败斗争压倒性态势正在形成。民心是最大的政治，正义是最强的力量。反腐倡廉必须常抓不懈，拒腐防变必须警钟长鸣。

习近平总书记在与中外记者见面时说，“打铁还需自身硬”，发人深省。今日而论，党员干部肩负重任，团结带领人民沿着中国特色社会主义阔步前进，也必须做到“五硬”：思想过硬，作风过硬，能力过硬，学习过硬，形象过硬。

案例分析：

党的领导地位不是自封的，是历史和人民的选择，也是由我国国体性质决定的。历史和现实都证明，中国共产党的领导是中国特色社会主义最本质的特征，是中国特色社会主义制度的最大优势。

习近平总书记指出，坚持党的领导，是党和国家的根本所在、命脉所在，是全国各族人民的利益所系、幸福所系。现在，党又带领全国人民登上了一个新的历史起点，开启了新的奋斗征程，实现“两个百年”奋斗目标、实现中华民族伟大复兴，不知还要克服多少艰难险阻。在这样的历史背景下，完成光荣艰巨的历史使命，战胜前进道路上的风险挑战，从根本上讲还是要靠党的领导、靠党把好方向盘，“打铁还需自身硬”。

思考题：

1. 应如何吸取苏联解体“竟无一人是男儿”的教训，补好共产党人精神上的“钙”？

2. 从党的执政合法性及执政规律分析，为何习近平总书记强调“打铁还需自身硬”？

二、提振决胜，推进“五位一体”重大部署

案例一：“五位一体”总布局的历史由来和理论依据

我国的社会主义建设，自1956年“一化三改”完成以后，也就是社会主义革命结束以后，就进入了全面建设时期。50多年来，中国社会主义的总体布局，经过了毛泽东、邓小平、江泽民、胡锦涛为代表的几代中央领导集体领导的四个阶段，现在正处于以习近平为总书记的党中央领导下的新阶段。

在建国初期阶段，可以叫做“一个统帅”的布局。强调政治是统帅、是灵魂，政治工作是一切经济工作的生命线。这个布局，从理论上来讲，当社会主义革命的时候，革命是历史的火车头。但是，革命完成以后，进入相对稳定的建设时期，应该强调社会存在中的经济基础，决定社会意识中的上层建筑，应

该以发展生产力、发展经济为主要任务。

十一届三中全会以后，按照小平同志的设计，改革开放后的建设布局一度是“两个文明”一起抓的布局。这个布局涵盖了经济领域里的生产力和生产关系，当然也涵盖一些生产条件；同时又强调科学领域、思想领域、政治领域的一些建设问题。这个布局是完全正确的，但是在执行过程中存在一手硬、一手软的问题。

江泽民同志多次指出物质文明、精神文明、政治文明一起抓，并相应地提出中国特色社会主义经济、文化、政治“三大纲领”的布局。这“三大纲领”的布局，体现了一个新的实践要求，就是要解决把思想政治建设放到笼统的意识建设或精神文明建设里面。

到了十七大的时候，我们全党都认识到种种社会问题，执政党不去重视，不去注意也不行。因此，胡锦涛同志讲，随着我国经济社会的不断发展，中国特色社会主义事业的总体布局，更加明确地由社会主义经济建设、政治建设、文化建设“三位一体”发展为社会主义经济建设、政治建设、文化建设、社会建设“四位一体”。党的十七大的一个亮点就是确立“四位一体”的布局。

党的十八大把生态文明建设纳入中国特色社会主义事业总体布局，使生态文明建设的战略地位更加明确。从党的十八大开始，中国特色社会主义总体布局就成了经济、政治、文化、社会和生态文明“五位一体”的建设布局。

中国特色社会主义事业的总体布局经历了从“一个统帅”、“两个文明”、“三大纲领”、“四大建设”，到“五位一体”的发展过程。这一过程是从局部到整体、从简单到复杂、从低级到高级的发展过程，体现了我们党的社会主义实践和认识的不断深化。党的十八大确定的“五位一体”的战略布局是过去历史经验的总结，也是科学发展的指针。

（摘自：刘元玉：《“五位一体”总布局的历史由来和理论依据》，人民网，时政频道，2013 年 09 月 02 日）

案例分析：

摆脱积贫积弱走向现代化，实现民族伟大振兴，这是中华儿女梦寐以求的目标。实现这一目标的路径就是不断深化对社会主义现代化建设规律的认识，对中国特色社会主义事业科学地进行总体布局。这是先进的中国共产党人和智慧的中国人民为提振自身命运的空前壮举，堪称人类发展史上一盘前所未有的大棋局。

实践没有止境，认识没有止境，因而理论创新也没有止境。今天中国共产党对中国社会主义现代化建设规律的认识，已经从知之不多到知之较多，从知之不深到知之较深。十一届三中全会以来，我们党逐步形成和提出以及不断推进中国特色社会主义事业总体布局的历程就是最有力的佐证。中国特色社会主义"五位一体"的崭新布局，是中国社会主义事业总体布局的集大成，是中国社会主义事业发展的历史经验的科学总结。

思考题：

1. 应如何理解"五位一体"的科学内涵？
2. "五位一体"的总布局是如何体现"问题导向"和"整体性思维"的？

案例二：通过制度改革为公平正义护航

从2003年启动新型农村合作医疗，到2007年启动城镇居民医疗保险，再到2008年在全国推开。短短5年时间，城乡居民医疗保障制度从无到有、从局部到整体，完成了全覆盖。这项制度改革，使城乡居民享受到了平等的医疗保障，是促进公平正义的一个重要实例。

公平正义，从美好理念转化为实践，需要制度的有力保障。近些年来，我们在制度建设方面进行了积极探索，但也存在制度不健全的问题。党的十八大提出，要加紧建设对社会公平正义具有重大作用的制度，逐步建立以权利公平、机会公平、规则公平为主要内容的社会公平保障体系。

公平正义的制度保障网如何织就？关键还是靠改革。30多年的实践证明，改革是事业发展的强大动力，也是制度建设的根本途径。既应改革不合时宜的制度，也要把实践中成功的做法制度化，还要探索建立适应未来发展需求的新制度，使社会公平保障体系更加完善。具体来说，要从以下几方面来努力。

一是权利公平。在我国，不论民族、性别、职业、财富等，每个人都应一律平等地享有基本权利。应加大法制建设力度，完善法律制度体系，保障公民合法的政治权利和经济文化社会等方面权利，建立健全公民享有和行使权利的体制机制，保障人民当家作主。重点完善公共财政制度、义务教育和职业教育制度、基本医疗卫生制度、收入分配制度、社会保障制度等，促进基本公共服务均等化，使不同地区、不同人群都能享受平等"待遇"。

二是机会公平。在现实生活中，每个人都有自己的理想追求，都渴望平等拥有拼搏奋斗、展现自己的机会。应强化政策保障，拆除制度"篱笆"，取消不合理的准入限制，使尽可能多的人有打拼的舞台。比如，2013 年 5 月国务院出台政策规定，大学生就业不得设置毕业院校、年龄、户籍等限制要求。同时搭建更多平台，疏通上升渠道，让人们的创造活力迸发出来，使大家共同享有人生出彩的机会，共同享有梦想成真的机会。对那些困难群体，还要给予更多关怀和扶持，避免“无机会群体”出现。

三是规则公平。任何一个社会都需要有一套规则来保证运行，而公平正义则应是这套规则的灵魂。一方面，通过科学合理的制度安排，确保规则公正严明、不偏不倚；另一方面，全社会都应严格按照规则办事，坚决抵制潜规则。

（摘自：中央宣传部理论局：《理性看齐心办：理论热点面对面·2013》，学习出版社，人民出版社 2013 年版）

案例分析：

公平正义，是中国共产党的一贯主张，是中国特色社会主义的内在要求。党领导人民干革命、抓建设、搞改革，就是为了建设真正公平正义的社会，让人民过上幸福生活。改革开放 30 多年，是我国经济实力和综合国力大幅提升的时期，是改善民生力度最大、人民得到实惠最多的时期。比如，2 亿多贫困人口脱贫，免费义务教育全面实现，高等教育进入大众化阶段，建成了世界上最大规模的基本医疗保障网、最大规模的养老保障网，基本公共服务均等化扎实推进。今天，人们正享受着越来越多的改革发展成果，公平正义得到更多重视和保障。在新的起点上推进中国特色社会主义，就应把公平正义放到更加突出的位置，使追求公平正义体现到社会生活的方方面面，更好地促进社会和谐稳定。

思考题：

1. 谈谈你认为公平正义应该怎么保障，才能使人人共享人生出彩的机会？
2. 加强社会主义建设，为何要关注和保障民生？

三、“五大发展理念”

案例一：“十面霾伏”——谁来拯救我们的天空

北京市气象台于 2013 年 1 月 13 日 10 时 35 分发布了北京气象史上首个雾霾橙色预警。北京环保检测中心数据显示，12 日 23 时，西直门北、南三环、奥体中心等监测点 PM2.5 实时浓度突破 900 微克，西直门北高达每立方米 933 微克。“这些数值意味着非常严重、可怕的污染，新国标 PM2.5 日均浓度限值为每立方米 75 微克，这样看来，北三环附近出发向南行驶，在经过右安门桥 PM2.5 日均浓度值将超标10倍。”北京大学环境科学与工程学院教授朱彤说，每个人对污染的耐受力不同，这样严重的污染，易感人群和老人孩子必须做好自我保护措施，不要外出、不要剧烈运动，暂时不要开窗换气。

无独有偶，雾霾天气刚刚散去，就在市民们还在思索雾霾天气的应对办法时，1月22日大雾再次笼罩北京。从北京市环保监测中心的数据看，全市普遍都达到“严重污染”，即最高的污染级别。北京地图上所分布的空气质量监测站点，被黑压压的深褐色所覆盖。

来自京东商城的数据显示，北京地区空气净化器1月12、13日日均销售额相比平日增长超过5倍。而天猫的数据也显示，空气净化器近期在天猫电器城销量也开始上升。以远大为例，一款特价2624元的空气净化器，月销量137件中，有47件是1月10日至13日成交。当当网相关负责人告诉记者，近几日口罩销量突破1.5万个，比平日有430%增长。苏宁易购、易迅网等电商也表示，口罩的搜索量环比大幅增长，目前网站正在加紧进货。

“世界上最遥远的距离，不是生与死，而是我牵着你的手，却看不清你的样子。”这是最近一则突然蹿红的笑话，调侃的就是全国多地发生的雾霾天气。“借我一双慧眼吧!”不少网友在微博上感叹，想在雾中把城市看清，更想明白雾霾原因所在。为何出现如此大范围的雾霾天气？还将持续多久？

因为雾霾天气，近日一个叫做“北京咳”的新词在外国友人中悄然流行。表现为干咳或咽痒，离开北京后会自然消失。患有此症状的人一般认为出现这种情况与北京的空气污染有关。“北京咳”提醒我们，治理空气污染“亡羊补牢为时不晚”。在雾霾笼罩京城的过程中，每一位北京市民都有自己的切肤之痛。这也使每个人认识到：空气污染了，大家都是受害者；减排要从自己做起，需要我们每一个人的参与和支持。

美丽中国，从健康呼吸开始。

（摘自：耿国彪：《“十面霾伏”——谁来拯救我们的天空》，原载于《绿色中国》2013年第3期）

案例分析：

防治空气污染，产业结构调整、能源结构升级是必由之路。冲出“十面霾伏”，重在考核问责。要打好这场攻坚战、持久战，必须多项措施并举，政府决策、市场激励、法律约束三者缺一不可。2013年，我国明确树立了政绩考核的“绿色指挥棒”，不再以GDP论英雄，加大了对资源消耗、环境损害、生态效益等指标的考核。

今天的中国，经济发展断不可再走先污染后治理的老路。只有形成节约资源、与保护环境的空间格局、产业结构、生产生活方式，从源头上扭转生态环境恶化的趋势，我们才能拥有天蓝、地绿、水净、风清的美好家园。节能减排，人人有责！

思考题：

1. 谈谈雾霾治理与当前经济转型，发展经济新常态的联系。

2. 结合我国现状，并收集国外治霾经验，谈谈我国应该如何有效治理雾霾？雾霾治理在生态文明建设中具有什么意义？

案例二：引领中国发展全局的五大发展理念

五大发展理念是在全面建成小康社会决胜阶段为解决我国发展中的突出矛盾和问题应运而生的，集中反映了我们党对我国经济社会发展规律认识的深化。

第一，五大发展理念深刻体现了中国经济社会发展的规律性。

发展理念是发展行动的先导。发展理念的转变，有利于引领发展思路、发展方向、发展方式的转变。十八届五中全会提出的创新发展、协调发展、绿色发展、开放发展、共享发展这五大发展理念，都是对共产党执政规律、社会主义建设规律、人类社会发展规律的深刻认识和自觉把握的体现，都有利于为“十三五”时期我国经济社会持续健康发展指好道、领好航。

第二，五大发展理念鲜明体现了对经济发展新常态的引领性。

“十三五”规划是我国经济发展进入新常态后的第一个五年规划。为主动适应和积极引领经济发展新常态，我们必须以变应变，做到变中求新、变中求进、变中突破，走出一条质量更高、效益更好、结构更优、优势充分释放的发展新路。

第三，五大发展理念突出体现了应对发展新矛盾新挑战的现实针对性。

邓小平同志说过：“过去我们讲先发展起来。现在看，发展起来以后的问题不比不发展时少。”所以，《建议》提出的“创新、协调、绿色、开放、共享”这五大发展理念，也是针对应对风险、化解挑战提出来的。只要全党同志普遍增强忧患意识、责任意识，提高统一贯彻五大发展理念的能力和水平、增强风险防控意识和能力，用新的发展理念引领发展行动，就能驾驭好世界第二大经济体，在更加有效地应对、化解各种风险和挑战中，推进国家治理体系和治理能力现代化。

第四，五大发展理念集中体现了补齐全面建成小康社会短板的紧迫性。

在创新发展中，形成促进创新的体制架构，构建发展新体制，加快形成有利于创新发展的市场环境、产权制度、投融资体制、分配制度、人才培养引进使用体制，塑造更多依靠创新驱动、更多发挥先发优势的引领性发展；在协调发展中，塑造要素有序自由流动、主体功能约束有效、基本公共服务均等、资源环境可承载的区域协调发展新格局，不断增强发展整体性；在绿色发展中，形成人与自然和谐发展现代化建设新格局，构建科学合理的城市化格局、农业发展格局、生态安全格局、自然岸线格局；在开放发展中，发展更高层次的开放型经济，积极参与全球经济治理和公共产品供给，提高我国在全球经济治理中的制度性话语权，构建广泛的利益共同体；在共享发展中，对发展为了人民、发展依靠人民、发展成果由人民共享作出更有效的制度安排，实现全体人民共同迈入全面小康社会，这都是涉及观念变革、制度变革、发展方向和发展方式变革的重大战略举措。

（摘自：施芝鸿：《引领中国发展全局的五大发展理念》，《北京日报》2015 年 11 月 16 日）

案例分析：

改革开放以后，“发展才是硬道理”逐渐成为人们的共识。但是对“什么是发展、怎样发展”这一基本问题，人们的认识却不尽一致，以致一段时间内不少人只把发展简单地理解为 GDP 的增长。党的十八届五中全会审议通过了《中共中央关于制定国民经济和社会发展第十三个五年规划的建议》，明确提出了创新、协调、绿色、开放、共享五大发展理念，这是管全局、管根本、管长远的导向，具有战略性、纲领性、引领性。“五大发展”理念更加注重发展的能动性、均衡性、可持续性、开放性及目的性，我国的社会主义性质决定了我们不但要注重如何发展的问题，更要注重为谁发展的问题。

“理者，物之必然，事之所以然。”以习近平为总书记的党中央对“什么是发展、怎样发展”这一基本问题的最新回答，集中反映了我们党对经济社会发展规律认识的深化。

思考题：

1. 如何理解五大发展理念的辩证关系？

2. 从“五大发展理念”中选取一个理念，谈谈你对其认识。

四、中国梦

案例一：空谈误国，实干兴邦

百年奋斗铸就历史辉煌，信心百倍推进复兴伟业。29 日上午，习近平等来到国家博物馆，走进一个个展厅，仔细观看展览，认真听取工作人员讲解。一幅幅图片，一张张图表，一件件实物，一段段视频，把人们带回了近代以来跌宕起伏、波澜壮阔的难忘岁月。

在参观过程中，习近平发表了重要讲话。他表示，《复兴之路》这个展览，回顾了中华民族的昨天，展示了中华民族的今天，宣示了中华民族的明天，给人以深刻教育和启示。中华民族的昨天，可以说是“雄关漫道真如铁”。近代以后，中华民族遭受的苦难之重、付出的牺牲之大，在世界历史上都是罕见的。但是，中国人民从不屈服，不断奋起抗争，终于掌握了自己的命运，开始了建设自己国家的伟大进程，充分展示了以爱国主义为核心的伟大民族精神。中华民族的今天，正可谓“人间正道是沧桑”。改革开放以来，我们总结历史经验，不断艰辛探索，终于找到了实现中华民族伟大复兴的正确道路，取得了举世瞩目的成果。这条道路就是中国特色社会主义。中华民族的明天，可以说是“长风破浪会有时”。经过鸦片战争以来 170 多年的持续奋斗，中华民族伟大复兴展现出光明的前景。现在，我们比历史上任何时期都更接近中华民族伟大复兴的目标，比历史上任何时期都更有信心、有能力实现这个目标。

习近平强调，回首过去，全党同志必须牢记，落后就要挨打，发展才能自强。审视现在，全党同志必须牢记，道路决定命运，找到一条正确的道路多么不容易，我们必须坚定不移走下去。展望未来，全党同志必须牢记，要把蓝图变为现实，还有很长的路要走，需要我们付出长期艰苦的努力。

习近平指出，每个人都有理想和追求，都有自己的梦想。现在，大家都在讨论中国梦，我以为，实现中华民族伟大复兴，就是中华民族近代以来最伟大的梦想。这个梦想，凝聚了几代中国人的夙愿，体现了中华民族和中国人民的整体利益，是每一个中华儿女的共同期盼。历史告诉我们，每个人的前途命运都与国家和民族的前途命运紧密相连。国家好，民族好，大家才会好。实现中华民族伟大复兴是一项光荣而艰巨的事业，需要一代又一代中国人共同为之努力。空谈误国，实干兴邦。我们这一代共产党人一定要承前启后、继往开来，把我们的党建设好，团结全体中华儿女把我们国家建设好，把我们民族发展好，继续朝着中华民族伟大复兴的目标奋勇前进。

习近平最后强调，我坚信，到中国共产党成立100年时全面建成小康社会的目标一定能实现，到新中国成立100年时建成富强民主文明和谐的社会主义现代化国家的目标一定能实现，中华民族伟大复兴的梦想一定能实现。

（摘自：《习近平参观<复兴之路>展览强调：空谈误国 实干兴邦》，《人民日报》2012年11月30日，责任编辑：高宇）

案例分析：

今年是建党九十五周年，中国共产党由小变大、由弱变强，团结和带领全国各族人民历经各种艰难险阻、战胜一切强敌，最终取得今日国家繁荣昌盛的辉煌成就，靠的就是“实干”。习总书记在十八届中央政治局常委见面会上讲话时指出：“人世间的一切幸福都是要靠辛勤的劳动来创造的。我们的责任，就是要团结带领全党全国各族人民，继续解放思想，坚持改革开放，不断解放和发展社会生产力，努力解决群众的生产生活困难，坚定不移走共同富裕的道路。”这也是习代表党中央在对全党同志提出“实干兴邦”的殷切希望。少一些“空谈”，多一些“实干”；少一份“虚情”，多一份“实在”；少一点“浮夸”，多一点“实绩”，多出实招、多做实事、多求实效，把全民族的智慧转化为“实干兴国、兴家”的自觉行动，方可实现中华民族憧憬的“中国梦”。

思考题：

1. 为何党要大力推行实事求是、真抓实干，力戒空谈呢？

2. “形式主义”“政绩工程”对于党的执政能力建设和社会的永续发展有何危害？

案例二：什么是中国梦，怎样理解中国梦

中国梦，反映了中国人民，包括海外同胞、全世界华人的共同心声、共同愿景、共同意志，是凝聚全党和全国人民的最大共识，极大地激发了中国人民发展国家、振兴民族的热情。

“振兴中华”这句话，最早是孙中山先生提出来的。他在1894年兴中会成立章程中写道：“是会之设，专为振兴中华”。我们党成立以后，承担起领导人民振兴中华的神圣使命。毛泽东、邓小平、江泽民、胡锦涛同志都对民族复兴作了大量论述。改革开放初期，“团结起来，振兴中华”这个口号，是最响亮的一句话。

所谓“两个百年”，就是实现中国梦的两个历史阶段。第一个百年，从

1840年鸦片战争到1949年新中国成立。这个百年，是从无路可走，到找到复兴之路，实现国家独立、民族解放的历史。这是民族复兴的第一个阶段。第二个百年，是从1949年新中国成立到这个世纪中叶，在新中国建立100年的时候，完成邓小平同志提出的我国现代化第三步发展战略目标，建成富强民主文明和谐的社会主义现代化国家，实现中华民族的伟大复兴。现在，我们就是处于完成第二个百年任务的阶段。

“两个百年”说明，实现中国梦是一个长期奋斗、接续奋斗的历史过程。我们党一直是执着地向着这个目标努力的。党的十八大报告提出的全面建成小康社会的目标，就是按照这个“梦”设计的。

十八大报告讲建党100年的目标，是强调现阶段我们的任务是在2020年全面建成小康社会。这是在实现中国梦的过程中一个具有重大意义的阶段性目标，是我们现在正在干的事情。同时，从建党说起，也表达了一个更深刻的含义，就是只有在中国共产党成立以后，才使中国梦的实现有了可能。一个是建党，一个是新中国建立，这是实现中国梦的两个关键历史节点。

习近平同志在讲中国梦的时候强调，实现中国梦必须走中国道路，即走中国特色社会主义道路。他说，中国特色社会主义“凝结着实现中华民族伟大复兴这个近代以来中华民族最根本的梦想”。这句话说明，中国梦要落到中国道路上，只有把这条路走好，才能使这一梦想最终成为伟大而光辉的现实。

（摘自：冷溶：《什么是中国梦，怎样理解中国梦》，《人民日报》2013年04月26日）

案例分析：

中国共产党是中国特色社会主义事业的领导核心。实现“两个一百年”奋斗目标，实现中华民族伟大复兴，关键在党。团结带领13亿中国人民心往一处想、劲往一处使，不断坚定我们的道路自信、理论自信、制度自信，就能最大限度地凝聚起共圆中国梦的强大中国力量。

雄关漫道真如铁，而今迈步从头越。形势的发展、事业的开拓、人民的期待，早日圆梦的重担，特别是新形势下面临“四大考验”、“四种危险”，广大共产党员更要承前启后、继往开来，坚定理想信念，坚守共产党人精神追求，始终与人民心连心、同呼吸、共命运，更加奋发有为、兢兢业业地工作，矢志不渝为实现中国特色社会主义共同理想、实现中华民族伟大复兴的中国梦而努力奋斗。

思考题：

1. 谈谈你对“中国梦”的理解。

2. 千年华夏，作为一名中国人，你认为应该如何实现“中国梦”？

案例三：中国梦：13亿人的复兴梦想

无论是“雄关漫道真如铁”的过去，还是“人间正道是沧桑”的今天，抑或“长风破浪会有时”的明天，中华民族始终有着民族复兴的梦想。

中国梦归根结底是人民的梦，必须紧紧依靠人民来实现，必须不断为人民造福。习近平说，中国梦“意味着每一个人都能在为中国梦的奋斗中实现自己的梦想”。

人民的梦想与国家、民族的梦想有何关联？习近平说，“国家好，民族好，大家才会好。”中国社会科学院院长、党组书记王伟光总结说，新中国使我们“站起来”，改革开放使我们“富起来”，是国家、民族的强盛，让人民的幸福有了坚实的依托。

中共十八大以来的3年多里，中国站在历史的潮头上，为冲刺梦想做足了准备。十八届三中全会完成全面深化改革的顶层设计；十八届四中全会绘就全面依法治国的蓝图；十八届五中全会吹响共同迈入全面小康社会的总号角。反腐败斗争压倒性态势正在形成，党风廉政建设大踏步前进。本届中央领导治国理政的总体框架“四个全面”“五大发展理念”一一呈现在世人面前，为梦想保驾护航。

中国的发展离不开世界，世界的繁荣稳定也需要中国。中国梦与世界梦同频共振。

在出访中，习近平爱提中国梦，也爱提中国梦与各国梦想的交融。在莫斯科国际关系学院，他说，我们要实现的中国梦，不仅造福中国人民，而且造福各国人民；在和平共处五项原则发表60周年纪念大会上，他说，中国梦同世界各国人民的美好梦想息息相通。

中国梦和世界梦之间有何关联？习近平在非洲的讲话很有代表性。他说，13亿多中国人民正致力于实现中华民族伟大复兴的中国梦，10亿多非洲人民正致力于实现联合自强、发展振兴的非洲梦。中非人民要加强团结合作、加强相互支持和帮助，努力实现我们各自的梦想。我们还要同国际社会一道，推动实现持久和平、共同繁荣的世界梦。而在周边外交工作座谈会上，他强调，把中国梦同周边各国人民过上美好生活的愿望、同地区发展前景对接起来，让命运共同体意识在周边国家落地生根。

中国梦与世界梦，互相为对方提供着机遇。“一带一路”、金砖国家新开发银行等“中国方案”不断从概念走向现实，让世界看到了来自中国的机遇与诚意。

历史终将证明，中国梦不仅是中国之福，也是世界之幸。

（摘自：刘少华：《中国梦13亿人的复兴梦想》，人民日报海外版，2016年01月26日）

案例分析：

曾经我们讨论梦想，更多的是个体面对未来的憧憬，但关于梦想的描述很少上升到“中国梦”。而今，习近平总书记对“中国梦”的阐释，触动着每一个人对“中国梦”的无限畅想。今天的我们，从未像现在一样用琐碎的诉求表达着梦想，用细微的视角来解读一个看似宏大的“中国梦”。今天的我们，也从未像现在一样，用不同的途径宣誓自己的“中国梦”，用不同的舞台实现自己的“中国梦”。今天的“中国梦”，更多的是每一个个体对美好生活的期盼。

十年新憧憬，站在新的起航上，当“中国梦”成为亿万普通人民对于美好生活的追求，当每一个普通人为细微的梦想发声，当每一个普通人为梦想而唱，当人民对美好生活的向往，成为执政者的奋斗目标，梦想终将照进现实。

思考题：

1. 你认为如何可以让每个普通人的“中国梦”照进现实？
2. 你认为应如何将“中国梦”与“世界梦”联结？

五、政治生态也要“绿水青山”

案例一：干部要“在其位谋其政”，主仆关系不能颠倒

世间事，做于细，成于严。从严是我们做好一切工作的重要保障。我们共产党人最讲认真，讲认真就是要严字当头，做事不能应付，做人不能对付，而是要把讲认真贯彻到一切工作中去，作风建设如此，党的建设如此，党和国家一切工作都如此。一切何必当真的观念，一切干一下得了的想法，一切得过且过的心态，都是对党和人民事业有大害而无一利的，都是万万要不得的！

当前，所谓“为官不易”、“为官不为”问题引起社会关注，要深入分析，搞好正面引导，加强责任追究。党的干部都是人民公仆，自当在其位谋其政，

既廉又勤，既干净又干事。如果组织上管得严一点、群众监督多一点就感到受不了，就要“为官不易”，那是境界不高、不负责任的表现。这一点，要向广大干部讲清楚。我们做人一世，为官一任，要有肝胆，要有担当精神，应该对“为官不为”感到羞耻，应该予以严肃批评。我一再强调，领导干部要严以修身、严以用权、严以律己，谋事要实、创业要实、做人要实。这些要求是共产党人最基本的政治品格和做人准则，也是党员、干部的修身之本、为政之道、成事之要。我们现在对党员、干部的要求是不是过严了？答案是否定的。很多要求早就有了，是最基本的要求。现在的主要倾向不是严了，而是失之于宽、失之于软，不存在严过头的问题。

各级干部特别是领导干部要按照“三严三实”要求，深学、细照、笃行焦裕禄精神，努力做焦裕禄式的好干部。各级党组织要旗帜鲜明肯定表彰锐意进取的干部，教育帮助“为官不为”的干部，支持和鼓励干部一心为公、兢兢业业、敢于担当。如果失职渎职给党和人民事业造成损失的，必须严肃处理。

——2014 年 10 月 8 日，在党的群众路线教育实践活动总结大会上的讲话

我们的权力是党和人民赋予的，是为党和人民做事用的，只能用来为党分忧、为国干事、为民谋利。要正确行使权力，依法用权、秉公用权、廉洁用权，做到心有所畏、言有所戒、行有所止，处理好公和私、情和法、利和法的关系。

——2015 年 1 月 12 日，在同中央党校第一期县委书记研修班学员座谈时的讲话

要建立健全党和政府主导的维护群众权益机制，抓住劳动就业、技能培训、收入分配、社会保障、安全卫生等问题，关注一线职工、农民工、困难职工等群体，完善制度，排除阻碍劳动者参与发展、分享发展成果的障碍，努力让劳动者实现体面劳动、全面发展。要面对面、心贴心、实打实做好群众工作，把人民群众安危冷暖放在心上，雪中送炭，纾难解困，扎扎实实解决好群众最关心最直接最现实的利益问题、最困难最忧虑最急迫的实际问题。

——2015 年 4 月 28 日，在庆祝“五一”国际劳动节暨表彰全国劳动模范和先进工作者大会上的讲话

（摘自：《习近平论“三严三实”：领导干部要知晓为官做事的尺度》，中国共产党新闻网，2015 年 06 月 08 日，http：//news. xinhuanet. com/politics/2015 - 06/08/c_ 127890862. htm）

案例分析：

何谓作为，其中一个意思是建树、成就。作为一个领导者，手握党和人民赋予的权力，权为民所用，有权就要在事业上有所作为，为百姓有所作为。要有作为，就必须敢担当，倘若担当精神缺失，就难以做到有作为。

对于党员干部来说，担当是对岗位和角色职责的认知和主动承担。担当是一种责任，是一种品质，更是一种智慧，有担当的党员干部才能积极工作不争论，创新工作不折腾，推动发展不懈怠。党员干部要勇于担当，就要在其位，谋其政。有担当是党员干部进一步务实工作作风、和谐党群干群关系的需要。党员干部说到底都是为广大群众服务的，有担当的党员干部，会时刻把群众放在心头，围绕群众需要改进工作、提高效率、方便群众，提升党和政府在广大人民群众心目中的形象。

思考题：

1. 你认为领导干部为官做事的尺度是什么？

2. “一切为民者，则民向往之。”你认为党员干部应如何理顺主仆关系，成为人民群众的贴心人？

案例二：中纪委2013年成绩单彰显党的自我净化能力

中共中央纪委监察部今天公布了2013年度党风廉政建设和反腐败情况。据介绍，2013年，中国共产党、政府的各级纪检监察机关处分违纪干部超过18万人，立案、结案件数、处分人数均比去年有两位数增长。有关专家在接受记者采访时分析指出，2014年，伴随中国新一轮改革的推进，执政党将继续保持针对党员干部腐败现象的严打态势，并在惩治贪腐的制度化建设上进一步深入。

2013年，“反腐”无疑成为中国的政务热词。从新一届领导人上任伊始就打击腐败密集表态，到多位省部级高官落马、一系列意在纠正党员干部不正之风的新规相继出台，中共有案必查、有腐必惩的持续高压态势受到海内外的高度关注。今天（10号）上午，中央纪委副书记、监察部部长黄树贤向媒体公布了2013年反腐败工作的“成绩单”。

“2013年，全国各级纪检监察机关共立案172532件，结案173186件，处分182038人。中央纪委监察部对涉嫌违纪违法的中管干部已结案处理和正在立案检查的有31人，周镇宏、刘铁男、倪发科等8人涉嫌犯罪已被移送司法机关依法处理；目前正在立案调查的还有蒋洁敏、李东生、李崇禧、李春城、郭永祥、季建业、廖少华、陈柏槐等案件。”

2013年，中国政坛落马高官数量之多，频率之高，被舆论称为“反腐力度30年来最大”。10号当天公布的中国各地纪检监察机关的立案、结案件数，以及受到党纪处分的人数也显示均比去年同期增长10%以上。中纪委副书记、监察部部长黄树贤介绍，中纪委在2013年采取很多具体措施专门加大审查违纪违法党员领导干部的力度。例如在中纪委网站首页设立信访举报专区，对反映属于副部级以上干部问题的线索进行全面清理、制定并细化一系列相应措施。

2013年，中共中央对改进巡视工作出台不少新规。例如实行巡视组组长不固定、巡视地区和单位不固定等，力求提高这一旨在监督省部级领导干部的巡视工作实效性。而事实表明，这一“巡视反腐”确也起到了震慑作用，收到了显见效果。

2013年是中国新一届政府的开局之年，也被称为中国新一轮改革的元年。在中央党校教授谢春涛看来，之所以在改革之年强力反腐，不仅因为反腐能为改革铺平道路，改革也能为反腐提供有力保障。“从过去一年反腐败来看，绝不是一阵风，反腐败严打的势头还会持续，这丝毫不用怀疑。但2013年，把权利关进制度的笼子这方面的东西会比2013年更多，力度更大。王岐山也说过我们现在反腐主要治标，是要为治本赢得时间。三中全会中很多内容都是治本的东西，我想这在2014年会有更多体现。”

（摘自：《中纪委公布2013反腐成绩单18万违纪干部遭处分》，人民网，2014年1月15日，http://qh.people.com.cn/n/2014/0115/c346768-20389738.html）

案例分析：

党的肌体的纯净，来自党的细胞的健康。这就需要按照十八大的要求，一方面建立健全党内民主制度体系和反腐倡廉制度体系，进一步规范权力运作方式，是以权谋私者无机可乘；另一方面，加大监督、执行力度，以壮士断腕的勇气及时清除党的肌体中的“毒瘤”，防止“毒素”蔓延。

提高党的建设科学化水平，关键是不断增强党抓自身建设的能力本领，党必须不断增强自我净化、自我完善、自我革新、自我提高的能力。自我净化是保持党的先进性和纯洁性的重要手段，上述案例中各省部级高官腐败也得“落马”，彰显了党自我净化的能力和决心。

思考题：

1. 为什么说中纪委2013年的反腐成绩单彰显了党的自我净化能力？
2. 如何永葆党的纯洁性和先进性？

第二章

中国特色社会主义道路

第一节　中国特色社会主义道路是一条什么路?

中国道路是党和人民在中国建立、建设实践中，历经艰难曲折探索总结出来的一条经验性道路。习近平总书记指出，“中国特色社会主义不是从天上掉下来的，是党和人民历尽千辛万苦、付出巨大代价取得的根本成就”。上世纪50年代，为彻底改变近代以来国家贫弱的局面，我们党领导人民开始了社会主义建设道路的摸索，以期找到一条符合实际的正确道路。从最初的“以俄为师”、走俄国人的路，到提出要“以苏为鉴”，通过把马克思主义与我国具体实际相结合，探索出社会主义建设的正确道路。1978年召开十一届三中全会以来，中国共产党认真汲取之前30年探索社会主义建设道路所历经的诸如“社会主义改造”“大跃进”“文革”等方面的经验教训，深刻把握和顺应世界发展大势，通过真理检验标准的大讨论进行拨乱反正，果断地停止使用“以阶级斗争为纲”的口号，做出把党政工作重点转移到社会主义现代化建设上来和实施改革开放的战略决策。中国道路是近代以来一代代中国人历经曲折、坚持不懈探索中华民族伟大复兴而寻得的发展道路，集中体现了中国人民的智慧和力量，体现了全体中国人民的利益和意志，并得到社会各阶层的高度认同。

一、创造“经济奇迹”的富强经济之路

案例一：琼海市率先探索新型城镇化

2012年12月琼海市政府正式提出“打造田园城市、构建幸福琼海”发展思

路，按照“不砍树、不拆房、不占田、就地城镇化、就地现代化”的原则，对农村的基础设施进行改造升级、完善提升，把城市的公共服务引入农村，使农村的基础设施配套水平和社会服务水平达到城市标准，实现城乡一体化发展，把墟镇的建设作为实现琼海特色城镇化的支点和平台，成为“以城带村”发展的主要纽带，把全市12个镇打造成“一镇一特色、一镇一风情、一镇一产业”。

琼海“打造田园城市，构建幸福琼海”的探索实践，极富价值，在全国具有示范意义。琼海实践构建了一条“就地城镇化、就地市民化、就地现代化”的城镇化发展路径。本次城镇化的核心是以人为本，以人为本的核心是提供产业支撑和充足的就业，使当地百姓可以幸福的生活。琼海通过国家农业公园和风情小镇的建设，大力发展乡村旅游，使当地百姓可以就地城镇化、就地市民化、就地现代化，形成了各具特色的城镇产业体系、合理的专业化分工协作，增强了小城镇的产业承载力，在推动农业转移人口市民化方面做了积极的探索。

琼海实践提高了城镇建设用地的效率。对比全国，琼海提出了“不砍数、不拆房、不占田”的要求更高的发展原则，划定生态红线、守住底线，按照促进生产空间集约高效、生活空间宜居适度、生态空间山清水秀的发展要求，形成了生产、生活和生态空间的合理结构，提高了城镇建设用地的节约程度和生态的保护程度。

琼海实践探索了新的城镇化布局形态。琼海依托现有山水脉络等独特风光，按照“产城一体功能复合、生态田园镶嵌、城镇群落、文化体验性、乡野都市兼容”的现代城市发展理念，构建了一种城乡一体化、渗透式、网络化、生态田园型的空间布局，科学设置开发强度，把城市放在大自然中，把绿水青山保留给城市居民，让城市融入大自然，让居民望得见山、看得见水、记得住乡愁。

琼海实践体现了城镇化建设的文化传承与保护。文化是城镇的吸引力、生产力、竞争力，琼海将“以人为本”和“以文为基”充分融合，将文化传承保护与产业发展完美结合，注意保留村庄和城镇的原始风貌，打造了潭门、博鳌、中原等一批特色文化丰富小镇，在保护和弘扬传统优秀文化的同时，融入现代时尚元素，延续城镇历史文脉，构建形成了一种坐落于原有传统文化形态特征上的新型的生活方式。

琼海实践形成了多层次的资金保障机制。琼海将打造田园城市的建设资金列入财政预算以确保建设的连续性，整合示范区各项涉农专项资金集成投入、捆绑使用，通过财政贴息或补助、政府奖励、税费优惠、金融服务和项目报批等方面的政策支持，加快重点项目实施进度；鼓励社会资本参与城镇公用设施投资运营，构建形成了多元可持续的资金保障机制。

琼海实践创新了城镇化管理体系。琼海坚持人民群众的主体地位，积极推进社会管理理念、机制和方法创新，构建现代旅游城市管理体系。逐步建立社会管理系统，完善社会管理综合信息平台和社会服务平台，构建现代化城市的信息基础支撑体系。加大干部队伍建设力度，培育了一批勇于改革创新、善于破解难题的专家型城镇管理干部，用科学态度、先进理念、专业知识建设和管理城市。

（选自：李伟民：《专家：琼海是率先探索新型城镇化的实践范例》，人民网，2014年01月11日，http：//news.0898.net/n/2014/0111/c231190－20363330.html）

案例分析：

加快新型城镇化，是党中央全面把握国内外经济形势，从党和国家事业发展全局出发做出的一项重大战略决策。城镇化是现代化的必由之路，是解决农业农村农民问题的重要途径，是推动区域协调发展的有力支撑，是扩大内需和促进产业升级的重要抓手。中共中央、国务院颁布的《国家新型城镇化规划（2014—2020年）》，是今后一个时期指导全国城镇化健康发展的宏观性、战略性、基础性规划。《规划》主要阐明新型城镇化的发展路径、主要目标和战略任务，统筹相关领域制度和政策创新。全面实施好《规划》，努力走出一条中国特色新型城镇化道路，对全面建成小康社会、加快推进社会主义现代化、实现中华民族伟大复兴的中国梦，具有重大现实意义和深远历史意义。

思考讨论：

1. 您认为目前我国新型城镇化进程中存在的最大问题是什么？
2. 根据家乡近几年的发展变化情况，试探究如何更好地走新型城镇化道路。

案例二：中国高铁用诚意和实力走向世界

2016年，中国高铁“走出去”迎爆发元年，将落地海外5国。

2016年是中国高铁海外项目的丰收年。1月，中国、印尼企业组建合资公司，开工建设印尼雅万高铁；2月，中国提供融资并承建的伊朗高铁项目开工；5月，中泰铁路将开建，这是泰国首条标准轨铁路；9月，中美合建的美国西部快线高铁项目开工；年底，中俄“莫斯科－喀山高铁”项目设计工作将完成，2017年动工。

众所周知，从1999年兴建秦沈客运专线至今，一共才17年。短短的十七年，中国高铁竟然做到了从零走到世界前沿，过程之艰辛是不言而喻的。中国人用不怕困难、勇于创新的执着精神，攻坚克难，精益求精，不断创造出一个又一个崭新的奇迹。

打铁还需自身硬，是毋庸置疑的道理。多年来，中国高铁厚积了技术、运营、管理、服务等经验后，以其卓越的品质获得了国外铁路市场的青睐。中国高铁“走出去”，卖出去的不仅是产品，还有技术、管理体系、金融，更重要的是，卖高铁标准。正所谓，一流的企业卖标准，二流的企业卖产品。如今越来越多的国家采用中国高铁标准，正是中国高铁性价比皆优的体现。中国高铁标准将在后期的售后与运营中，为我国带来长期、源源不断的订单和利润。

国际间的合作共赢，贵在有诚意。中国高铁出海，中国人诚意满满，国家总理李克强化身“超级推销员”，不遗余力地利用高铁进行中国形象的推介。中国政府鼎力支持，2015年11月，中国进出口银行提供总额5000亿元人民币的授信额度，支持中国铁路总公司实施境外基础设施建设项目。有国家强大的资金支持，高铁“走出去”将更有底气，也会更加顺畅。

高铁“走出去”是时代的呼声，是国人的骄傲，表明中国高铁已经有实力、有能力参与国际竞争。天时地利人和，中国高铁扬帆出海正当时，笔者相信，中国高铁的出海之路必将越行越远。

（选自：《中国高铁用诚意和实力走向世界》，中华铁道网，2016年02月17日，http：//www. chnrailway. com/html/20160217/1336521. shtml）

案例分析：

目前，中国是世界上高速铁路规模最大、发展速度最快的国家。据国际铁道联盟统计，截至2015年，全世界有15个国家和地区运营高速铁路，总里程约2. 78万公里。中国高铁运营里程达1. 9万公里，约占全世界高铁总里程的70%，位居世界第一。中国用短短10多年时间走完了国外高铁50年的发展历程，走出了一条具有中国特色的高速铁路发展之路。

如今，自主创新已成为国内经济、社会发展的主要源动力。在推动中国高铁走出去的大环境下，牵引电传动系统和网络控制系统等具有完全自主创新技术在高铁上的推广应该，显著提升了中国高铁的核心创造能力，并让中国高铁在国际竞争中占据着主导地位。

思考讨论：

1. 我国新型工业化道路的内涵是什么？

2. 中国为什么要走新型工业化道路？

案例三：国企改革，为全民福祉而战

国企要有新作为，必须下狠功夫改革，杀出一条血路来，做到打得赢、靠得住。

国有企业是国之重器，改革成败关乎经济全局、民众利益，一直以来受到各界的高度关注。自党的十八届三中全会提出进一步深化国有企业改革至今，从中央到地方各类改革举措不断深化。国企改革总的方向何在？评判得失的标准何在？日前，习近平总书记明确指出的“三个有利于”，为公有制经济的理论与实践绘制出“定盘星”。

“推进国有企业改革，要有利于国有资本保值增值，有利于提高国有经济竞争力，有利于放大国有资本功能。”在国企改革从若干子方案全面深化至顶层总体设计的关键时刻，这“三个有利于”拨清了迷雾、校准了方位，更从战略高度回答了“为谁而改”——国有企业，是推进现代化、保障人民共同利益的重要力量。应当说，这一重大判断内涵丰富，价值深远，是未来推进国企改革、做大做强做优国企的根本指导。

一段时间以来，关于国企改革的方向，社会上存在一些认识上的偏颇。比如，提到混合所有制改革，有人就觉得是“国企吃掉民企”，或者简单“一混了之”。央企限薪，本意是调整不合理的薪酬结构，结果个别单位搞成了“一刀切”，从上砍到下，基层一线员工也未幸免。此外，应适当提高集中度的企业，也担心有“垄断嫌疑”，缩手缩脚挪不动步。相反，该引入竞争来“提速降费”的行业，却针插不进、水泼不进。凡此种种，有歪嘴和尚念错经的落实难，更有对改革大方向的误读、错判。

国企究竟为何而存在？这是厘清改革是与非的基点。追根溯源，国有企业是为克服私人资本的逐利性、盲目性而诞生的，是社会主义公平正义、共同富裕的经济基础。国企代表全民的福祉，能够集中力量办大事，能在更优程度、更高层次上配置资源，更利于宏观调控的权威性与控制力。国企所创造的价值，上缴的税收、红利，为全民共享。国有企业在锻造共和国工业体系、积极实施“走出去”战略、应对国际金融危机过程中，经受住了严峻考验，显示出了历史担当。

当下，由于内外部因素综合影响，中国经济存在一定的下行压力。1—6月，国有企业利润总额同比下降0.1%，仍有较大的改善空间。经济新常态下，提振实体经济、丰满群众的钱袋子，国企责无旁贷；奔向形态更高级、分工更优化、结构更合理的阶段，国企更是中流砥柱。而国企要有新作为，必须在改革上下狠功夫，必须抓好创新、质量、管理，再杀出一条血路来，做到打得赢、靠得住，在激烈的市场竞争中始终掌握主动、立于不败。

说到底，我们全面深化国有企业改革，目的是要坚定社会主义公有制的道路自信，为全体人民的福祉而战。这场战役，绝不能在一片改革声浪中把国有资产变成谋取暴利的机会，绝不能因循守旧、固步自封，把共和国的长子溺亡在温室之中。自信从何而来？中国高铁，中国航天，中国装备，那一张张亮丽的中国名片，正向世界展现着壮志雄心，也时时激励着改革者：百舸争流，奋楫者先，勿忘民本这一初心，恪守“两个毫不动摇”的原则，定有大国强企、基业长青。

（选自：周人杰：《国企改革，为全民福祉而战》，《人民日报》2015年07月22日，第05版）

案例分析：

国有企业是国民经济发展的中坚力量。对搞好国有企业，我们应充满制度自信。几十年来，国企之所以能够与新中国荣辱与共，担当尽责，发挥巨大作用，正是因为国企具有独特的制度优势。从第一台国产轿车、国产远洋巨轮到第一艘神舟飞船、第一台高铁机车，国企始终走在国家建设最需要的地方。近些年来，随着“走出去”战略的推进，国企也越来越成为中国在海外亮丽的国家名片。2014年，在世界500强企业里，中国国企已经占了92家。无论是亚非拉的油田矿山，还是欧美发达国家的基建项目，人们都能看到中国国企的身影。可以说，国有企业不仅一直堪称经济命脉的中流砥柱，更成为中国“制度自信”最鲜活的注脚。

思考讨论：

1. 您如何看待我国国有企业改革？

2. 您认为当下国有企业改革面临的最大挑战是什么？

二、保证人民当家做主的民主政治之路

案例一：以政治协商制度奏响美丽河北最强音

谋创新之举，建睿智之言，献科学之策。2014 年 1 月 7 日上午，政协河北省第十一届委员会第四次会议在省会河北会堂开幕。省委书记赵克志在开幕致辞："这是全省人民政治生活中的一件大事，是共商河北'十三五'发展大计的一次盛会。在此，我代表中共河北省委，向大会的召开表示热烈祝贺"！

政治协商制度，是我国社会主义政治制度的重要组成部分。其不仅是执政党与参政党相互联系的纽带，也是具有中国特色的一种协调利益冲突、理顺团结与民主关系的重要制度。在迎来"十三五"发展大计的新时期，要实现经济强省、美丽河北的新要求，就必须用好政治协商制度，凝聚起最广泛、最强大的动力。

因为，在参会者中不乏一些专家和学者，他们通过政治协商和参政议政，提出的一些质量高、有建树的提案，势必会加快当地的发展态势。并且，政协委员大多来自民间，与基层群众联系密切，倾听他们的意见从一定角度来说也就是在倾听百姓群众的意见。所以说，同这些政协委员共畅河北发展，倾听这些来自基层的声音，就会将专家学者的智慧凝聚在一起，对河北的各项事业发展大有助益。

当然，"倾听政协声音"不能只是嘴上说说，更应将其建议贯彻在行动中，要"听得进逆耳忠言，容得下尖锐批评"。只有这样，才能充分发挥人民政协及各民主党派对党和政府的监督作用。再加上近年来各级政协委员确实也提出了一大批利于国家建设的提案，极大地推进了各地的发展进程，更让我们看到了"倾听政协声音"的必要性。

除此之外，政协委员们也应认真履行自己的责任，沉下来深入民间了解民情，从而使自己的提案更具可行性和建设性。要把听民意、解民忧作为各项工作的重中之重，努力改善工作思路、着力丰富工作形式、倾力为百姓服务，坚持重大问题为导向，在协调关系、化解矛盾、增进团结中履行自己作为政协委员应尽的责任。

总而言之，政治协商是加强党的执政能力建设必不可少的重要手段。各级党委政府应为政协尽职履责、发挥作用创造良好的条件，自觉接受民主监督，倾听政协声音，充分调动一切可以调动的积极因素，以政治协商制度奏响经济强省、美丽河北的最强音。

（选自：郑华：《以政治协商制度奏响美丽河北最强音》，搜狐网，2016 年 1 月 10 日，http：//mt. sohu. com/20160110/n434026339. shtml）

案例分析：

改革开放以来，我国经济社会发展能够取得巨大成就，很重要的一点就是坚持实行中国共产党领导的多党合作和政治协商制度。这一制度以合作、参与、协商为基本精神，以团结、民主、和谐为本质属性：中国共产党和各民主党派具有共同的奋斗目标，政治上形成广泛的共识，共同致力于中国特色社会主义事业，保证了我国政治格局的稳定。这一制度以发展为根本任务，紧紧围绕经济建设这个中心，自觉服务于改革发展稳定的大局，全面推进社会主义经济建设、政治建设、文化建设、社会建设以及生态文明建设。这一制度是广泛民主与集中领导的统一，有利于将全社会的智慧和力量凝聚起来，形成统一意志，最大限度地集中社会资源，促进党和政府决策的科学化、民主化，实现高效率发展。这一制度既维护人民的根本利益，又照顾各方面的具体利益，可以有效协调各方面的利益关系，使一些社会矛盾和问题能够在现有的体制框架内得到妥善化解，为改革开放和现代化建设提供良好的社会环境。

思考讨论：

1. 我国政治协商制度的优点体现在哪些方面？
2. 您认为政治协商制度能够奏响中国梦的“最强音”吗？

案例二：聆听半个世纪西藏民主的脚步声

1965 年 9 月，西藏自治区第一届人民代表大会第一次会议在拉萨隆重召开，来自全区各地的 293 名代表（其中藏族代表 226 人），在投票箱中投下了神圣的一票，这标志着人民代表大会制度在西藏的全面建立。从此，西藏实行民族区域自治制度，广大翻身农奴享有了自主管理本民族事务的权利。

69 岁的藏族老人巴桑罗布对人大有着特殊的感情。他的父亲是 1965 年西藏自治区第一届人民代表大会代表，至今巴桑罗布还保留着父亲的代表证。1992 年巴桑罗布进入人大工作直到成为自治区人大法制委员会主任委员后退休。巴桑罗布说：“过去，我不过是一个苦命的农奴的后代，在共产党领导下成为国家的干部，参与本地区本民族事务的管理，参与自治区重大事项的审议。我深深体会到西藏新旧社会两重天！”

1965 年人民代表大会制度在西藏的确立，旧西藏的所有“法典”被宣告彻底废除，百万昔日的农奴在历史上第一次获得了平等的选举权与被选举权。据统计，截至目前，西藏74个县（市、区）委、人大、政府、政协主要领导中，藏族和其他少数民族干部比例达82%，其中西藏自治区人大常委会主任、政府主席、政协主席、高级人民法院院长均由藏族干部担任。拥有中央党校研究生学历的现任自治区主席洛桑江村就是一名来自西藏察隅县的农牧民后代。

为了使区内人口较少的少数民族更好地行使当家作主的权利，自治区政府依照民族区域自治政策，先后批准建立了门巴、珞巴等民族乡。这些少数民族在全国人大及西藏各级人大中均有自己的代表。

立法成果丰硕的50年。从1965年至今，西藏自治区人大及其常委会共审议通过或批准地方性法规和法规性决定306件，其中现行有效法规155件。边巴拉姆说，这些法律法规符合西藏实际，维护西藏人民利益，从法律上保障了少数民族行使自治的权利。

为经济社会发展保驾护航的50年。人大制度在西藏实施50年，为西藏经济社会发展提供了坚强的保障。西藏各族人民在国家一系列特殊优惠政策的扶持下，通过自身不懈的努力，创造了举世瞩目的成就。经济实现高速发展。1965年，西藏的生产总值仅为3.27亿元，2014年，西藏全区生产总值达到925亿元。从1994年到2014年，西藏生产总值连续21年两位数增长，高于全国同期平均增长水平；交通等基础设施明显改善。青藏铁路的全线通车、贡嘎等民用机场的投入运行以及拉日铁路通车运营，一个由铁路、公路、航空、邮政等多种运输方式组成的现代综合交通运输体系，正以崭新的面貌呈现在青藏高原上。人民生活水平大幅度提高。到2014年，西藏全区人均生产总值达29838元，是1965年的126倍；城镇居民人均可支配收入2206万元。农牧民人均纯收入7471元，连续12年保持两位数增长；人民幸福指数不断提高。西藏安居工程收官，46.03万户农牧民住上了安全、舒适的新房；拉萨城市供暖试点工程完工，10.52万户居民过上“暖冬”。免费教育扩大至15年，农牧民子女“三包”标准连续14年提高，生均年标准达2900元；环境保持良好，碧水蓝天依旧。西藏共建立47个各级各类自然保护区、22个生态功能保护区、13个国家森林公园和湿地公园。西藏环境公报显示：2013年西藏生态环境质量持续保持良好状态，大部分区域仍处于原生状态，西藏仍然是世界上环境质量最好的地区之一。

半个世纪以来，伴随着民主和法治成长、进步的新西藏和新西藏人，必将创造更加美好的明天。

（选自：边巴次仁、曹凯、王军、黎华玲、张宸：《聆听半个世纪西藏民主的脚步声—记人民代表大会制度在西藏实施50年》，新华网，2015年01月22日，http://news.xinhuanet.com/local/2015-01/22/c_1114097384.htm）

案例分析：

人民代表大会制度作为我国的根本政治制度，是中国特色社会主义制度的重要组成部分。在我国实行人民代表大会制度，是我们党把马克思主义基本原理同中国具体实际相结合的伟大创造，是近代以来中国社会发展的必然选择，是我们党带领全国各族人民长期奋斗的重要成果，反映了全国各族人民的共同利益和共同愿望。推进政治建设和政治体制改革，必须牢牢把握正确的政治方向，坚定不移走中国特色社会主义政治发展道路，坚持党的领导、人民当家作主、依法治国的有机统一，在国家根本政治制度上坚持和完善人民代表大会制度。

思考讨论：

1. 如何理解人民代表大会制度是我国的根本政治制度？
2. 人民代表大会制度的优势体现在哪些方面？

案例三：巡回审判带来的不只是“方便”

近年来，湛江想方设法让传统法庭“动”起来，探索创新各种巡回审判模式，将法庭“搬”到了街道社区、学校企业、沙滩渔船、田间地头。而巡回审判车的首次启用，是继田间地头法庭、渔船法庭之后的又一种特别创新，把法庭装进车里，开进村里，带来的可不仅仅是“方便”。

从群众的角度来看，巡回审判模式的推广，特别是巡回审判车的启用，其最大的特点自然是“方便”。由于巡回审判车内设有电脑、速录机、打印机等办公设备，很多程序包括送达、电子签章系统等车上也都有，是名副其实的“麻雀虽小，五脏俱全”，因此是真正实现了村民在家门口就可以打官司，是实实在在的便民之举。这些巡回审判车一般是开往偏远乡村，其便民效果尤为凸显，用村民的话来说，其最大的便利就是“以后再也不用坐两个小时车去打官司了”。

除了“办案到村”外，巡回审判车另一项被人所熟知的“方便”就是“送法到家”。报道中，庭审结束后，巡回审判车就会摇身一变，成为法律咨询室，村民会把对法律法规的疑问拿出来咨询法官，法官会有针对性地给村民进行法律普及。法官与村民直接面对面交流，这种接地气的互动形式对于偏远地区的法律宣传教育来说，是极为有益的。

在笔者看来，如果湛江能进一步探索创新巡回审判模式，那它所带来的好处与意义，将远远超过“办案到村”与“送法到家”所带来的“方便”。

过去，“信访不信法”的现象在一些欠发达的偏远地区或多或少会存在。而从报道中所描述的“庭审一结束，村里的群众马上把审判车和法官里里外外围得水泄不通”看来，群众以最朴实的“用脚投票”，“追捧”巡回审判，表达出了对法律权威的拥护和信心，这是偏远地区群众法律观念在增强的一个信号。我们是否可以考虑抓住这个有利契机，进一步挖掘巡回审判潜在的监督功能呢？如果让群众把身边遇到的违法乱纪行为，直接向他们眼中“公正”的化身——法官举报，这是否更有利于缓解基层群众的不满情绪，减少其信访冲动，从而在法治乡村、和谐乡村的建设上迈出大步呢？

另一方面值得重视的是，由于巡回审判具有“办案法官流动”“巡回地点流动”这两大流动性特点，这将有利于减少法官与某地之间的各种联系，从而起到保持法官廉洁性和防范司法腐败等重要作用。而且，由于巡回审判往往需要法官拥有高水平的法律素养和业务能力，因此这对于法官个人业务能力锻炼和案件审理质量提高来说，都有着极大的帮助。这对于法官与群众而言，是双赢的结果。

（选自：龙飞腾：《巡回审判带来的不只是“方便”》，《湛江日报》2016 年 08 月 15 日第二版）

案例分析：

巡回审判是指人民法院特别是基层人民法庭，为方便人民群众诉讼，根据本地实际情况，深入农村及交通不便、人员稀少等偏远地区，就地立案、就地开庭、当庭调解、当庭结案的一种审判方式。实践中，各地实行流动办案，创造了许多巡回审判方式，被形象地称为“草原法庭”、“马背法庭”、“海上法庭”、“田间法庭”。2014 年 12 月 10 日，最高人民法院公布《最高人民法院关于进一步加强新形势下人民法庭工作的若干意见》（下称《意见》），指出要正确处理坐堂问案和巡回审判之间的关系，在偏远地区加强巡回审判。《意见》要求做好巡回审判，要认真落实合理设置巡回办案点与诉讼服务点，提高巡回审判的针对性和实效性。

思考题：

1. 巡回审判给人民带来了什么好处与意义？
2. 您认为巡回审判如何才能更好地发挥作用？

案例四："巡视"——反腐倡廉历史智慧古为今用

新华网北京2013年5月21日电（记者张源培 李云路 秦华江）"蠹众而木折，隙大而墙坏"，语出战国《商君子·修权》，意为：蛀虫多了，木头就要折断；缝隙大了，墙壁就要倒塌。一个月前，习近平总书记在中央政治局第五次集体学习时曾引用这句古训，强调反腐倡廉必须常抓不懈。这次集体学习的主题是"我国历史上的反腐倡廉"。习近平指出，考察我国历史上反腐倡廉的成败得失，可以给人以深刻启迪，有利于我们运用历史智慧推进反腐倡廉建设。

5月17日召开的中央巡视工作动员暨培训会议传出消息：中央巡视组上半年将对一些省区和"中字头"单位以及高校开展巡视。中央纪委书记、中央巡视工作领导小组组长王岐山说，中央巡视组要明确自身定位，履行监督责任，当好党中央的"千里眼"，找出"老虎"和"苍蝇"，对违纪违法问题早发现、早报告。新华社"我报道"新媒体客户端以《中央派出反腐"千里眼"》为题发出上述消息后，有读者评论："欢迎'钦差大臣'的到来，给个联系电话"。事实上，"钦差大臣"是封建时代的产物，与今日中央巡视组的工作有着本质的区别。不过，巡视制度确是中国古代行之有效的廉政制度之一，2003年成立的中央巡视组，带有巡视制度"古为今用"的印记。

新华社记者为此专访了中国社会科学院历史研究所研究员卜宪群。卜宪群在中央政治局第五次集体学习上就"我国历史上的反腐倡廉"做了专题讲解。卜宪群在专访中介绍说，作为中国古代监察制度的一部分，巡视制度起源于汉代。汉武帝时期刺史制度的建立，是中国古代巡视制度正式形成的标志。古代巡视官员亦称"风俗使"，由皇帝或专门的监察机构派出，以明行为主，辅以暗访。以刺史制度开始建立的汉代为例，当时全国分为十三个监察区，每区设刺史一名，在所辖区域巡行监察，年终将巡视结果报告中央。由于不与本地官员合署办公，刺史甚至没有固定的治所，能够防止与本地官吏同流合污之弊。

卜宪群还指出，中国古代巡视官员责重权大，"大事奏裁，小事立断"，甚至可以"风闻奏事"，即听闻到一些官员的腐败问题后，尽管了解得不是很清楚，也可以把情况上奏朝廷。“巡视制度对于监督官吏的腐败、失职、渎职行为和了解各地民情与社会状况，产生过许多积极作用。”

中国古代涌现出很多优秀的巡视官员。他们以天下为己任，品德高尚，志在奉公，留下许多感人的故事。比如，青州刺史赵琰，在他办公场所放了一个水缸，只要有人送来托他办事的书信，他就立即扔到水缸，看都不看。“只有志节高尚的巡视官员，出行时才能够‘地动山摇，震慑州县’。”卜宪群指出，古代的廉政建设是在剥削制度下建立的，与今天党的反腐倡廉有本质的区别。不过，他也认为，建设中国特色的社会主义廉政文化可以吸取和借鉴历史上有益的做法。比如，从制度层面来看，古代廉政文化中重视加强廉政制度建设的思想和多层次监察的廉政意识；官吏选拔中强调“德才兼备，以德为先”，不能选拔“只有才没有德”的人。

（选自：张源培、李云路、秦华江：《“巡视”——反腐倡廉历史智慧古为今用》，新华网，2013 年 05 月 21 日，http：//news. xinhuanet. com/politics/2013 -05/21/c_ 124744587. htm）

案例分析：

巡视制度是中国每个朝代的君主都采用的一种监督行政官员的监察形式，目的是震慑百官，巩固和强化其统治地位，因此在国家监督体制中具有举足轻重的地位和作用。巡视机构的权力由上级党委赋予，具有自上而下、身临其境、重点突出、客观超脱的特点，强有力的监督方式在制约“一把手”上具有先天的优势，可以说，巡视制度在一定程度上弥补了同级纪委难以监督同级党委的体制缺陷。巡视制度之所以被党中央和社会各界重视，缘于它实行的上位监督形式是自上而下的，既充分体现了上位监督的权威性、有效性，又通过直接深入群众发现问题，表现为上位监督与下位监督的互动结合，体现了上位监督建立于下位监督的基础支撑。十八大以来，从 2013 年 5 月开始至今，3 年时间，中央巡视组开展了十轮巡视。巡视反腐的威力有目共睹。据新华社梳理，2014 年，巡视已完成对地方的全覆盖，2015 年完成了对央企和金融单位的全覆盖。

思考讨论：

1. 巡视制度在反腐败中起到了什么作用？如何看待我国巡视制度？

2. 巡视制度将会面临哪些挑战？

三、构筑文明精神家园的先进文化之路

案例一：通过民间艺术传播社会主义核心价值观

自延安时期开始，我们党就非常重视利用秧歌、民歌、说书、民间戏曲等为民众所喜闻乐见的形式开展意识形态传播，并取得了非常好的效果。从当前实践看，有不少地方已经出现了多种不同形式的利用民间艺术开展社会主义核心价值观传播的尝试。例如首都文明办推出了《社会主义核心价值观》童谣来宣传核心价值观；安徽阜阳对全市民间艺术形式进行了梳理、摸底，召集专业人士和文艺爱好者担任宣讲员下基层、进农村，采用顺口溜、淮河琴书、渔鼓、快板、大鼓书、戏剧、小品等形式进行巡讲，这些接地气的宣传很受群众喜爱；河北、山西、吉林、辽宁等地都有相关民间艺术家采用剪纸的手法传播社会主义核心价值观的报道。这些尝试既摸索出了一定的经验，同时也对相关理论研究提出了迫切的要求。

民间艺术之所以能够在意识形态宣传中发挥重要作用，源于其自身的特点。

形式通俗，易于接受。民间艺术普遍存在于人民群众的劳动和生活之中，人们对它不但熟悉而且天然有一种强烈的亲切感。因此，利用民间艺术开展社会主义核心价值观传播，不但易于理解，而且会受到群众的普遍欢迎。

群众的广泛参与性。民间艺术从形式到内容，其创造主体多为广大人民群众。传播研究表明，处在一个团体中的个体通过主动参与团体传播，有助于个体深入地理解传播内容，从而更好地接受宣传。

与日常生活紧密相关。民间艺术本质上是人民群众在社会实践中基于对生活的感悟而开展的具有群体性特征的艺术创造活动，是一种基于日常生活的美的创造活动。它天然具有与人民群众日常生活密切相融的特点。因此，利用民间艺术开展社会主义核心价值观传播，可以使价值观养成和人们日常生活有机融为一体。

仪式性。作为传播手段，具有仪式化特征的民间艺术活动具有以下重要特点：第一是模式化和规范性。模式化特征保证了民间艺术在一定的时间内在其所流行区域内能够被不断重复，使得传播具有极强的稳定性；同时这种具有稳定的模式化特征的活动又成为一种范式，从而对人们的行为发挥规范性作用，被其流行区域的人们所共同遵守。第二是神圣性。仪式通过使社会成员对传播过程产生敬畏感，从而强化传播效果。第三是潜在性。民间艺术植根于民众生活，总是在不知不觉中对广大民众发挥作用。

（选自：杨立川：《通过民间艺术传播社会主义核心价值观》，《光明日报》2016年06月11日第07版）

案例分析：

培育和践行社会主义核心价值观要扎根中华优秀传统文化。任何价值观的形成，都与特定地域和民族的文化有着深切的联系。社会主义核心价值观的形成植根于中华优秀传统文化的深厚底蕴，是对中华优秀传统文化的创造性转化、创新性发展。习近平总书记曾指出："源远流长、博大精深的中华优秀传统文化，积淀着中华民族最深层的精神追求，包含着中华民族最根本的精神基因，是社会主义核心价值观的深厚源泉。"社会主义核心价值观在国家、社会、个人层面的目标、取向、准则，与中华优秀传统文化的民本思想、和合理念、仁爱精神等具有紧密关联，秉承了中华民族最根本的文化基因。培育和践行社会主义核心价值观，要扎根于内容丰富、接受度高、认同感强的中华优秀传统文化，实现培育和弘扬社会主义核心价值观与弘扬中华优秀传统文化相结合。

思考讨论：

1. 您的家乡有哪些民间艺术被传承下来了？
2. 如何更好地通过民间艺术传播核心价值观？

案例二：学习李保国精神，构筑精神文明家园

李保国精神内涵是什么？

心系群众的百姓情怀。毛泽东曾指出："我们共产党人好比种子，人民好比土地。我们到了一个地方，就要同那里的人民结合起来，在人民中间生根、开花。"李保国就像一粒种子，深深扎根于人民群众这片沃土之中。他时刻把群众的利益挂在心上，真心实意为群众干实事谋福利。他经常说："我是农民的儿子，我看到山区农民过苦日子，心里难受。我见不得老百姓穷。"李保国所有行动的初心，就是爱民、为民。他的手机中有将近九百个电话号码，其中农民有三四百个。他与贫困群众打成一片，赢得了贫困群众的交口称赞，成为百姓拥戴的"科技财神"。一心为民，不忘初心、守得住初心，成就了李保国朴实无华的一生。

苦干实干的拼搏精神。"天将降大任于斯人也，必先苦其心智。"艰苦奋斗是中华民族和中国共产党人的优良传统。苦干实干，是一种不怕苦的工作作风，是一种不怕累的精神状态，是一种不畏难的意志品质。李保国不等不靠、自力更生，以对党和人民的无限忠诚鞠躬尽瘁、奋斗终生，靠勤劳和实干把业绩写在大地上。他将太行山区生态治理和群众脱贫致富作为自己的毕生追求，苦苦钻研技术，解决实际问题，直到生命的最后一刻。他是在新的环境条件下继承和发展了我们党艰苦奋斗的优良作风，为全党做出了光辉的榜样。

奋发作为的责任意识。“苟利国家生死以，岂因祸福避趋之。”是否具有担当精神，是否能够忠诚履责、尽心尽责、勇于担责，是检验每一个党员身上是否真正体现了共产党人先进性和纯洁性的重要方面。勇于担当是一种奋发向上的正能量，是一种时代精神，是发展的力量之源。对于党员来说，担当就是为党和国家的事业兴盛、为人民群众的幸福鞠躬尽瘁的大作为。李保国立足岗位、履职尽责，面对困难敢于冲，面对挑战主动扛，关键时刻坚决顶起自己该顶的那片天。太行山区到处都留下了他深深的足迹，他把课堂摆在山间地头，几个馒头一瓶水、山当餐桌地当炕，躺在地上吃干粮，完全忘记了自己是一个病人。正是这种奋发作为的责任担当，才结出了丰硕成果。

无私奉献的价值追求。为中华民族的强盛与发展而勇于奉献，百折不挠，前仆后继，这是中华民族的精神所在。李保国始终把服务农民、服务农业、服务企业作为公益事业来做，不但不从企业、农户拿钱，不占一点股份，而且很多时候，下乡往返的路费、请专家前来培训的费用，他都是自掏腰包。鸟儿的翅膀如果系上黄金，就不能翱翔；一个知识分子如果把钱看得太重，就会失去前进的方向。35 年间，在他的技术支撑下，山区农民实现增收 28.5 亿元，而他甘于清贫，将农民的笑脸视作最大财富。他的所作所为，充分展示了新一代知识分子那种倾心事业，扎实工作，不计名利，无私奉献的高尚情操。

（选自：边建军：《太行山高可以呼远——李保国精神的时代价值》，长城网，2016 年 6 月 17 日，http：//report. hebei. com. cn/system/2016/06/16/016959698. shtml）

案例分析：

李保国同志的感人事迹，既是社会主义核心价值观的生动体现，也是我们党培育和践行社会主义核心价值观的成果缩影；它既是共产党员先进性、纯洁性的生动体现，也是坚持“把党的思想政治建设抓在日常、严在经常”之必要性的有力印证；它既是对人民的顶礼致敬，也是缘自人民帮助与培养的宝贵结晶，彰显了共产党人和人民之间不可分割的鱼水深情。学习李保国同志精神，我们一定要把它上升到践行社会主义核心价值观、做合格党员、信守党的根本宗旨的高度，身体力行、久久为功，让一个人的精神成为一群人的精神，用每个党员的先进来体现和保证整个党的先进。我们的时代呼唤千千万万个像李保国一样的党员干部，需要标杆和榜样的引领。作为普通党员的我们，一定要学习李保国同志的“心系群众、扎实苦干、奋发作为、无私奉献”精神，为全面建成小康社会、实现第一个百年奋斗目标贡献我们的力量。

思考讨论：

1. 你是如何理解“李保国精神”的？
2. 新时代的我们应如何学习李保国做一名优秀的共产党员？

四、坚持“共建共享”的和谐社会之路

案例一：上海基层在干部提拔中探索家庭美德评价“硬约束”制度

家庭美德是政风与民风的“基础细胞”。记者新近在采访中了解到，沪郊奉贤区在干部提拔中探索家庭美德评价“硬约束”制度，在干部承诺的基础上，进行细化和量化的“测”德、“问”德和“审”德，把家庭美德的考评结果作为干部选拔任用的重要依据。

以往，在对干部进行德的考评上，常常遇到“难操作、难把握”的情况。奉贤区在近两年的探索中，尝试围绕“看干部生活作风如何、看情趣是否健康、看家庭是否和睦”，从正向和反向规范相关的考评标准，细化为“孝敬长辈、严格要求配偶、子女等直系亲属”等正向指标和“生活作风不检点、不端正”、“邻里关系紧张、群众有反映”、“有违章搭建行为”等反向指标，再进行量化评价，使干部家庭美德表现形成具体可见的尺度。

在这个家庭美德评价制度的探索中，已逐步建立起新的考评办法，形成一个多角度的“考德链”。在拟提拔考察对象对家庭美德情况作出承诺的基础上，相关部门对其进行民主“测”德；在居委会干部、楼道组长、物业管理员等评议范围内进行民意“查”德；对反映出来的突出问题进行谈话“问”德；最后在各级部门和居住地党支部、邻里之间进行联动“审”德。

在奉贤区，家庭美德评价结果已充分运用到干部的选拔任用和监督管理之中。组织部门人士说，对美德干部，在同等条件下优先使用；对品质不好、作风不正的干部坚决不用。在制度的实践过程中，有1名干部在居住地民意调查中负面反映多，居委会干部、物业人员都认为其在遵守社会公德和小区秩序上存在不文明行为，最终这位干部因德的考评不过关被取消提拔资格，相关部门对其进行了严肃批评。

（选自：李荣：《上海基层在干部提拔中探索家庭美德评价“硬约束”制度》，新华网，2014年10月3日，http：//news.xinhuanet.com/politics/2014－10/03/c_1112708087.htm）

案例分析：

当前，我国正处在一个经济转型阶段，社会生活由一元向多元发展；旧的规则体系已经失去权威，新的规则体系尚未完全建立。在这一特定时期，一方面人们在荣和辱的选择上存在着较大空间和自由度，另一方面又容易使人们在荣辱观上出现混乱和迷惘，以致使一些人甚至是一些领导干部在行动上出现了是非不分、美丑不辨、善恶不识、荣耻不认，甚至心非为是、以丑为美、心恶为善、以耻为荣的现象，造成了人们道德价值观的滑坡。在这种情况下，要求共产党员弘扬家庭美德就显出了重要性。林肯说："坚守人格，是世界上最伟大的一种力量。"家庭美德是判断人格高尚与否的重要标杆。只有这样，才能使党员在社会上成为一个好公民，在家庭中成为一个好成员，从而以良好的家庭美德带动整个社会家庭美德水平的大幅度提升，促进全民族道德水平的提高，实现社会和谐。

思考讨论：

1. 您如何看待将家庭美德评价作为干部提拔的"硬约束"？
2. 家庭美德的基本要求是什么？

案例二：人人参与禁毒斗争 全面构建和谐社会

大理市委、市人民政府高度重视禁毒工作，近年来，采取了一系列有力的措施，扎实有效地开展了毒品问题重点整治工作。

加强组织领导，为禁毒工作提供组织保障。全市实行党委、政府统一领导、职能部门为主，禁毒成员单位各负其责，密切配合的工作机制，成立了以政府主要领导挂帅的大理市整治毒品集散和中转领导小组和办公室。市整治毒品集散和中转突出问题领导组成员单位密切协作配合，各司其职深入一线，进行督促、检查，帮助解决实际问题，为全市禁毒人民战争的深入开展提供了有力的组织保障。

加强禁毒宣传，全民禁毒意识明显提高。在大理市整治毒品集散和中转领导小组的统一组织、协调下，党委宣传部门与公安、教育、司法、文化、卫生、广播电视、民政、工会、共青团、妇联等单位密切配合，充分发挥各自优势，把禁毒宣传和毒品预防教育工作摆在重要位置，充分利用报刊、电视、广播等新闻媒体，开展了丰富多彩、群众喜闻乐见的宣传教育活动，制作发放禁毒宣传画、举办报纸知识竞赛、电视知识竞赛和演讲比赛等形式，加大禁毒宣传，不断扩大群众"禁毒、防毒、拒毒"的受众率，为全市禁毒工作奠定了更坚实的群众基础。

强化堵源截流，禁毒工作取得明显成效。在市委、政府的统一领导下，政法各部门充分发挥职能作用，组织和发动广大干部、群众与毒品违法犯罪进行了长期坚持不懈的斗争。公安机关在“天网四号”扫毒行动中，坚持“打团伙、摧网络、破大案、抓毒枭、缴毒资”的指导思想，强化阵地控制，加强隐蔽力量建设，把禁毒情报工作的触角延伸到边境地区，积极开展专案侦查工作。市公安局针对境外冰毒等新型毒品渗透突出的实际，在坚持打击海洛因等传统毒品犯罪的同时，加大对冰毒、“摇头丸”等新型毒品的打击力度。

强化禁吸戒毒，戒断巩固率明显提高。公安机关治安管理部门和派出所加强了暂住人口管理、出租房屋管理和日常治安管理等基础性工作，把打击零星贩毒，收戒吸毒人员、澄清辖区内吸毒成瘾人员的底数，建立健全戒毒出所吸毒人员的跟踪帮教档案，定期开展帮教谈话、尿检等工作有机结合起来，使新生吸毒人员明显减少，全员收戒吸毒人员，使吸毒人员社会面上无失控，全市禁吸戒毒工作取得新的进展。

坚持综合治理，稳步推进大理市无毒社区创建巩固工作。一是全面贯彻落实禁毒工作责任制，把创建“无毒社区（村）”活动与创建“平安大理”和“安全文明小区”等活动有机结合起来，纳入各级领导的任期目标，认真制定年度创建规划，明确责任，加强领导，全面落实创建工作措施；二是根据《云南省创建“无毒社区”工作考评暂行办法》和《关于在全州开展创建“无毒社区”工作的实施意见》，按照“层层落实层层抓，逐级申报验收考核，严格把关”的程序认真组织考核，在2005年创建5个乡镇、74个社区（村）的基础上，2006年，大理市又被州委、州人民政府命名2个乡镇为“无毒乡（镇）”，1个乡镇被授予“创建无毒社区先进单位”，市委、市政府授牌命名22个社区（村）为“无毒社区（村）”。

（选自：周惠琮：《人人参与禁毒斗争全面构建和谐社会》，《云南法制报》2007年06月26日，http：//www.ynfzb.cn/kmpj/FaZhiBaoLaoShuJu/128874.html）

案例分析：

毒品，一朵社会发展的“恶之花”，造就了无数人间悲剧，侵蚀着社会的和谐根基。禁毒工作事关人民幸福安康，事关社会和谐稳定，承载着亿万人民的殷切期盼。在中国禁毒史上，2014年是具有里程碑意义的重要一年：习近平总书记、李克强总理分别主持召开中央政治局常委会议和国务院常务会议，听取禁毒工作汇报并做出重要指示，为做好禁毒工作指明了方向、提供了遵循；中共中央、国务院印发《关于加强禁毒工作的意见》，明确了指导思想、基本原则和到2020年的任务目标，就不断创新禁毒工作体制机制，进一步完善毒品问题治理体系，深入推进禁毒人民战争作出了全面部署。

思考讨论：

1. 毒品是如何破坏和谐社会的？
2. 如何通过参与禁毒斗争，更好地维护社会的和谐稳定？

案例三：天津东丽区千方百计扩大就业

天津东丽区把保障就业列为今年解决民生问题的重中之重，多措并举最大限度扩大就业。截至目前，全区新增就业20690人，完成全年任务的108.9%，其中本区劳动力新增就业9814人，完成全年任务的98.14%。

今年以来，东丽区坚持推进以培训促就业、以服务促就业、以创业促就业，不断加大就业保障工作力度。在加强培训，提升就业技能工作中，东丽区全面落实“百万技能人才培训福利”工作。区政府多次召开推动会，了解各任务单位、街道、功能区的工作难点，充分调动工作积极性；成立了培训福利计划督查小组，深入各任务单位、街道、功能区监督和督促工作完成情况。区人力社保局不断加强与各任务单位和功能区的联系，主动深入各单位帮助解决遇到的难题。截至目前，已完成“培训福利计划”，共培训8174人。今年，第五届职业技能竞赛已成功举办了妇女创业中心赛区的串珠、钩织、剪纸、中国结和软陶竞赛，东丽职教中心赛区开展汽车维修工、计算机操作工、会计技能竞赛以及起重机驾驶员等共计19项竞赛项目，目前参赛人数达到3000余人。

在以创业促就业工作中，区人力社保局负责人和工作人员深入到街道、园区、功能区宣讲政策，将大学生创业就业政策带到“青年驿站”等大学创业企业。截至目前，全区已申请大学生创业补贴6家，大学生创业孵化器3家。同时，区人力社保局与团区委签署了合作协议，开展青年创新创业大赛。目前已开展12场共60个创业项目的“创业案例路演”比赛。全区利用提供小额担保贷款，支持自主创业。今年以来，共发放创业担保贷款138笔、2290万元，完成全年任务的109%，直接或间接带动就业167人。此外，扶持华明街范庄村成立范庄村鼎利创业就业服务中心，该中心已正式开始运行，为5名村民申请小额贷款80万元，推荐就业岗位300余个，成功帮扶80人就业。

开展专项行动，以优质服务促就业是做好今年就业工作的重要一环。区人力社保局深入开展了以“百家就业联盟企业”为主题的系列就业服务活动，共召开“2015年春季大型公益招聘会”、“民营企业招聘周”、“东丽区第三届中心城区招聘专场”以及“天津市自由贸易区人才招聘专场”等大型招聘会9场，小型招聘会74场；进场单位2612家，提供岗位2.09万个，进场人数3.2万余人次，1.56万人达成就业意向。区人力社保局对就业困难人员量身制定“一对一”帮扶计划，指定专人进行帮扶，签订帮扶协议，对无特殊需求、不挑不拣的高校毕业生和就业困难人员，在24小时内推荐就业。截至目前，为2017名符合市困难认定政策的人员进行了就业援助，已安置1647人。根据《东丽区政府购买服务岗位规范管理暂行办法》要求，对区内部分政府购买服务岗位从业人员工资补贴标准进行调整，共涉及消防文员公益岗、村级劳动保障协管员等20类1255人的工资和岗位津贴。今年，预计支出合计5477万元，其中区财政负担5179万元。

此外，区人力社保局还对就业联盟企业进行梳理，提升联盟企业标准并重新签订联盟协议，新增天津市北大资源置业有限公司、天津市东丽湖能源科技有限公司等企业，使就业联盟企业达269家，通过联盟企业开发岗位3800余个。同时依托大项目好项目开发就业岗位2.6万个；依托农村居住社区开发就业岗位900余个，安置就业376人。

（选自：刘广麟、张洪亮：《东丽区多措并举扩大就业——今年新增就业2万余人》，《天津日报》2015年11月26日第21版）

案例分析：

党的十六届五中全会通过的“十一五”规划《建议》明确提出：“千方百计扩大就业。要把扩大就业摆在经济社会发展更加突出位置，坚持实施积极的就业政策。”这是我们党站在经济社会发展全局的高度，从认真解决人民群众最关心、最直接、最现实的问题出发提出的一项重大任务。近年来，党中央和国务院在深化劳动就业体制改革方面出台了一系列重要措施，为建立社会主义市场经济条件下的新型劳动就业体制指明了方向。我们应坚持从实际出发，认真贯彻落实这些措施，把扩大就业摆在经济社会发展更加突出的位置，深化劳动就业体制改革，千方百计扩大就业，切实做好就业再就业工作。对于保障经济社会健康发展、推进社会主义和谐社会建设、实现全面建设小康社会的奋斗目标具有十分重要的作用。

思考讨论：

1. 您认为扩大就业与维护社会和谐之间有什么关系？

2. 如何才能提高我国毕业生的就业率？

五、建设“美丽中国”的文明生态之路

案例一：大力推进生态文明建设——党的十八大报告

建设生态文明，是关系人民福祉、关乎民族未来的长远大计。面对资源约束趋紧、环境污染严重、生态系统退化的严峻形势，必须树立尊重自然、顺应自然、保护自然的生态文明理念，把生态文明建设放在突出地位，融入经济建设、政治建设、文化建设、社会建设各方面和全过程，努力建设美丽中国，实现中华民族永续发展。

坚持节约资源和保护环境的基本国策，坚持节约优先、保护优先、自然恢复为主的方针，着力推进绿色发展、循环发展、低碳发展，形成节约资源和保护环境的空间格局、产业结构、生产方式、生活方式，从源头上扭转生态环境恶化趋势，为人民创造良好生产生活环境，为全球生态安全作出贡献。

（一）优化国土空间开发格局。国土是生态文明建设的空间载体，必须珍惜每一寸国土。要按照人口资源环境相均衡、经济社会生态效益相统一的原则，控制开发强度，调整空间结构，促进生产空间集约高效、生活空间宜居适度、生态空间山清水秀，给自然留下更多修复空间，给农业留下更多良田，给子孙后代留下天蓝、地绿、水净的美好家园。加快实施主体功能区战略，推动各地区严格按照主体功能定位发展，构建科学合理的城市化格局、农业发展格局、生态安全格局。提高海洋资源开发能力，发展海洋经济，保护海洋生态环境，坚决维护国家海洋权益，建设海洋强国。

（二）全面促进资源节约。节约资源是保护生态环境的根本之策。要节约集约利用资源，推动资源利用方式根本转变，加强全过程节约管理，大幅降低能源、水、土地消耗强度，提高利用效率和效益。推动能源生产和消费革命，控制能源消费总量，加强节能降耗，支持节能低碳产业和新能源、可再生能源发展，确保国家能源安全。加强水源地保护和用水总量管理，推进水循环利用，建设节水型社会。严守耕地保护红线，严格土地用途管制。加强矿产资源勘查、保护、合理开发。发展循环经济，促进生产、流通、消费过程的减量化、再利用、资源化。

（三）加大自然生态系统和环境保护力度。良好生态环境是人和社会持续发展的根本基础。要实施重大生态修复工程，增强生态产品生产能力，推进荒漠化、石漠化、水土流失综合治理，扩大森林、湖泊、湿地面积，保护生物多样性。加快水利建设，增强城乡防洪抗旱排涝能力。加强防灾减灾体系建设，提高气象、地质、地震灾害防御能力。坚持预防为主、综合治理，以解决损害群众健康突出环境问题为重点，强化水、大气、土壤等污染防治。坚持共同但有区别的责任原则、公平原则、各自能力原则，同国际社会一道积极应对全球气候变化。

（四）加强生态文明制度建设。保护生态环境必须依靠制度。要把资源消耗、环境损害、生态效益纳入经济社会发展评价体系，建立体现生态文明要求的目标体系、考核办法、奖惩机制。建立国土空间开发保护制度，完善最严格的耕地保护制度、水资源管理制度、环境保护制度。深化资源性产品价格和税费改革，建立反映市场供求和资源稀缺程度、体现生态价值和代际补偿的资源有偿使用制度和生态补偿制度。积极开展节能量、碳排放权、排污权、水权交易试点。加强环境监管，健全生态环境保护责任追究制度和环境损害赔偿制度。加强生态文明宣传教育，增强全民节约意识、环保意识、生态意识，形成合理消费的社会风尚，营造爱护生态环境的良好风气。

（选自：《人民日报全文刊发胡锦涛十八大报告》，《人民日报》2012 年 11 月 18 日，http：//news. cntv. cn/18da/20121118/100674_ 8. shtml）

案例分析：

从源头上扭转生态环境恶化趋势，为人民创造良好生产生活环境，努力建设美丽中国，实现中华民族永续发展，为全球生态安全作出贡献。这是推进生态文明建设的目的。生态产品是人民群众重要的消费品、生活必需品，良好的生态环境是提高人民生活质量的重要内容。推进生态文明建设，说到底就是为了提高人民的生活质量，满足人民日益增长的对生态产品的需求。不能因为我们这一代中国人要过上好日子，就不顾及我们后代的生存和发展。既要满足当代人的需求，也不能影响后代人满足需求的能力，这样才能实现中华民族的永续发展。全球生态系统是一个整体，需要全世界共同努力，搞好生态文明建设，也是我国对地球生态安全的贡献。

思考讨论：

1. 您认为目前污染我国生态环境的最严重的因素是什么？

2. 作为一名社会公民，应从哪些方面努力维护生态文明建设？

案例二：解读库布其绿色发展的“密码”

近日，在气候变化巴黎大会上，联合国多家机构发布了一份关于中国库布其沙漠的生态财富报告，认定这项最大的沙漠绿洲工程，创造生态财富达4600多亿元。在中国大力推进生态文明建设，将绿色发展作为“十三五”规划重要发展理念的大背景下，库布其绿色发展的“密码”是什么？如何用“绿色”实现“富民”一系列的问题引起了国际社会的广泛关注。

“如果说库布其生态经济模式有什么秘密，那就是创新了治沙、生态、经济、民生平衡驱动可持续发展的商业模式；创新了政府政策性支持、企业商业化投资、农牧民市场化参与的PPP+合作机制；构筑了防沙治沙、生态修复、土地整治、沙漠生态产业开发环环相扣的沙漠生态产业链；实现了投资有收益，产品有市场，农民有收入，政府有税收，生态环境有保障的可持续发展。”在巴黎气候大会上，“全球治沙领导者”、亿利资源集团董事长王文彪一语道出了库布其绿色发展的“密码”。

公私伙伴关系（Public－Private Partnership，PPP）这种政府—企业合作模式对人们来说并不陌生，这也是库布其模式获得成功的关键，充分利用政府在政策方面的优势，结合企业在资金和技术方面的优势，达到高效修复生态系统的目的。然而，只有政府与企业的合作，如此大的沙漠绿洲工程实施起来仍然有困难。在近30年的治沙和生态修复历程中，在没有国际生态修复经验可借鉴的困境下，亿利资源集团不断尝试、摸索创新的商业模式，创建了一套特殊的合作模式，建立与政府（public）、企业（private）、农牧民（peasants）以及国际机构的合作伙伴关系，形成了一个生态修复的库布其“PPP+”模式，保障大规模生态修复工程的成功实施，创造了巨大的经济财富。这种合作模式实现了区域内的生态保护、生计保障和经济发展多方共赢。

除了合作模式创新以外，亿利资源集团还逐渐探索出了“生态+生意”的商业模式，达到“治沙”——“吃沙”——“治沙”的良性循环；形成了以生态修复、生态牧业、生态健康、生态旅游、生态光能、生态工业为支柱的“六生态”产业网络；实现了生态、民生、经济的协同发展，探索出了一条可持续可复制的“库布其模式”。

《中国库布其生态财富创造模式和成果报告》认为，库布其商业模式的成功，树立了全球大规模生态系统修复商业模式的典范。其高效的合作模式和商业运行机制，为全球致力于环境保护的民营企业提供了示范，增加了信心，为实现全球新的可持续发展目标提供了可复制的示范带动作用。

中国“十三五”规划建议提出，坚持绿色富国、绿色惠民，为人民提供更多优质生态产品，推动形成绿色发展方式和生活方式，协同推进人民富裕、国家富强、中国美丽。这标志着未来中国的发展将离不开“绿色”理念，环境改善和经济发展也不再“互相排斥”。

王文彪表示，中国国家主席习近平倡导“要像保护我们的眼睛一样保护生态环境”，他提出的“绿水青山就是金山银山”发展理念，已凝聚为中国的社会共识，升华为人民的共同信念，并成为社会各界的行动指南。库布其沙漠生态财富模式，就是在坚定践行习近平主席提出的绿色发展伟大构想和战略。中国库布其的变化证明，经过治理，“死亡之海”也可以重新焕发生机，变成绿水青山、金山银山，而且成功带动十多万人脱贫，100余万人次就业，实现了“绿色”与“富民”的和谐共生。

（选自：魏博：《“PPP+”——库布其绿色发展的“密码”》，中国网，2015年12月11日，http://news.china.com.cn/txt/2015-12/11/content_37291513.htm）

案例分析：

20多年前，库布其沙漠寸草不生，风卷黄沙漫天狂舞，连年累月沙进人退，连飞鸟都望而止步，被称为“死亡之海”。20多年后的今天，这里却碧水蓝天、草木葱郁、鸥鸟翔集，穿沙公路纵横交错，牧民新村俨然是塞北江南。“库布其”让我们鼓舞，给我们力量。沙漠化并非不能遏制，荒漠化并非不能治理。当然防沙治沙是一项长期艰苦的事业，需要持之以恒的不懈努力。2015年4月25日发布的《中共中央、国务院关于加快推进生态文明建设的意见》提出，到2020年，50%以上可治理沙化土地得到治理。多年来，国家不断加大生态建设，“三北”防护林、国家退化林改造、京津风沙源治理等一系列沙漠治理和生态经济示范工程，在通往绿色中国梦的道路上砥砺前行。

思考讨论：

1. 你了解库布其治沙的具体原理与步骤吗？
2. 除库布其治沙之外，我国在生态治理中还取得了哪些傲人成绩？

案例三：“生态富民”重庆强力践行五大发展理念的最佳见证

早春时节，记者走访重庆。沿着长江，穿行在延绵起伏的群山之间，只见32万亩郁郁葱葱的柑橘林中，红彤彤的橘子挂满枝丫。在这个全国水土流失严重的地区，不仅能够看到“一江碧水、两岸橘香”的美景，还能看到当地群众生态环境建设观念上的深刻改变。面临着改善长江流域生态环境和带动山区农民增收致富的两难困境的重庆，在推动长江经济带发展的过程中，如何走生态优先、绿色发展之路，使绿水青山产生巨大生态效益、经济效益、社会效益的？

“生态富民”，是保持了水土避免了流失，实现了生态保护；又带动了农民收入，推动了经济发展；还增加了人民的获得感，提升了社会效益。“生态富民”是一举多得的创举，对此，我们要问，重庆的“生态富民”中，包含了多少习近平总书记的讲话精神？

“我们既要金山银山，也要绿水青山，宁要绿水青山，不要金山银山”，这是习近平总书记对于生态文明建设的重要讲话，目的在于处理好经济发展与生态环境保护的关系。就忠县任家镇老鹳村而言，土层薄岩层硬，保水能力差，抗旱性弱，因此，保护生态环境必须置于重要位置，不能为了经济发展而忽视生态文明建设，重庆做到了。

“绿水青山也是金山银山”，重庆东北的生态就是最大的优势、最大的资源，只要做好生态保护和治理开发，就可以达到既让人民尽享山清水秀、河畅湖美的美好生态环境，又能取得丰厚的经济效益。而重庆的“生态富民”，就做到了。

“绿水青山既是自然财富，又是社会财富、经济财富。”就重庆的“生态富民”来说，不只是生态保护和经济效益的双丰收，在山青水绿百姓富后，为确保绿得持久、富得长远，重庆因地制宜，深耕附加值、拉长产业链，宜林则林、宜游则游、宜加工则加工。种植万亩柑橘林、打好乡村旅游这张牌、让家庭旅馆、饭店、农家乐也遍地开花，实现产业链的纵向延伸——农产品加工……进而实现社会效益的有力提升。

一言以蔽之，重庆“生态富民”走出“既要金山银山也要绿水青山”之路，是重庆强力践行五大发展理念的最佳见证，是对中央“五位一体”总体布局、建设美丽中国基本要求的严格落实，向着“人民对美好生活的向往就是我们的奋斗目标”进发，是“民心就是最大的政治”的真实体现。为重庆的“生态富民”点赞。

（选自：《“生态富民”重庆强力践行五大发展理念的最佳见证》，中国新闻网，2016年04月06日，http：//www.chinanews.com/ll/2016/04－06/7825258.shtml）

案例分析：

“生态就是资源、生态就是生产力”，彰显了党对新时期兴国富民之道的科学把握，为我们党切实担当起新时期执政兴国使命，努力建设美丽中国，实现中华民族永续发展，指明了前进方向。更为重要的是，生态就是生产力，说明生态不仅是“政绩”，而且将是黄金白银的巨大产业。党的十八届五中全会系统、完备地提出了创新、协调、绿色、开放、共享的五大发展理念，将生态文明建设纳入“十三五”发展规划，强调实现“十三五”时期发展目标，破解发展难题，厚植发展优势，必须牢固树立并切实贯彻创新、协调、绿色、开放、共享的发展理念。这是关系我国发展全局的一场深刻变革。建设生态文明，坚持绿色发展，必须在整体把握五大发展理念中不断拓展和深化绿色发展新认识，强化新实践。只有持之以恒推进生态文明建设，坚定不移地走绿色发展道路，人与自然形成一种浑然一体、和谐统一的关系，党和国家描绘的“美丽中国梦”才能变成现实。

思考讨论：

1. 如何理解五大发展理念中的“协调”与“绿色”？

2. 您是如何看待“生态富民”的？

六、外国人眼中的中国道路

案例一：中国特色社会主义道路是中国发展的不二选择——访德国波恩大学教授哈克

中国两会正在举行，中国所选择的发展道路以及所取得的成就，连日来也成为海外舆论关注的话题之一。“我一如既往地认为，目前没有第二条更适合中国发展的道路。”德国波恩大学政治与当代史教授克里斯蒂安·哈克近日在接受新华社记者专访时表示，中国特色社会主义道路是当代中国发展的不二选择。

在哈克看来，社会主义制度、中国共产党的领导、改革开放是当代中国发展模式最主要的特征。他说，过去几十年中国经济发展取得的成就与改革开放政策密不可分。

“回忆一下 30 年前中国的样子，人们不难发现，无论在中国历史上，还是在世界历史上，中国取得的发展成就都是史无前例的。”哈克说，更重要的是，中国社会没有像西方社会那样陷入完全的享乐主义，“中国人民崇尚实事求是，有求知欲和事业心，并且热爱生活”。

哈克曾到访同济大学，在同济的访学经历给他留下了深刻印象。哈克告诉记者，他尤其感受到了中国人的纪律性和求知欲，值得欧洲人学习。

关于新常态下的中国经济，哈克认为，中国经济增速放缓是一种正常现象，也是其他所有经济体崛起过程中都曾经历的阶段，比如19世纪末的美国、英国和德国。“过去几十年中国经济取得的成就比上述三个经济体更令人印象深刻，因为20世纪70年代末中国的处境比19世纪末的美、英、德艰难得多。”

伴随着综合国力的提升，中国在全球事务中也扮演着越来越重要的角色。哈克说，加深对世界的理解为当代中国融入国际社会铺平道路，同时，中国的社会稳定、技术创新和经济活力令世界叹为观止，也为世界发展指明方向。

哈克指出，中国发展道路的吸引力还在于不把自己的观点和意识形态强加于那些接受中国援助的国家。而西方国家的经济援助伴随着蛮横的所谓“人道主义干预”。

哈克指出，如今，中国在世界舞台上的表现符合其经济实力和政治威望。中国在国际事务中发挥的建设性作用越来越大，包括全球气候和环境政策、伊朗核问题、朝鲜半岛核问题、叙利亚危机等。

哈克表示，“一带一路”是果断大胆而有吸引力的倡议，对发展开放合作的全球化经济大有裨益。同时，亚投行的设立反映出中国不仅在现有的世界银行框架下发挥作用，还开辟了一条全新的路径。

（选自：沈忠浩、班玮：《德国波恩大学教授哈克：中国特色社会主义道路是中国发展的不二选择》，新华社，2016年03月06日，http://news.xinhuanet.com/world/2016-03/06/c_1118247821.htm）

案例分析：

中国道路的世界意义，可以从发展中国家向发达国家过渡、后发现代化国家向现代化国家转变的示范意义考察，但更要从上世纪中叶以来世界历史的总进程中来考察，从冷战结束后社会主义在当代世界前途命运的独特意义考察。中国道路之所以称其为中国道路，并不仅仅是经济科技比较落后的发展中国家，怎样走出一条不同于西方国家发展的道路，向着现代化目标迈进，更重要的是在社会主义与资本主义两大制度体系的竞争与较量格局中，中国独立自主建设中国特色社会主义，以实现社会主义现代化的目标。历史唯物主义的社会形态理论，阐述了生产方式的演进决定了社会形态的更替，资本主义的内在矛盾决定了社会主义的生长兴起。当今世界资强社弱，对增强社会主义自信带来了很大的挑战。因此，解读中国道路的世界意义，最重要的是明确社会主义对于人类社会发展道路的方向意义，增强马克思主义历史观指出的关于人类社会发展大趋势的信念。同时也要全面深刻认识当代历史的新变化新问题，把道路自信建立在更加科学的基础上。

思考讨论：

1. 如何理解中国特色社会主义道路的实质内涵？

2. 试深入了解中国在国际事务中发挥了哪些重要作用。

案例二：全球著名知华派人士相信中国共产党将引领中国变得更强大

罗伯特·库恩博士是全球著名的知华派人士，集科学家、投资专家、作家和媒体人多重角色于一体。在同中国近30年的接触中，他深刻感受到中国在共产党的领导下不断崛起，他相信中国共产党与时俱进的自我完善能力将引领中国变得更强大，并将在国际事务中发挥更大的作用。

科学家出身的库恩博士聊起中国共产党95年的历史也如做科学报告一般客观严谨；同时，身为作家和媒体人的他看待中国共产党95年的历史又是激昂慷慨的。库恩说：“中国共产党的故事、中国的故事是一个宏大且非常复杂的故事，可说是现代史上最神奇的故事，纵观中国共产党的95年历史，基本上充斥了世界重大事件的不断冲撞盘旋，如同过山车一般跌宕起伏。因此纵览中国共产党的历史绝对堪称是人类历史上最伟大的故事。”

1921年中国共产党成立之时，中国作为四大古老文明仅存的硕果也是满目疮痍，内忧外患，中国共产党在经历了军阀纷争、抗击日本侵略、内战等腥风血雨的考验之后发展壮大成中国的执政党，建立了新中国，并带领这个地球上人口最多的国家不断地创造着人类历史的奇迹。库恩说：“说到中国共产党的成就，最显著的一个就是将中国从几十年前的一个贫穷、几乎是无足轻重的国家发展成如今的世界第二大经济体，而且当今世界的每一项事务几乎都有中国的参与，每一项国际事务都离不开中国的参与。这是一个翻天覆地的转变。”

库恩博士尤其推崇中国共产党领导的改革开放，认为这一场改革不仅在极短的时间里创造了巨大的财富，更使得五、六百万中国人脱贫跨入了中产阶层，堪称人类的奇迹。

他知道，这一次的改革并非党内自上而下策划推动的，而是由基层民众自下而上开始倒逼的，但是中国共产党能够顺应民意，顺势而为，将民众自发的改革需求发展成国家的战略方针，这跟共产党的高级干部来自于基层、了解百姓需求密不可分，这也是中国共产党强大的生命力所在。库恩说："回顾这段漫长的岁月，可以看到中国共产党总是在不断地调整自己的位置，这也是中国共产党最大的优势，就是与时俱进。"

正是这种根植于民、与时俱进的能力，使得中国共产党成为改革的推动者，也使得中国一跃成为世界经济发展的引擎之一。而中国共产党干部层层选拔的机制也确保了优秀人才得以脱颖而出，这在库恩博士看来是中国共产党的一个重要优势，干部的优秀和领导班子的稳定确保了利国利民的政策得以延续，从而实现可持续的稳定发展。

当然中国共产党的成功也并非一帆风顺，也曾经犯过错误，走过弯路，并为此付出了极大的代价。但是，库恩博士相信，凭借着共产党自身不断学习并修正错误，未来的道路会走得更加坚实。

（选自：吕晓红：《全球著名知华派人士相信中国共产党将引领中国变得更强大》，环球网，2016 年 6 月 23 日，http：//world. huanqiu. com/hot/2016 – 06/9075486. html）

案例分析：

95 年来，中国共产党的治国理政经验正在走出国门，影响着全世界。它是中国特色社会主义实践结出的硕果，更是中国共产党为世界文明献上的宝贵财富。从"自己发展"到"全球治理"；从"独善其身"到"兼济天下"；从"风险共担"到"成果共享"。今天，在以习近平同志为总书记的党中央的坚强领导下，中国，正调整姿态，极目远眺，更加从容、积极、自信地拥抱一个属于我们、也同属于人类命运共同体的黄金时代。"路漫漫其修远兮，吾将上下而求索。"正是在不断探索的过程中，中国共产党带领中国人民从黑暗走向光明，从贫穷走向富足。在新的时期，中国共产党将带领中国人民迎来新的辉煌。中国期待着，世界期待着。

思考讨论：

1. 请回顾共产党建党 95 周年艰辛历程。

2. 简要谈谈你对"目前中国正处于经济和社会转型期"的认识。

第二节　为什么选择中国特色社会主义道路?

道路关乎党的命脉，关乎国家前途、民族命运、人民幸福。在中国这样一个经济文化十分落后的国家探索民族复兴道路，是极为艰巨的任务。90多年来，我们党紧紧依靠人民，把马克思主义基本原理同中国实际和时代特征结合起来，独立自主走自己的路，历经千辛万苦，付出各种代价，取得革命、建设、改革的伟大胜利，开创和发展了中国特色社会主义道路，从根本上改变了中国人民和中华民族的前途命运。

回顾近现代中国的发展进程，从晚清时期，到新民主革命时期，再到20世纪50年代，历史一步步走过来，中国最终走上了社会主义道路，这是一个影响中华民族前途和命运的巨大结果。把这个巨大结果的产生归结为“历史性的误会”或者某个政党、某些人的“主观意志”，是说不通的。中国走上了社会主义道路，是中国社会的政治经济状况、阶级力量对比、时代条件和国际环境等多种因素综合作用的结果，归根结底是中国人民包括工人、农民、民族资产阶级、小资产阶级和其他社会阶层人士共同作出的选择，是历史发展的必然结果。新中国成立60多年，尤其是改革开放30多年的历史经验充分证明：中国搞现代化，只能靠社会主义，不能靠资本主义。中国如果走资本主义道路，将是一场灾难和大倒退。而一个具有13亿人口的大国一旦出现大乱，不仅对中华民族是一个灾难，对整个世界可能也是一个灾难。全面建成小康社会，加快推进社会主义现代化，实现中华民族伟大复兴，必须坚定不移走中国特色社会主义道路。

一、社会主义代表人类未来发展方向

案例一：论人民民主专政

自从一八四二年鸦片战争失败那时起，先进的中国人，经过千辛万苦，向西方国家寻找真理。洪秀全、康有为、严复和孙中山，代表了在中国共产党出世以前向西方寻找真理的一派人物。那时，求进步的中国人，只要是西方的新道理，什么书也看。向日本、英国、美国、法国、德国派遣学生之多，达到了惊人的程度。国内废科举，兴学校，好像雨后春笋，努力学习西方。我自己在青年时期，学的也是这些东西。这些是西方资产阶级民主主义的文化，即所谓

新学，包括那时的社会学说和自然科学，和中国封建主义的文化即所谓旧学是对立的。学了这些新学的人们，在很长的时期内产生了一种信心，认为这些可以救中国，除了旧学派，新学派自己表示怀疑的很少。要救国，只有维新，要维新，只有学外国。那时的外国只有西方资本主义国家是进步的，它们成功地建设了资产阶级的现代国家。日本人向西方学习有成效，中国人也想向日本人学。在那时的中国人看来，俄国是落后的，很少人想学俄国。这就是十九世纪四十年代至二十世纪初期中国人学习外国的情形。

帝国主义的侵略打破了中国人学西方的迷梦。很奇怪，为什么先生老是侵略学生呢？中国人向西方学得很不少，但是行不通，理想总是不能实现。多次奋斗，包括辛亥革命那样全国规模的运动，都失败了。国家的情况一天一天坏，环境迫使人们活不下去。怀疑产生了，增长了，发展了。第一次世界大战震动了全世界。俄国人举行了十月革命，创立了世界上第一个社会主义国家。过去蕴藏在地下为外国人所看不见的伟大的俄国无产阶级和劳动人民的革命精力，在列宁、斯大林领导之下，像火山一样突然爆发出来了，中国人和全人类对俄国人都另眼相看了。这时，也只是在这时，中国人从思想到生活，才出现了一个崭新的时期。中国人找到了马克思列宁主义这个放之四海而皆准的普遍真理，中国的面目就起了变化了。

中国人找到马克思主义，是经过俄国人介绍的。在十月革命以前，中国人不但不知道列宁、斯大林，也不知道马克思、恩格斯。十月革命一声炮响，给我们送来了马克思列宁主义。十月革命帮助了全世界的也帮助了中国的先进分子，用无产阶级的宇宙观作为观察国家命运的工具，重新考虑自己的问题。走俄国人的路——这就是结论。一九一九年，中国发生了五四运动。一九二一年，中国共产党成立。孙中山在绝望里，遇到了十月革命和中国共产党。孙中山欢迎十月革命，欢迎俄国人对中国人的帮助，欢迎中国共产党同他合作。孙中山死了，蒋介石起来。在二十二年的长时间内，蒋介石把中国拖到了绝境。在这个时期中，以苏联为主力军的反法西斯的第二次世界大战，打倒了三个帝国主义大国，两个帝国主义大国在战争中被削弱了，世界上只剩下一个帝国主义大国即美国没有受损失。而美国的国内危机是很深重的。它要奴役全世界，它用武器帮助蒋介石杀戮了几百万中国人。中国人民在中国共产党领导之下，在驱逐日本帝国主义之后，进行了三年的人民解放战争，取得了基本的胜利。

就是这样，西方资产阶级的文明，资产阶级的民主主义，资产阶级共和国的方案，在中国人民的心目中，一齐破了产。资产阶级的民主主义让位给工人阶级领导的人民民主主义，资产阶级共和国让位给人民共和国。这样就造成了一种可能性：经过人民共和国到达社会主义和共产主义，到达阶级的消灭和世界的大同。康有为写了《大同书》，他没有也不可能找到一条到达大同的路。资产阶级的共和国，外国有过的，中国不能有，因为中国是受帝国主义压迫的国家。唯一的路是经过工人阶级领导的人民共和国。

（选自：毛泽东：《论人民民主专政》，《毛泽东选集》第四卷，人民出版社 1991 年版，第 1472—1475 页）

案例分析：

《论人民民主专政》是 1949 年 6 月 30 日，毛泽东为纪念中国共产党成立二十八周年而写的一篇论文。根据马克思主义国家学说，结合中国实际，论述了即将成立的中华人民共和国的国家性质，各阶级在国家中的地位及其相互关系，国家对内、对外政策等。《论人民民主专政》一文奠定了中国人民民主专政国家政权的理论基础和一定发展阶段上的政策基础，丰富了马克思主义的国家学说，为即将成立的新中国做了政治理论准备。文章丰富了毛泽东关于人民民主专政的理论，奠定了中国人民民主专政国家政权的理论基础和一定发展阶段上的政策基础，丰富了马克思主义的国家学说，为即将成立的新中国做了政治理论准备，对于中华人民共和国的建立和中华人民共和国宪法的制定，都具有重要的指导意义

思考讨论：

1. 联系上文简要谈谈为什么资本主义不适合中国。
2. 为什么说社会主义代表人类未来发展方向？

案例二：关于共产主义思想的实践

共产主义是指什么呢？它有两方面的含义：一方面是指将来要实现的一种社会制度，一方面是指关于为什么要和怎样才能实现这种社会制度的思想（通常也称为科学共产主义理论或科学社会主义理论，也就是马克思主义理论；因为马克思对社会主义和共产主义并未象列宁后来那样地加以区别，只在晚年才提出共产主义社会的初级阶段和高级阶段的论点，所以科学共产主义理论和科学社会主义理论的名称的区别并没有什么意义，以及为实现这种思想而进行的实践，即共产主义运动。有人问，这样说来，共产义不是有了制度、思想、运

动的三种含义吗？这样分也不是完全没有理由。不过我们认为，思想和实践或运动是不可分的，没有思想就没有相应的实践或运动，没有实践或运动也无从表现一种群众性的思想，所以这里还是说它有两种含义。严格说来，这两种含义也不能完全分开。运动和运动的目的怎能完全分开呢？但在实际应用上为了防避某些混淆，还是需要有一定的区别。总之，自有共产主义运动以来，共产主义一直在实践中前进，并且得到了巨大的发展和胜利。由此可见，那些认为共产主义还没有经过实践检验，以及与此相关的认为共产主义是“渺茫的空想”一类思想，是完全错误的。

共产主义运动的发展从来不是靠空谈，而是靠实践。自有科学社会主义以来，指导我们运动的是什么？是共产主义。我们为什么叫共产党？因为我们奋斗的最终目标是实现共产主义社会，干的就是共产主义运动。共产主义运动是一个很长的历史过程，它包括从世界上有共产党成立到全世界最后实现共产主义的整个历史过程。有人说，我说共产主义渺茫不是说共产主义运动渺茫，是说共产主义的最终目标渺茫。这种说法仍然是完全错误的。因为共产主义运动的前进，就证明了马克思主义关于社会发展的规律是正确的，证明了我们达到最后目标的理论和方法是正确的，证明了这最后目标是能够达到的。比方登泰山顶吧，既然我们已经走到上泰山的中途，当然可以证明这泰山是确实存在的，因而泰山顶也可以预料是确实存在的；尽管没有到泰山顶，还不能预先测定它的具体形状，但是绝不能说它是虚无缥缈的，因为人们爬山的实践已经证明凡山都有山顶，而我们登上泰山中途的实际经验，又已经使我们有相当根据对泰山顶的情况作某些粗略的想象，虽然这些想象究竟是否符合泰山顶的实际，仍然有待于将来的实践的检验。无论如何，我们已经根据科学共产主义理论胜利地建立了社会主义社会，即共产主义的初级阶段，这就是共产主义理论的正确性的一个最有力的客观证明。

所以，我们对共产主义抱有坚强的信心，因为我们不仅从理论上，而且从实践上都已经证明共产主义运动是正确的。要不然，共产主义小组怎么能够发展，取得胜利，建立中华人民共和国？虽然共产党人的革命事业经历了这那么多的曲折，那么多的艰险，我们不但坚持下来了，而且继续胜利发展。至于将来的共产主义社会制度，我们还没有实践，我们现在不可能也不必要来讨论将来的共产主义社会制度究竟会是怎么样的。马克思、恩格斯从来不愿意对将来的共产主义社会作详细的描绘，像过去的许多空想社会主义者所曾做过的那样，这正表明他们是多么严格的科学家。他们把自己的任务限于发现人类社会必将发展为共产主义社会的历史必然性。他们有时也作过一些很简单的设想，这些设想正确到什么程度，将来能否照所预料的那样实现，这当然需要实践的检验，如同任何科学假说都需要实验来证明或修改一样。就连我们现在已经着手建设的社会主义制度怎样一步一步地向前发展，也要经过实践的不断检验。可是，我们党从事的全部革命运动，一直是共产主义思想的实践，是向共产主义的终极目标的前进，这一点是不能怀疑的。

（选自：胡乔木：《关于共产主义思想的实践》，《宣传动态选编 1982》）

案例分析：

坚持共产主义旗帜不动摇，是以毛泽东为代表的中国共产党人开创的光荣传统，也是邓小平在改革开放新时期的基本原则，更是习近平十八大以来始终特别强调的重点问题。在共产党人领导的任何性质的斗争中都要坚持共产主义思想的指导。我们今天重新学习和理解胡乔木同志的这篇重要文章，对于理解共产主义的思想、运动、制度之间的关系，对于抵制当前社会上存在的“共产主义虚无缥缈”的论调，有着强烈的现实指导意义，同时对于我们共产党人既要胸怀共产主义远大理想，同时又要脚踏实地干好中国特色社会主义事业具有指导和启示作用。

思考讨论：

1. 您是如何理解“共产主义”的？
2. 如何坚定对“共产主义”的信仰？

案例三：共产主义这面旗帜什么时候都不能丢

迈向共产主义的征程不是“走红毯”，不像“土豆烧牛肉”那么简单。“苏东”的失败不意味着共产主义事业的失败，理想与现实的间距也不能成为否定共产主义理想的理由。列宁指出：“历史通常是循着曲折的道路发展的”。世界历史总是在曲折的道路上艰难跋涉，共产主义运动的历史也不例外。

一方面，国际国内的共产主义运动，都走了一些弯路，遇到了一些挫折，这是事实。比如，苏联解体、东欧剧变等，都是共运史上的巨大挫折。导致挫折的原因主要在于，如何建设社会主义，如何推进共产主义运动，是前无古人的崭新事业，人们对它的认识，“必须从实践出发，从没有经验到有经验，从有较少的经验，到有较多的经验，从未被认识的必然王国，到逐步地克服盲目性，到达自由王国”，必须有这样一个过程，因而出现偏差是不可避免的。同时，共产主义运动又是触动国际上一切资产阶级神经的，是触动西方主导的国际格局和世界秩序的，因而必将遭到国际上一切反动势力的极端仇恨和竭力攻击，妄图阻挡共产主义运动的顺利发展。但这些挫折都只能说明共产主义运动不可能一帆风顺，而不能说明共产主义是“虚无缥缈的幻想”。

另一方面，社会主义的现实同共产主义的理想之间，落差、间距还很大，这也是事实。比如，中国面临的发展不平衡问题，消极腐败问题，贫富悬殊问题，环境污染问题，践踏公平正义问题，这些都与共产主义格格不入。这些问题有的属于成长中的烦恼，必将在发展中慢慢自愈；有的属于背离马克思主义原则导致的恶果，必将在正本清源中得到肃清；有的属于人类实践本身难以避免的代价，必将在解剖“必然王国”的过程中迈向自由。我们既要用历史的观点考察过去和今天的现实，又要用发展的观点来憧憬未来的现实。现实与理想之间有间距是完全正常的，如此，理想才成其为理想。问题的出路在于改造现实以趋向理想，而不是否定理想以迎合现实。

然而，“共产主义渺茫论”者却不是这样看问题。

他们一看到“苏东”剧变，就幸灾乐祸，断言社会主义失败了，共产主义失败了。他们不知道，苏联解体、东欧剧变不是因为坚持了共产主义原则，而恰恰是因为背离了马克思主义；他们不知道，某种社会主义模式的失败不等于社会主义的失败；他们不知道，苏联解体、东欧剧变不过是国际共运行进途中的一个“踉跄”，社会主义事业的暂时受挫不等于历史的终结；他们不知道，有波峰，有低谷，波浪式前进，正是任何一种社会形态演进的规律性现象。

他们一看到中国存在诸多的矛盾和问题，一看到中国向西方讨教治世方剂，引进市场经济，引进股份制等等，就以为中国抛弃了社会主义原则、共产主义理想，就以为世界趋同了，共产主义运动的历史终结了。他们不知道，坚持社会主义不等于坚持某种社会主义模式，抛弃某种社会主义模式不等于抛弃社会主义；他们不知道，中国学习西方并没有丢失自我，西方有好的一面，把别人的好与我的好相加，等于比别人更好；他们不知道，中国特色社会主义不是什么别的主义，它首先是社会主义，科学社会主义的基本原则没有丢，共产主义的思想旗帜没有丢。

今天，全世界的有识之士逐渐认识到，只要这个世界上还存在剥削、压迫、不平等，共产主义就始终是人们追求公平正义和自由解放的一面旗帜。没有国际共产主义运动的深入发展，资本主义决不会收起它狰狞的面目；没有共产主义的原则和信条，中国就不可能书写如此动人的故事；没有共产主义这面旗帜，人类世界就不会有光明的未来。

（选自：陈曙光：《共产主义这面旗帜什么时候都不能丢》，《光明日报》2016年03月17日第01版）

案例分析：

共产主义运动的发展从来都不是靠空谈，而是靠实践。共产主义社会之所以一定能够实现，不仅仅是马克思、恩格斯等无产阶级革命导师从理论上做了科学的论证，而且是经过共产主义运动的实践反复证明了的，这一点在中国社会主义改革建设伟大实践中将会得到进一步的证明。然而，就像美好的生活不会自己降临一样，美好的社会制度也不会自己到来，必须要靠人们的奋斗牺牲去争取、辛勤劳动去赢得。我们每一个人都应该像习近平总书记所说的那样，把“人民对美好生活的向往”看作是自己的“奋斗目标”，为实现中华民族伟大复兴的中国梦、最终实现共产主义理想社会而接力奋斗！

思考讨论：

1. 联系上文谈谈您对“共产主义渺茫论”的理解。
2. 在您的心中，共产主义是一种什么样的景象？

二、社会主义制度具有无比优越性

案例一：云南扶贫取得显著成效

2015年是“十二五”收关之年，也是全国上下坚定信念打赢脱贫攻坚战的起步之年。2月22日，国家统计局云南调查总队发布了一份“十二五”云南扶贫成绩单”。从数据来看，2015年末，云南农村扶贫对象人口规模下降至474万人，比2010年的1468万人减少了997万人，减贫规模近1000万人。

综合分析来看，“十二五”期间，云南贫困地区农民收入增速连续5年高于全省平均水平。贫困地区农民收入水平实现新跨越，跟云南省将脱贫攻坚作为全盘工作的重中之重、想方设法强化政策扶持力度分不开。

2015年全省103万人脱贫。从这份沉甸甸的“成绩单”来看，2015年云南省扶贫开发工作取得显著成效，圆满完成全省贫困人口减贫100万人以上、贫困地区农民收入增幅高于全省的目标任务。

数据结果显示：按照2015年农村常住居民人均可支配收入2855元的全国农

村贫困标准，云南省农村贫困人口从2014年的574万人下降至2015年的471万人；全省贫困发生率12.7%，比上年下降2.8个百分点；当年实现减贫103万人，减贫规模居全国第三，减贫率达17.9%。

脱贫原因主要有3点：工资性收入的增长对可支配收入增长的贡献率达41.5%，成为云南贫困地区农民增收最主要的来源；去年下半年以来，受益于农产品价格特别是生猪价格的快速反弹，全年云南贫困地区经营收入呈现平稳增长的态势，2015年云南贫困地区人均家庭经营净收入4047元，比上年增加309元，增长8.3%；又加之，去年云南贫困地区人均转移性收入1062元，比上年增加130元，增长14%，充分彰显了云南扶贫开发取得的新实效。

专家认为："经营性收入增长对可支配收入增长的贡献率由上半年不足15%的水平，提高到全年的41%，与工资性收入一起，成为拉动贫困农民增收的两架马车，扭转了云南贫困地区农民增收渠道单一的困境。"

综合来看，云南贫困地区农民增收的短板也较为明显，比如：2015年云南贫困地区人均财产性收入59元，比上年增长6.3%，而财产性收入绝对数较小，不足可支配收入的1%，成为云南贫困地区农民增收的短板。

"十二五"以来，全省农村贫困人口呈持续快速下降趋势。农村贫困人口规模从2010年末的1468万人减少至2015年末的471万人，五年累计脱贫997万人，累计减贫率达67.9%。贫困发生率从2010年的39.6%下降至2015年的12.7%，五年累计下降26.9个百分点，年均下降5.4个百分点。

"十二五"期间，云南贫困地区农民收入增速连续五年高于全省平均水平，五年累计增幅达到117.5%，比全省农民人均收入累计增幅高26.8个百分点。贫困地区农民收入年均增长16.8%，比全省农民收入年均增幅高3.1个百分点。

2015年云南扶贫开发成果卓著，为"十二五"顺利收官画上了圆满句号，也为"十三五"打赢脱贫攻坚战奠定了坚实基础，有效提振了全省人民战胜贫困的信心。

（选自：王海涛：《十二五期间云南近1000万人脱贫2015年减贫103万人》，搜狐网，2016年2月22日，http://roll.sohu.com/20160222/n438153912.shtml）

案例分析：

回顾过去，扶贫开发的"中国经验"享誉全球。自新中国成立以来特别是改革开放以来，党中央高度重视扶贫开发工作，全国人民矢志不渝、接力奋斗，开创出具有中国特色的扶贫模式，创造了人类减贫史上的中国奇迹，为加速世界减贫进程贡献中国力量。展望未来，以习近平同志为总书记的党中央高瞻远瞩、深谋远虑，以高度的政治感、使命感和责任感，把扶贫开发工作提升至治国理政新高度，广泛凝聚社会各界力量，推进实施精准扶贫方略，为到2020年全面建成小康社会奠定坚实基础。中国正向贫困“堡垒”发起最后“冲锋”，向着所有群众一道迈入全面小康社会的伟大目标奋勇前进！

思考讨论：

1. 我国近些年扶贫攻坚取得了哪些成绩？
2. 目前我国扶贫攻坚面临的问题是什么？

案例二：以人为本，执政为民——抗震救灾彰显社会主义优越性

天地之间，莫贵乎人。汶川大地震给中华民族带来了巨大悲痛，也让亿万人民从深层次感受着社会主义大国执政党所秉承的理念。以人为本——人们从生命与死神的抗争中更加体会到这四个字的分量和意味。

汶川大地震突如其来，人民群众的生命安危牵动着中南海。那段时期，中南海的灯光彻夜长明，党中央的心与灾区人民的心一起跳动……

震后不到1小时，胡锦涛总书记作出重要指示；震后不到5小时，温家宝总理抵达灾区现场。中共中央政治局常委会连夜召开，全面部署抗震救灾工作。“把抢救人的生命放在第一位，只要有一分希望，就要尽百倍努力！”人们记住了党和国家领导人在震后第一刻起就反复强调的这个主题。

从这一刻开始，人们便不断从电视画面中、从各种报道中感受到党中央把灾区人民的生命安危记挂在心的情怀，看到党中央以人为本、执政为民的理念。

震后13分钟，全军启动应急机制。国家减灾委、中国地震局、民政部等启动应急预案，派遣救援队伍，调拨救灾物资。中国红十字会、中华慈善总会等发出紧急呼吁，号召全社会伸出援手。

千方百计不放弃，争分夺秒不抛弃。来自四面八方的救援队伍迅速开赴灾区，全面展开救援。从人民解放军到武警官兵，从公安民警到民兵预备役人员，从医护人员到广大志愿者，争取每一秒钟时间，不放过任何线索，努力挽救尽可能多的生命。

人们忘不了这样的场景：小战士拼命奔向坍塌的废墟，被战友死死拉住后跪地痛哭：“求求你们让我再救一个！”为了瓦砾深处一声微弱的呼救，几十名消防队员昼夜不眠，置自身安危于度外，全力展开营救，幸存者生还的纪录不

断被刷新。

逝者已逝，对鲜活生命的关爱是对逝者最好的慰藉。为了数百万受灾群众的妥善安置，胡锦涛总书记亲自去考察帐篷和活动板房的生产情况。为了让废墟里的孩子挺住，温家宝总理蹲在他们身边含泪鼓励。为了让伤痛者健康地活下去，国家启动了有史以来规模最大的心理救助行动……这场共和国历史上最大规模的抢救人民生命的行动，践行了“执政为民”的理念。

急群众之所急、解人民之所难，确保灾区群众有饭吃、有干净水喝、有住处、有病能就医……党和政府的关怀要送达每一个受灾群众。

国务院抗震救灾总指挥部设立了9个工作组，从抢险救灾、群众生活、地震监测、卫生防疫、宣传、生产恢复、基础设施保障和灾后重建、水利和社会治安等方面，全力推进抗震救灾工作。

5月17日，国务院决定，在3个月内向灾区困难群众每人每天发放1斤口粮和10元补助金，并要求民政部和财政部立即制订具体规定。此外，对因灾死亡人员的家庭按照每位遇难者5000元的标准发放抚慰金。5月19日，国务院抗震救灾总指挥部第10次会议议定，3个月内，为孤儿、孤老、孤残人员每人每月提供600元基本生活费。5月20日，国务院抗震救灾总指挥部第11次会议决定，再向灾区紧急调运4万顶帐篷，并要求有关部门协调有关地方和生产厂家，确保从5月30日起，每天运抵灾区3万顶。

民政部与四川省政府出台了《四川省汶川大地震“三孤”人员救助安置的意见》；教育部启动《活动板房临时课堂计划》；为了落实灾区子女伤亡家庭扶助政策，国家人口计生委专门出台五项措施……

一项项及时有力的政策和措施，把党和政府的关心送到了灾区，让受灾的群众安心、暖心、放心。

（选自：李亚杰：《以人为本，执政为民—抗震救灾彰显社会主义优越性》，中国人大网，2008年07月09日，http://www.npc.gov.cn/npc/zt/2008-07/09/content_1437098.htm）

案例分析：

从抢险救人，到群众安置，从科学规划，到灾后重建……地震灾害发生至今，中央出台的一项项政策，都在践行着“一切为了人民”的庄严承诺，清晰地记录和反映了党和政府对生命的尊重，对人民高度负责的精神。这次抗震救灾中，人们再一次看到了中国共产党对“一切为了最广大人民的利益”的矢志不渝的追求。抗震救灾取得的重大阶段性成果，彰显了中国特色社会主义的时代风貌、强大力量和制度优势，证明了坚持改革开放、发展中国特色社会主义的必要性、正确性。正是由于长期坚持以经济建设为中心、大力发展先进的科学技术、注重发展文化软实力，我们极大地增强了抗震救灾的物质力量、提高了抗震救灾的技术水准，也极大地增强了民众参与度和国家凝聚力。

思考讨论：

1. 我国社会主义的优越性体现在哪些方面？
2. 谈谈你对中国共产党对“一切为了最广大人民的利益”这句话的理解。

案例三：我国成功应对国际金融危机的三大制度因素

百年不遇的国际金融危机，对世界各国都是一次严峻考验。我国能够顶住严重冲击，经济迅速回升向好，并成为世界经济复苏的重要引擎，具有多重因素，但根本上是坚持了党的领导制度、中国特色社会主义政党制度和经济制度，妥善处理了民主与集中、执政党与参政党、政府与市场的关系，社会主义制度发挥了独特优势和重大作用。

一、坚持民主与集中有机统一，党的领导制度优势充分彰显

民主集中制是我们党根本的领导制度和组织制度。这一制度坚持民主与集中的辩证统一，在民主的基础上集中，在集中的指导下发扬民主，既能激发民众热情、凝聚集体智慧，又能形成共同意志、科学统筹部署，最大限度减少不必要的内耗，有效避免议而不决、决而不行，集中力量办大事，提高效率办成事。这一制度的巨大优势，在应对国际金融危机中得以充分展现。

二、坚持执政党与参政党团结合作，政党制度独特作用有效发挥

中国共产党领导的多党合作与政治协商制度，是中国特色的社会主义政党制度。这一制度，以“共产党领导、多党派合作，共产党执政、多党派参政”为基本特征，以团结、合作、协商为主要精神，越是在重大危机和紧要关头，越能形成同心同德、无坚不摧的强大力量。

三、坚持市场调节与政府调控相结合，社会主义经济制度优势更加凸显

市场配置资源基础性作用与政府宏观调控导向性作用结合得好坏，直接决定着经济运行质量的高低，在应对经济风险中具有至关重要的作用。改革开放以来，我国首次将社会主义与市场经济有机结合起来，既避免了计划经济窒息活力的弊端，又减少了市场经济过度竞争的盲目性；既赋予各经济主体自由发

展的广阔空间，又能做到全国一盘棋、集中力量办大事，从而创造出中国发展奇迹，大大提高了抵御风险能力。当国际金融危机来袭，这一经济制度高效运转，发挥了最直接的关键作用。

应对国际金融危机的实践，再次彰显出我国领导制度、政党制度和经济制度的巨大优势。当前世界经济重心正在转移，世界经济结构正在发生重大调整，世界科技正在酝酿重大突破，新一轮综合国力竞争正在全球范围内展开。只有充分发挥我国的制度优势，才能从根本上赢得主动、赢得优势、赢得未来。

（选自：《我国成功应对国际金融危机的三大制度因素》，新华网，2011 年 02 月 28 日，http：//news. qq. com/a/20110228/000430. htm）

案例分析：

1997 年亚洲金融危机和 2008 年爆发的全球经济危机，都对中国经济社会的发展造成不同程度的冲击。面对两次危机的冲击，在党中央国务院正确领导下，各级政府和各个市场主体沉着应对，积极采取了多种措施，保持了国民经济的稳定和发展。在亚洲金融风暴中，中国承受了巨大的压力，坚持人民币不贬值。由于中国实行比较谨慎的金融政策和前几年采取了的一系列防范金融风险的措施，在危机中未受到直接冲击，金融和经济继续保持稳定。而在 2008 年从美国开始爆发的金融危机，引发了全球性经济危机和衰退，也令人们开始反思资本主义发展模式中的制度性弊端，使中国经验和中国特色更加为世人瞩目。

思考讨论：

1. 简单谈谈我国如何成功应对国际金融危机。
2. 国际金融危机对我国经济发展产生了什么影响？

三、走社会主义道路是中国人民的历史选择

案例一：同仁堂积极拥护公私合营

提起同仁堂，家喻户晓，它是我国久负盛名的中医药企业，始创于清康熙八年，距今已有 330 多年的历史。

北京解放前夕，同仁堂的经营状况十分危急，只能勉强度日。1949 年 3 月，同仁堂成立国药业基金工会，乐松生任总经理，通过不断学习，他对中国共产党的民族工商业政策有了基本认识，坚信个人在政治上、企业经营管理上必须紧紧依靠共产党和人民政府，重要决策听取职工意见。在后来的“五反运动”中，同仁堂也经受了考验，经过审查核实，被评为基本守法户。

同仁堂作为民族工商业，有其代表性，而所经营的中药又是人民生活所需。因此，一直受到党和政府的重视与关怀。彭真市长亲自支持乐松生开展中医药研究，开发新品种的工作，并成立了中药提炼厂。在党的关怀下，同仁堂在解放后有了很大发展，工人生活稳定，而且质量有了很大提高。1953 年，同仁堂盈利按国家所得税、企业公积金、职工福利奖、资方股息分红四部分分配。随着国民经济的恢复，党适时地提出了过渡时期的总路线和总任务。北京市积极响应，很快制定了利用、限制、改造资本主义工商业的具体措施，并召集在京民族工商业者召开工商业联合大会，会上，同仁堂总经理乐松生积极发言，拥护总路线。会上，市地方工业局拟选同仁堂这个国药大户首先进行试点，为全行业合营扩展影响，奠定基础，积累经验。

这一变革，不能不引起同仁堂乐氏家族的震动。他们因此将失掉生产资料占有权、企业统治权和企业利润分配权。这是切肤之痛。乐松生先生做为当时民族资产阶级的代表，对其家族已经经营了 200 多年的同仁堂药店面临着抉择。经过反复思考，他深感这是大势所趋，人心所向。历史潮流不可违背。同时也看到，共产党和职工群众仍让自己做同仁堂的总经理，生活待遇不薄，这是对自己的信任和期望，因此必须听党的话，走社会主义道路。于是他毅然决定同仁堂带头实行公私合营。在这次代表大会上，乐松生当选为工商联执行委员，推动了同仁堂实行公私合营的进程。

1954 年 2 月 16 日，中共北京市委统战部关于北京市工业公私合营工作计划中明确提出同仁堂是第一批合营的单位。同年 8 月 9 日，在大栅栏同仁堂成立了公私合营筹备工作委员会。27 日，同仁堂彩旗高挂，在庆乐戏院召开了庆祝公私合营大会，锣鼓喧天，鞭炮齐鸣。全体员工欢欣鼓舞，这家古老的私营企业在风雨飘摇 258 个春秋之后，迈进了社会主义大门，开辟了同仁堂历史上的新纪元。

公私合营使同仁堂获得了新生，解放了生产力，经过短短几年的努力，企业面貌大改观。1959 年比解放前夕的 1948 年，职工人教由 190 人增加到 539 人，增长了近 2.4 倍；产值由 16 万元增加到 1251.9 万元，增长 78.3 倍；蜜制丸药 140 万丸，增加到 6864.2 丸，增长了 49 倍；水泛丸由 4000 斤增加到 31.38 万斤，增长 78.5 倍；虎骨酒由 3 万斤增加到 30.5 万斤，增长了 10 倍。

今天，随着改革开放的深入，同仁堂已经走向世界，走向新的辉煌。

（选自：《公私合营前后的北京同仁堂》，新浪网，2012 年 03 月 16 日，http：//blog.sina.com.cn/s/blog_40dc1dc00100xjwc.html）

案例分析：

新中国成立后，同仁堂一直受到党和人民政府的关怀，业务有了很大的发展。1954 年，为了贯彻对资本主义工商业的改造政策，北京市地方工业局选择同仁堂作为首批公私合营的示范企业。1954 年同仁堂的经理乐松生以大局为重，顺应历史潮流，带头实行公私合营，受到毛泽东的高度赞扬。公私合营后，同仁堂在生产、销售规模和开发新药等方面都有了进一步的发展，成为我国最著名的中药企业之一。如今北京同仁堂已发展成为跨国经营的大型国有企业——同仁堂集团公司。其产品以其传统、严谨的制药工艺，显著的疗效享誉海内外。中国共产党依据马克思主义基本原理，结合中国的具体实际，通过国家资本主义的途径，对民族资本主义工商业，采取和平赎买政策，有偿的而不是无偿的，逐步地而不是突然地进行社会主义改造，创造性地开辟了从新民主主义到社会主义的道路，这在社会主义发展史上，是一个了不起的贡献。

思考讨论：

1. 联系上文同仁堂的故事谈谈我国工商业改造的历程。
2. 同仁堂的改革反映了 50 年代民族工商业普遍面临的什么问题?

案例二："三条驴腿"的"穷棒子"社

1955 年 12 月，毛泽东在《中国农村的社会主义高潮》一书的按语中写道："遵化县的合作化运动中有一个王国藩合作社。二十三户贫农只有三条驴腿，被人称为'穷棒子社'。他们用自己的努力，在三年时间内，从山上取来了大批的生产资料，使得有些参观的人感动得流下泪，我看这就是我们整个国家的形象。"

河北省遵化县城东四十里的地方有个村庄，当时叫四十里铺，一条小河从街心穿过，把村子分成两半，东半边叫"东铺"，西半边叫"西铺"。解放前，西铺村的广大农民过着"糠菜半年粮，祖居破草房，全家一条被，三载着一装"的苦日子，有 20 多户常年靠讨饭度日，全村每年都有 30 多口人被饿死。解放后，党和政府每年都要拨给他们 5 万多斤救济粮和 100 多套寒衣。

1947 年 5 月，轰轰烈烈的土地改革运动在西铺展开了，农民们每人平分了 1.6 亩土地，可是到 1950 年就开始出现两级分化：一些贫农在天灾人祸的袭击下，重新返回贫穷，而那些富裕农民则造新房买车辆，重新雇起了长、短工，有的还放起了高利贷。严酷的现实使西铺农民认识到：穷人只有抱起团来，互济互救，才能过上好日子。1951 年 12 月，中央《关于农业生产互助合作的决议》草案公布了，全村农民欢欣鼓舞，贫困户纷纷自由结合，仅几个月时间，全村就建起了11个互助组。互助合作当年就见成效，西铺村的农民喜获粮食丰收，第一次尝到了互助合作的甜头。

1952年9月份，村党支部委员王国藩和杜奎向群众宣传上级关于组建合作社的指示，很快激起了农民入社的热情。l0月26日晚上，王国藩等23户农民成立了合作社。全社共有230亩土地，83口人。社里没有一件大农具，只有一头驴，而合作社对这头驴只有四分之三的所有权。所以，三条驴腿是唯一的生产工具。

1952年的春节，“穷棒子”社的社员们打破冬闲的习惯，兵分两路：少数壮劳力带领妇女老少做好春耕准备，另一组社员来到30里外的王寺峪山上打柴，苦干了20多天，打回4万多斤柴，卖了430多元钱，“穷棒子”社的社员们用这第一笔资金，买了一辆大车、一头牛、一头骡子、19只羊和部分小农具。

1953年春播即将来到，他们利用春忙前后的空隙时间，第二次上山打柴，这次卖了210多元钱，不但买回了草料车套，添置了一头骡、11只羊和磨豆腐的工具，还解决了缺粮户的粮食问题。春播开始，“穷棒子”社出现了一派热气腾腾搞生产的景象。社员们你追我赶，互相竞赛，牲畜不够就用人拉犁，缺少种籽，社员们求亲靠友大伙往一块凑，合作社终于适时种上了地。

这一年，“穷棒子”社赢得了大丰收，粮食亩产达到254斤，粮食总产量达到45800斤，扣除集体留粮以后，平均每户分得粮食1400多斤。总收人6800多元，去掉开支平均每户分配收入达190多元。初级社以巨大的优越性吸引着社外的农民。这年秋后，第一次扩社，新增60户，“穷棒子”社由原来的23户扩到83户，耕地由原来的230亩扩大到930亩。1954年初级社第二次扩社，又吸收了65户，土地扩大到1900多亩，当时，除村里少数富裕户外，其他基本都入了社。

1955年，经过社员的共同努力，昔日的“穷棒子”社已经有骡马4头，牛37头，胶轮大车3辆，双轮双铧犁2部、喷雾器6架，初步显示了合作社的优越性。这年“穷棒子”社第一次向国家交售余粮5455斤，棉花1943斤，花生131553斤，当年被人讥笑的“穷棒子”社从此改名为“建明农林牧生产合作社”。不久，建明农林牧生产合作社又成为全县第一个高级社，西铺村的150多户，除7户地主、富农和反革命外全部入了社，王国藩担任了高级社主任。西铺人在合作化的道路上越走越欢，最终成为全国闻名的典型，吸引了一些外地人来这里参观学习。1956年上半年，这个山村第一次接待了来自西德的外宾。

（选自：《“三条驴腿”的“穷棒子”社今昔》，三亿文库，http：//3y. uu456. com/bp_ 17aou5lzj67d82u9y98d_ 1. html）

案例分析：

王国藩的“穷棒子社”为共和国走合作化道路树立了榜样，受到了党中央的多次表彰，成为全国的先进典型。1955 年 12 月，中共中央办公厅编辑出版了《中国农村社会主义高潮》一书，毛泽东主席亲自为《书记动手，全党办社》和《勤俭办社》两篇调查报告写下了按语：“遵化县的合作化运动中，有一个王国藩合作社，23 户贫农只有三条驴腿，被人称为‘穷棒子社’。他们用自己的努力，在三年的时间内，‘从山上取来’了大批的生产资料，使得有些参观的人感动得下泪。我看这就是我们整个国家的形象。”1960 年毛泽东主席还亲自接见了“穷棒子社”社长王国藩。如今，穷棒子社”已成历史，但“穷棒子”精神依然传承，激励着一代一代人奋进。

思考讨论：

1. “三条驴腿”的故事背景反映了五六十年代中国农村的什么问题？

2. 您如何评价“三条驴腿”的历史作用？

案例三：荣毅仁回忆同共产党的合作和社会主义改造

荣毅仁，海内外著名的人物，原来的民族工商业者，新中国上海市的副市长、共和国副部长，国家副主席，连续八届全国人大代表。他在建党 80 周年前夕接受记者采访时动情地说：“从 1949 年上海解放算起到现在，我同中国共产党的接触、合作、共事已经超过半个世纪。共产党领导人的高风亮节，共产党制定的正确路线和政策，社会主义现代化建设中所取得的辉煌成就，给我留下了难以磨灭的印象。50 多年的经历，归结到一点：跟着共产党干社会主义，这条路是走对了。”

50 年代那一段，对荣老来说，感触最深的自然莫过于对私营工商业的社会主义改造了。他说：“上海解放以后，私营工商业者切身感受到共产党是可亲、可信的。但他们在新中国的未来命运究竟如何？这是他们经常在想但并没有很好解决的问题。到了 1955 年底，毛主席亲自来给我们做工作了。10 月 27 日和 29 日，毛主席两次约见工商界的代表人物谈话，第一次在颐年堂，只有黄炎培、陈叔通等少数人。第二次在怀仁堂，人数比较多，我也参加了。毛主席告诉我们：只要了解社会发展趋势，站在社会主义方面，有觉悟地逐渐转变到新制度去，个人的命运是可以掌握的。他要大家安下心来，不要十五个吊桶打水，七上八下。建议减少吊桶，增加抽水机。这对我们是很大的教育和鼓舞。1956 年 1 月 10 日，毛主席还亲自到我们申新九厂来视察。毛主席一下车，看到我，便亲切地说：你不是要我到你厂里来看看吗？我来了。毛主席到已经公私合营的申九来视察，对上海的公私合营工作有很大的鼓舞和推动作用。1月20日，在上海中苏友好大厦（现在的上海展览中心）举行了上海市资本主义工商业公私合营大会，工商界代表向曹荻秋副市长递交了合营申请书，并当场获得批准。”说到当时的热闹情景和大家那种兴奋的心情，荣老显得很激动。他说：“定息多少，是合营后大家最关心的事。多数工商业者是‘坐三观四’，嘴上说只要三厘，心里想四厘。毛主席党中央看透了大家的心思，宣布定息一律五厘，七年不变，还可拖个尾巴，大家十分开心。到这个时候，私营工商业者的前途和命运得到了解决。可以说是两只脚都踏进了社会主义。”

回顾解放以来半个多世纪走过的路程，同共产党风雨同舟、荣辱与共的岁月，荣老说：“我深切地感受到，中国共产党高举马列主义、毛泽东思想、邓小平理论的旗帜，代表最广大人民群众的根本利益，致力于保护和发展先进的社会生产力，中国共产党指引的方向，就是中华民族前进的方向。”

（选自：狄建荣：《荣毅仁回忆同共产党的合作和社会主义改造》，人民网，2005年10月27日，http：//politics.people.com.cn/GB/8198/54596/54600/3806459.html）

案例分析：

荣毅仁同志始终致力于我国民族工商业的发展，是工商界人士的杰出代表。他亲身参与了上海市工商联和全国工商联的筹备成立工作，并长期担任工商联领导职务。在对资本主义工商业进行社会主义改造过程中，他带头对申新纺织公司等荣氏企业实行公私合营，发挥了示范和表率作用。他团结带领工商界人士认真学习马列主义、毛泽东思想，积极进行自我教育、自我改造，为资本主义工商业社会主义改造的胜利完成发挥了重要作用。改革开放以后，他充分发挥工商联作为党和政府联系非公有制经济人士的桥梁和助手作用，积极探索工商联为社会主义现代化建设服务的新路子，配合党和政府做好非公有制经济代表人士的思想政治工作，赢得了全国工商界的尊重和信赖。

思考讨论：

1. 荣毅仁为什么要选择支持共产党？
2. 请回顾历史，了解解放战争时期国共两党之间的故事。

四、中国不能走封闭僵化的老路，也不走改旗易帜的邪路

案例一：坚定高度自信决不走老路邪路

我们既不走封闭僵化的老路、也不走改旗易帜的邪路，对此应该如何理解？

这句话最早是2008年胡锦涛同志在纪念党的十一届三中全会召开30周年大会上提出来的，胡锦涛同志在讲话中指出："我们要始终坚持党的基本路线不动摇，做到思想上坚信不疑、行动上坚定不移，决不走封闭僵化的老路，也决不走改旗易帜的邪路，而是坚定不移地走中国特色社会主义道路。"十八大重申了四年前的这个鲜明提法，确实有针对性。因为我们今天搞中国特色社会主义的建设是在国内外大的环境下进行的。国际上的大背景，和平发展是时代的主题。但也应该看到，国际上总的力量对比仍然是西强我弱，从1989年开始的东欧和苏联剧变到现在，世界上社会主义国家只剩了五个。中国特色社会主义事业是在不断发展，但是在国际上资本主义力量还是比社会主义要强得多。在这种背景下，国际上的一些敌对势力总是希望我们走东欧和苏联的道路，但这是条邪路。1989年西方的一些政治家就公开地讲，希望中国是下一个东欧和苏联。但是他们没有得逞。现在，国际上仍然还有这种声音。

封闭僵化的老路，是指我们党内、国内一些人，他们形成了一种思维定式。在我们当前改革发展遇到一些问题、困难和矛盾时，他们马上想到的是回到1978年前，回到计划经济的封闭僵化时代，这就是走老路。

这两条路都是没有出路的。按照邓小平的话来说，不改革开放，走哪一条都是死路一条。改革开放以来，我们走出了一条新路，这就是中国特色社会主义道路。我们说的"决不走邪路和老路"，针对的是党内党外国内国外一些错误的主张和思潮，这点我们头脑要清醒。虽然我们现在不搞"文革"那种大批判了，但在涉及社会主义道路和方向问题上，我们要始终保持清醒。比如，在党的十八大之前，有各种思潮登台表演，比较典型的有三种主要思潮：一个是历史虚无主义，一个是新自由主义，鼓吹走西方那种私有化道路，还有一个就是民主社会主义，也是改旗易帜。

（选自：《坚定道路自信决不走老路邪路——访中央党校教授、马克思主义理论研究和建设工程课题组首席专家严书翰》，《河南日报》2012年11月19日第06版）

案例分析：

道路不仅关乎全党命脉、华夏未来，而且涉及民族前途、国人福祉。我们

必须深透体悟走中国特色社会主义道路而“不走老路和邪路”之深意。习近平总书记指出：“在道路、方向、立场等重大原则问题上，旗帜要鲜明，态度要明确，不能有丝毫含糊。”党的十八大以来，以习近平同志为总书记的党中央团结带领全国各族人民，紧紧围绕实现“两个一百年”奋斗目标和中华民族伟大复兴的中国梦，举旗定向、谋篇布局、攻坚克难、强基固本，全面推进中国特色社会主义新发展，续写中国特色社会主义新篇章。社会主义500年的理想与奋斗在延续，科学社会主义的理论与实践在发展，共产主义伟大目标的火炬在燃烧。社会主义的前途命运、共产主义的信仰巩固，还要依赖于21世纪以至以后一个更长时期的社会主义实践和人类历史实践，中国责任重大，中国共产党使命神圣。

思考讨论：

1. 您是如何理解“老路”与“邪路”的？
2. 请简要谈谈什么是“中国道路”。

案例二：决不许“文革”这样的错误重演

“文革”是我们党和国家发展进程中的一个重大曲折。应该如何认识“文革”？1980年8月，邓小平同志两次会见意大利记者法拉奇，以坦荡的历史胸襟和客观鲜明的政治态度回答了当时国内国际都非常关注的中国共产党对毛泽东同志和“文革”的评价问题。一年后，党的十一届六中全会通过了《关于建国以来党的若干历史问题的决议》，对新中国成立以来的一系列重大历史问题作出正确结论，彻底否定了“文革”和“无产阶级专政下继续革命的理论”，实事求是地评价了毛泽东同志的历史地位，充分论述了毛泽东思想作为党的指导思想的伟大意义。这个决议对“文革”的政治定性和原因分析，经受住了实践的检验、人民的检验和历史的检验，具有不可动摇的科学性和权威性。

“文革”是一场由领导者错误发动、被反革命集团利用，给党、国家和各族人民带来严重灾难的内乱，造成的危害是全面而严重的。历史已充分证明，“文化大革命”在理论和实践上是完全错误的，它不是也不可能是任何意义上的革命或社会进步。

我们党对自己包括领袖人物的失误和错误历来采取郑重的态度，一是敢于承认，二是正确分析，三是坚决纠正，从而使失误和错误连同党的成功经验一起成为宝贵的历史教材。《历史决议》把“文革”时期同作为政治运动的“文化大革命”区分开来，把“文革”的错误理论与实践同这十年的整个历史区分开来，有力回击了借否定“文革”来否定党的历史、否定党的领导和社会主义制度的错误观点。正是有了这种正确态度，我们党从挫折中警醒，重申了实事求是的思想路线，实现了工作重心的转移，制定了党在社会主义初级阶段的基本路线，确立了中国特色社会主义道路，实现了伟大历史转折，开拓了改革开放新征程。改革开放30多年来，我们的国家日益强大，人民生活水平得到极大提高，社会主义民主法制不断健全，我们的道路越走越宽阔，不会也决不允许“文革”这样的错误重演。

历史总是向前发展的，我们总结和吸取历史教训，目的是以史为鉴、更好前进。“前事不忘，后事之师”。我们一定要牢牢记取“文革”的历史教训，牢牢坚持党对“文革”的政治结论，坚决防范和抵制围绕“文革”问题来自“左”的和右的干扰，既不走封闭僵化的老路，也不走改旗易帜的邪路，而要毫不动摇走中国特色社会主义道路。

（选自：任平：《以史为鉴是为了更好前进》，人民网，《人民日报》，2016年05月17日，http：//opinion. people. com. cn/n1/2016/0517/c1003 –28355143. html）

案例分析：

历史已充分证明，“文革”在理论和实践上是完全错误的，它不是也不可能是任何意义上的革命或社会进步。党的十八大以来，以习近平同志为总书记的党中央，总结历史、面向未来，从坚持和发展中国特色社会主义全局出发，提出一系列治国理政新理念新思想新战略。党中央确定的目标、方向和任务是明确的，深得党心民心，深受人民的拥护。现在我们比历史上任何时期都更接近中华民族伟大复兴的目标，比历史上任何时期都更有信心、有能力实现这个目标。我们要把思想和行动统一到党中央的决策部署上来，统一到习近平总书记系列重要讲话精神上来，坚持用党的理论创新成果武装全党、教育人民、指导实践，坚定中国特色社会主义道路自信、理论自信、制度自信，矢志不渝为实现“两个一百年”奋斗目标、实现中华民族伟大复兴的中国梦而团结奋斗。

思考讨论：

1. 请简要评价“文革”的历史影响。

2. 谈谈如何才能“以史为鉴、更好前进”。

案例三："阿拉伯之春"五周年记：中东大乱，世界之痛

1月14日，是突尼斯总统本·阿里仓皇出逃5周年之日，也是"阿拉伯之春"向"阿拉伯之冬"转换至极致的大节点：5年前突尼斯爆发的"茉莉花革命"已着实呈现燎原之火，引起中东大乱，造成世界之殇。后街头运动时代的突尼斯、埃及、利比亚、也门、巴林、摩洛哥、叙利亚等国绝大多数仍在动荡与战乱中苦苦煎熬；"伊斯兰国"武装脱胎"基地"组织母体并急速扩散，"割地""封疆""立国"；冷战后俄罗斯首次出兵中东，以沙特和伊朗为核心的两大伊斯兰宗派阵营对决由幕后转向前台，中东多极力量重组，地缘版图畸变；中东难民潮呼啸涌向欧洲，法国遭受恐怖主义袭击震动全球；沙特油价战更从能源和经济层面冲击世界地缘政治。中东大乱，世界之痛，这也许是对"阿拉伯之春"5周年的恰当诠释。

痛苦转型，多国陷入战乱煎熬。5年来，突尼斯经过多党竞争阵痛，承受间歇性恐怖袭击和政局动荡，基本实现政治转型。随着2014年温和力量阵营执政，2015年年初新宪法出炉，突尼斯政局逐步趋稳。尽管党阀暗流涌动，恐怖袭击时有发生，但整体走上经济康复和国家复兴，成为继摩洛哥实现彻底君主立宪制后，阿拉伯转型相对稳定和成功的样板。

版图改写，中东地区格局重组。5年前的"阿拉伯之春"势大力沉，迅速推翻部分北非和西亚国家强人统治，将阿拉伯世界逼入无序状态。冷战后独步中东的美国受经济危机冲击实力锐减，逐步从中东战略收缩并将重心向亚太转移。这两种因素融合发酵导致阿拉伯世界传统的金字塔权力机构马赛克化加剧，形成巨大权力和安全真空，给"基地"组织势力的反攻倒算以全新温床和势能。各种激进宗教思潮沉渣泛起，并借助民主、自由与革命的外衣在阿拉伯世界粉墨登场，特别是美国撤离后伊拉克权力和利益分配失衡，促成"基地"组织余孽卷土重来，更因叙利亚内乱而让其势如破竹将伊叙两国互联互通，坐大一方。

霸主争锋，伊斯兰世界分裂加剧。"阿拉伯之春"5周年之际，中东经历另一场酝酿已久的权力博弈，也呈现了这场地区大变局的另一个锋面。1月2日，沙特以参与恐怖主义罪名处死47名本国囚犯，包括著名的什叶派宗教领袖奈米尔。这原本属于沙特内政，奈米尔之死却引起伊朗强烈反应。伊朗最高领袖哈梅内伊公开谴责沙特并威胁复仇，部分伊朗民众冲击沙特驻德黑兰及马什哈德的使领馆并造成一定损失。

油价走低，冲击世界政治格局。中东是世界石油和天然气储量、产量和出

口的最重要地区，中东产油国也长期执掌石油定价和改变能源结构之牛耳。“阿拉伯之春”的冲击也必然在石油领域产生后果，并在世界范围内解构部分地区地缘政治格局。

苦熬寒冬，望穿双眼盼新春。5 年时间，对于沐浴着和平与繁荣的人们而言，可谓光阴一瞬，良宵苦短，但是，对于深陷动荡、战乱和死亡威胁的中东地区百姓而言，则苦不堪言，即便对受到难民危机、恐怖袭击和经济低迷困扰的世界来说，也是雪上加霜，不堪回首。这就是“阿拉伯之春”5 周年造成的中东之乱，世界之痛。

春去冬来，冬尽春至。希望阿拉伯乃至整个中东在未来几年内结束大乱而实现大治，让这个“五海三洲”之地重现文明复兴的历史荣光。

（选自：马晓霖：《“阿拉伯之春”五周年记：中东大乱，世界之痛》，中国青年报新闻网，2016 年 01 月 14 日，http：//news. cyol. com/content/2016 – 01/14/content _ 12072438. htm）

案例分析：

一百多年前，中国与中东一个是“西亚病夫”，一个是“东亚病夫”；但一百年之后，中国正加速崛起，中东则动荡衰落。导致二者最大的区别，就在于双方在构建未来政治体系的初期，对国家统一的极端重要性的认识不同，选择不同。相比之下，中国近代也屡屡面临被瓜分危险，国共内战时期，美苏又不约而同地支持“划江而治”。历史关键时刻，毛泽东等一代开国伟人体现出远见卓识和钢铁般意志，最终武力行动捍卫了中国统一，由此为民族复兴提供了钢筋铁骨，使当代中国出现迥异于中东的欣欣向荣局面。抚今追昔，我们有理由钦佩和缅怀开国伟人，并倍加珍惜来之不易的统一局面。

思考讨论：

1. 简要分析中东大乱的前因后果。
2. 中东大乱给了我国什么启示？

五、民主社会主义不适合中国

案例一：正确认识民主社会主义

民主社会主义是西方国家社会民主党（包括社会党、工党）思想体系与意识形态的名称，在不同时期有着不同的内涵和不同的表现。

19 世纪中叶，在西方工人运动中进行活动和发挥影响的，不仅有以马克思、恩格斯为代表的共产主义者，还有其他种种非马克思主义思潮的代表，社会民主派、社会民主主义者就是其中之一。马克思曾经指出，社会民主派的特殊性质表现在它要求民主共和制度并不是为了消灭资本和雇佣劳动这两极，而是为了缓和这两者之间的对立并使之变得协调起来。此时的社会民主主义是一种小资产阶级的社会主义。

在19世纪70年代到90年代中期，社会民主主义在思想内容上和马克思主义交叉重叠起来。当时第二国际所属各国的社会民主党，在纲领上都以马克思主义的思想体系为根据，都在党纲党章中阐明自己的社会主义性质，把通过阶级斗争打碎旧的国家机器、消灭资本主义私有制、建立生产资料公有制，以社会主义代替资本主义作为自己的奋斗目标。

1895年恩格斯逝世以后，第二国际的机会主义者进行改良主义活动，特别是在伯恩施坦主义的影响下，社会民主主义演变为社会改良主义。1899年，伯恩施坦在《社会主义的前提和社会民主党的任务》一书中，提出反对根据客观的历史必然性来论证社会主义，宣称社会民主党应当改变性质，成为一个力求以民主改良和经济改良的手段对社会进行社会主义改造的政党。在伯恩施坦主义的影响下，第二国际的右派和中派把社会民主主义解释成一种反对无产阶级革命和无产阶级专政，在资本主义范围内通过和平与合法的议会道路来使资本主义进化为社会主义，并把社会民主党变成在资本主义范围内搞社会改良的党。

上个世纪50年代，社会党人把其思想体系的名称由社会民主主义颠倒成为民主社会主义，其目的在于凸显它的“民主”。在苏联解体、东欧剧变以后，社会民主党人又把其思想体系的名称再次颠倒成社会民主主义。这就意味着，它并不是一种（民主）“社会主义”，而是一种（社会）“民主主义”。他们认为，不应再追求对资本主义的超越，不应再把社会主义视为制度、目标，而应把社会主义视为通过对现存社会的不断调整实现平等与互助的价值。

民主社会主义把社会主义看成是一种道德需要、道德抗议，否认其历史必然性。社会民主党人认为社会主义的本质不是政治、社会和经济的联系，而是一种道德价值，这种道德价值旨在消除资本主义社会关系中的矛盾，实现人和人之间的超阶级团结。民主社会主义宣称：“社会主义的实现不是必然的”，并指责马克思主义强调的社会主义历史必然性具有反伦理倾向。

民主社会主义以对经济的民主监督取代消灭私有制。民主社会主义认为，不需要从根本上改变资本主义生产资料所有制关系，而应该用经济民主来取代消灭私有制。战后西方一些国家社会民主党实行的雇员参与企业高层决策和基层管理的举措，对于改善工人的处境、维护工人的眼前利益、改善劳资关系、缓和企业内部的矛盾和冲突，都有一定的意义。但由于西方国家社会民主党都是在坚持私有制的前提下推行经济民主的，因而对经济权力的民主监督不可能改变生产资料的私有制性质，也不可能根本解决资本主义社会化大生产与生产资料私人占有之间的基本矛盾。

（选自：徐理：《正确认识民主社会主义——坚定不移地走中国特色社会主义道路》，光明新闻网，2007 年 4 月 24 日，http：//www.gmw.cn/01gmrb/2007 – 04/24/content_ 596764.htm）

案例分析：

民主社会主义（或社会民主主义）是国际上有一定影响的政治思想。当前国内有人提出要放弃马克思主义的指导地位，实现意识形态多元化，赋予民主社会主义合法性，鼓吹只有民主社会主义才能救中国；还有人提出了“科学 + 民主”的万能社会主义制度；甚至有人主张推翻人民民主专政，实行宪政，通过改良的手段实现社会主义；以上几种观点在实质是打着民主的旗号，或直接或间接地反对共产党的领导和人民民主专政。我们必须了解民主社会主义的历史演变过程和理论观点，正确认识民主社会主义的本质，分清民主社会主义和科学社会主义的区别，对于坚持马克思主义在意识形态领域的指导地位，坚定不移地走中国特色社会主义道路，有着十分重要的意义。

思考讨论：

1. 简要分析民主社会主义和科学社会主义的本质区别。
2. 正确认识民主社会主义对于坚定我国特色社会主义道路有什么作用？

案例二：希腊高福利对中国的警示：免费往往最贵

美国著名金融机构美林曾指出，在过去的 200 年里，希腊共发生了六次主权债务危机，其中有 90 年在违约或债务重组、国家举债不还的传统，在古代希腊的历史上可谓劣迹斑斑。历史上有记录的第一个债务违约的国家就出现在希腊。

那希腊为什么欠下那么多钱呢？希腊的债权人，主要是欧洲央行和国际货币基金组织。说白了就是欧洲各国政府。希腊政府现在欠了 3000 多亿欧元的外债，加上企业和银行的债务，总共接近 5000 亿欧元。

2003 年，希腊加入欧元区，其 GDP 增长速度排在爱尔兰之后位列欧元区第二。这次经济的“腾飞”只是吹了个美丽的泡泡，很快就破灭成巨大的泡沫。但希腊有了欧洲这个巨大的靠山，轻松获得了大量低息贷款。这就好比穷小子和一堆富人结了盟，然后打着富人联盟的名义借了不少外债。

希腊不但看上去有钱，花起钱来也相当不含糊。从1996年到2008年，希腊的公共开支增长了80%。统计显示，希腊公务员的平均年薪有7万欧元，而德国只有5.5万欧元。在金融危机爆发前，希腊人的退休年龄是61岁，而其他欧洲国家普遍为65至67岁。希腊的退休工人拿到的钱是上班时候工资的96%，比德国退休工人能拿到的钱多两倍。

2005年至2009年，希腊是全球第五大军备进口国，希腊军费开支在经济危机之前占其GDP的4%，列全欧最高。拼命借钱，拼命花钱，金融危机再雪上加霜，希腊的债务危机迅速发酵。2011年，希腊的债务超过公共收入的400%。目前希腊的债务达到GDP的175%。

而可怜又可恨的希腊国民，却在安逸的日子里吸食了毒品一样，精神上失去了指引，还是坚持自己毫无意义的享乐价值观，其实，即使将他们欠的所有钱都还上，几年后，还会有一个死于安乐的希腊出现。价值观的扭曲，不是钱能解决的。我深深的有印象：在2014年世界杯期间，某著名希腊运动员豪放的公开说：谁敢赢我们，我们就不还他们钱！

我个人不反对国民高福利，但是公共财政是基于一个国家良好的经济基础上，还是中国俗话：手中有粮，心中不慌，香港就是个积极例子。“免费的”往往是“最贵的”，希腊式的高福利，产生了希腊式懒惰，民族情绪和民族文化过于安逸，日子并不能长久。人如此，国家亦如此，这就是黑衣天使给我们的启示。

（选自：李聪：《希腊高福利对中国的警示，免费往往最贵》，搜狐财经网，2015年9月27日，http：//business. sohu. com/20150927/n422216197. shtml）

案例分析：

希腊政府一向就不是以节约著称，在过去的200年间，国家有一半是处于欠债状态。如果没有希腊政府不负责任的挥霍，可能也不至于酿成大祸。希腊目前拖欠的国债高达2730亿欧元，比欧盟与国际货币基金组织的联合援助配套高出一倍不止，每年支付新增的利息达160亿欧元。认定寅吃卯粮的雅典无法还债的金融市场，把希腊政府的国债利率推高到接近9%，比欧元区最稳妥的德国国债基准利率，高出了5.9个百分点。希腊官方滥用公权、任人唯亲的坏传统，只会加快国家破产的速度。欠债自然要还钱，而还债必然会痛苦，这是长期挥金如土的当然代价。虽然市场经济理论承认适度财政赤字的合理性，量入为出仍然不失为个人与政府依循的良好准则。希腊悲剧的发生原因可以很错综复杂，归根结底或许也可以很简单——政治责任感。

思考讨论：

1. 联系上文，谈谈民主社会主义的弊端体现在哪些方面？
2. 如何理解“免费的往往是最贵的”？

案例三：民主社会主义不适合中国国情

那么民主社会主义与我们所坚持的中国特色社会主义有什么本质区别呢？对这个问题，思想理论界也有很多认识，有人认为中国的改革开放是以民主社会主义思想为指导的，是以民主社会主义国家的制度安排为范本的，他们主张要给予民主社会主义一种合法性，放弃马克思主义指导地位，实行意识形态多元化，进行政治体制改革，建立议会民主制度，放弃公有制剥削地位，甚至要把共产党改为社会党，甚至有人断言只有民主社会主义才能救中国。为了澄清一些不正确的意识，我们就有必要弄清楚中国特色社会主义与民主社会主义在理论上、实践上有什么本质的区别。

第一，中国特色社会主义是坚持马克思主义在意识形态中的指导地位，我们是绝不搞指导思想多元化的，我们所坚持的马克思主义是与时俱进的马克思主义，要符合中国国情，顺应世界潮流，我们要不断发展着的马克思主义来指导我们。而民主社会主义是反对把马克思主义作为唯一的指导思想，主张世界观、指导思想对话，提倡指导思想的多样性，这是从理论层面的一种区别。

第二，我们所坚持的中国特色社会主义主张社会主义市场经济体制，我们不仅主张还要坚持，还要实践社会主义市场经济体制，坚持以公有制为主体，多种所有制经济共同发展，坚持二元分配为主体，多种分配方式并存的分配制度。民主社会主义认为社会主义在不改变生产资料、资产阶级私有制的条件下加以实现，他们认为生产资料主体结构并不是衡量社会性质的一种根本性标准，他们主张在维持私有制这种主体地位的基础上实行国有企业、私有企业和其他经济成分并存的混合经济制度，并维护以按资分配为主体的财务分配制度。

第三，中国特色社会主义是坚持走中国特色的政治发展道路，就是坚持党的领导，坚持中国共产党领导的多党合作和政治协商制度，我们不搞多党制，不搞三权分立。而民主社会主义已经否定了党的相对性，他们宣称他们的党是具有不同信仰、具有不同思想的人组成的一个共同体，它们反对工人阶级政党的领导，主张构建一种资产阶级多党轮流执政的国体，他们反对民主集中制，主张在党内实行无条件的民主原则。

第四，中国特色社会主义是达到最终共同富裕的目标。民主社会主义已经抛弃了社会主义的基本原则，抛弃了共产主义的远大奋斗目标，他们提出民主社会主义的目标是为社会公正、自由民主、世界和平而为之奋斗，他们认为资产阶级之所以存在弊端并不在于这个制度本身，而在于人的思想观念出了问题，因此，他们要求按照理论自由、民主、公正的原则对社会进行改革。

应该说中国特色社会主义既立足于国情，又顺应时代潮流，是实现国家富强、民族振兴和人民幸福的正确之路，从总体来说，民主社会主义和中国特色社会主义是两种不同的思想体系，是两种不同的发展道路，从总体来讲，它既不符合中国历史，也不符合现实的中国国情。只有中国特色社会主义才是我们实现国家富强、民族振兴和人民幸福的唯一道路，我们要坚定这个信念，要坚持这个理论，要坚持这条道路。

（选自：杨信礼：《民主社会主义不符合现实的中国国情》，新华网，2008 年 07 月 17 日，http：//news. xinhuanet. com/politics/2008 -07/17/content_ 8560070. htm）

案例分析：

要深刻认清民主社会主义的实质，民主社会主义不是马克思主义的社会主义的一种模式，中国特色社会主义也不是民主社会主义的中国版。中国特色社会主义是科学社会主义与中国国情相结合的产物，是马克思主义中国化的科学成果。如果我们把自己等同于民主社会主义，甚至像有的学者所讲的那样，中国特色社会主义是民主社会主义的一种模式，那无疑是贬低了我们自己的创造性。中国特色社会主义在社会主义市场经济、社会主义和谐社会、社会主义民主政治、社会主义核心价值体系等方面的创造，已经远远超越了民主社会主义所能涵括的内容。我们应当借鉴民主社会主义某些有益经验，但不能陷入民主社会主义抽象的理论迷雾之中。民主社会主义道路救不了中国，只有中国特色社会主义道路才能振兴中国。

思考讨论：

1. 简要谈谈为什么民主社会主义不适合中国国情。

2. 以毛泽东同志为主要代表的中国共产党人对建设社会主义进行了艰辛的探索，请简要梳理探索历程。

第三节 如何走好中国特色社会主义道路

党的十八大开辟了中国特色社会主义的新境界。党的十八大以坚持和发展中国特色社会主义为主线，全面回顾中国特色社会主义的发展历史，高度评价中国特色社会主义的历史地位，进一步丰富和发展了中国特色社会主义，成为我们党团结带领全国各族人民沿着中国特色社会主义道路奋勇前进的又一座伟大里程碑。

历史清楚地表明，中国特色社会主义是伴随着改革开放伟大觉醒而形成和发展起来的。我们党作出实行改革开放的历史性决策，取决于对当时的国际形势、对中国发展落后的深刻反思，更取决于对“文革”的深刻反思。十年内乱造成了灾难性后果，引起党和人民全面反思，最集中的一个问题就是什么是社会主义、怎样建设社会主义。正是在这种全面反思的基础上，邓小平同志以马克思主义政治家的巨大政治勇气和理论勇气，领导和支持关于真理标准问题的讨论，重新确立党的思想路线，第一次比较系统地初步回答了在中国这样经济文化比较落后的国家如何建设社会主义、如何巩固和发展社会主义的一系列基本问题，开启了改革开放新的伟大革命，开创了中国特色社会主义。在推进中国特色社会主义的伟大实践中，以江泽民同志为核心的党的第三代中央领导集体和以胡锦涛同志为总书记的党中央，都从理论和实践结合上进一步回答了建设什么样的社会主义、怎样建设社会主义这个根本问题。当然，中国特色社会主义虽然是在改革开放新时期开创的，但也是在中国革命已经取得胜利、新中国已经建立起社会主义基本制度并进行20多年建设的基础上开创的。中国特色社会主义来之不易，我们要尊重历史而不能割断历史，尤其要正确把握改革开放前后两个历史时期社会主义实践探索的关系，不能用改革开放后的历史时期否定改革开放前的历史时期，也不能用改革开放前的历史时期否定改革开放后的历史时期，坚持做到新民主主义革命胜利的成果决不能丢失、社会主义胜利和建设的成就决不能否定、改革开放和社会主义现代化建设的方向决不能动摇。

一、坚持党的领导

案例一：坚持和完善党的领导是党和国家的根本所在、命脉所在

办好中国的事情，关键在党。中国特色社会主义最本质的特征是中国共产党领导，中国特色社会主义制度的最大优势是中国共产党领导。坚持和完善党的领导，是党和国家的根本所在、命脉所在，是全国各族人民的利益所在、幸福所在。

我们党作为一个有8800多万名党员、440多万个党组织的党，作为一个有着13亿多人口的大国长期执政的党，党的建设关系重大、牵动全局。党和人民事业发展到什么阶段，党的建设就要推进到什么阶段。这是加强党的建设必须把握的基本规律。

先进性和纯洁性是马克思主义政党的本质属性，我们加强党的建设，就是要同一切弱化先进性、损害纯洁性的问题作斗争，祛病疗伤，激浊扬清。全党要以自我革命的政治勇气，着力解决党自身存在的突出问题，不断增强党自我净化、自我完善、自我革新、自我提高能力，经受"四大考验"、克服"四种危险"，确保党始终成为中国特色社会主义事业的坚强领导核心。

治国必先治党，治党务必从严。如果管党不力、治党不严，人民群众反映强烈的党内突出问题得不到解决，那我们党迟早会失去执政资格，不可避免被历史淘汰。管党治党，必须严字当头，把严的要求贯彻全过程，做到真管真严、敢管敢严、长管长严。

严肃党内政治生活是全面从严治党的基础。党要管党，首先要从党内政治生活管起；从严治党，首先要从党内政治生活严起。我们要加强和规范党内政治生活，严肃党的政治纪律和政治规矩，增强党内政治生活的政治性、时代性、原则性、战斗性，全面净化党内政治生态。全党同志要增强政治意识、大局意识、核心意识、看齐意识，切实做到对党忠诚、为党分忧、为党担责、为党尽责。

党的作风是党的形象，是观察党群干群关系、人心向背的晴雨表。党的作风正，人民的心气顺，党和人民就能同甘共苦。实践证明，只要真管真严、敢管敢严，党风建设就没有什么解决不了的问题。作风建设永远在路上。"己不正，焉能正人。"我们要从中央政治局常委会、中央政治局、中央委员会抓起，从高级干部抓起，持之以恒加强作风建设，坚持和发扬党的优良传统和作风，坚持抓常、抓细、抓长，使党的作风全面好起来，确保党始终同人民同呼吸、

共命运、心连心。

我们党作为执政党，面临的最大威胁就是腐败。党的十八大以来，我们党坚持“老虎”、“苍蝇”一起打，使不敢腐的震慑作用得到发挥，不能腐、不想腐的效应初步显现，反腐败斗争压倒性态势正在形成。反腐倡廉、拒腐防变必须警钟长鸣。各级领导干部要牢固树立正确权力观，保持高尚精神追求，敬畏人民、敬畏组织、敬畏法纪，做到公正用权、依法用权、为民用权、廉洁用权，永葆共产党人拒腐蚀、永不沾的政治本色。我们要以顽强的意志品质，坚持零容忍的态度不变，做到有案必查、有腐必惩，让腐败分子在党内没有任何藏身之地！

伟大的斗争，宏伟的事业，需要高素质干部。我们要坚持德才兼备、以德为先，坚持五湖四海、任人唯贤，坚持事业为上、公道正派，坚决防止和纠正选人用人上的不正之风，把党和人民需要的好干部精心培养起来、及时发现出来、合理使用起来。

以德修身、以德立威、以德服众，是干部成长成才的重要因素。每一名党员干部都要坚守“三严三实”，拧紧世界观、人生观、价值观这个“总开关”，做到心中有党、心中有民、心中有责、心中有戒，把为党和人民事业无私奉献作为人生的最高追求。各级领导干部要加快知识更新、加强实践锻炼，使专业素养和工作能力跟上时代节拍，避免少知而迷、无知而乱，努力成为做好工作的行家里手。

（选自：习近平：《在庆祝中国共产党成立95周年大会上的讲话》，新华社，2016年07月01日，http://news.xinhuanet.com/politics/2016-07/01/c_1119150660.htm）

案例分析：

习近平同志多次强调：“中国共产党的领导是中国特色社会主义最本质的特征。”党的十八届四中全会明确提出，党的领导是中国特色社会主义最本质的特征。这一重大论断是以习近平同志为总书记的党中央深刻总结世界社会主义发展历史特别是中国特色社会主义发展历史得出的重要结论，是对社会主义本质认识的深化和发展，彰显了我们党推进理论创新的巨大政治勇气。中国共产党走过的95年辉煌历程表明，没有党的领导，就没有社会主义在中国的实践，就没有中国特色社会主义的开创和发展。

思考讨论：

1. 谈谈你对“中国共产党的领导是中国特色社会主义最本质的特征”的

理解。

2. 你认为坚持从严治党应从哪些方面着手?

案例二：坚持党对军队的绝对领导

坚持党对军队的绝对领导，必须抓好高级干部。军队要出问题，还是出在我们内部，出在高级干部身上。高级干部位高权重，出了问题就不是小问题，政治上出了问题危害更大。郭伯雄、徐才厚贪腐问题骇人听闻，但这还不是他们问题的要害，要害是他们触犯了政治底线。这就提醒我们，高级干部的教育、管理、监督一定要抓得紧而又紧，坚持从政治上考察和使用干部，确保枪杆子永远掌握在忠于党、经得起风浪考验的可靠人手中。

要不要坚持党对军队的绝对领导，始终是我们同各种敌对势力斗争的一个焦点。我军是党的军队、人民的军队、社会主义国家的军队，这是高度一致的。敌对势力加紧对我国策动“颜色革命”，加紧实施网上“文化冷战”和“政治转基因”工程，极力鼓吹“军队非党化、非政治化”和“军队国家化”，根本目的就是对我军官兵拔根去魂，把军队从党的旗帜下拉出去。这方面的较量，看似不动刀枪、不见硝烟，但实质上就是你死我活的斗争。意识形态领域斗争是一场持久战，敌对势力在这个问题上很有耐力，一刻没有放松行动，我们没有任何妥协、退让的余地，必须取得全胜。要切实掌握意识形态领域的话语权和领导权，加强思想舆论工作，以积极主动的工作占领部队思想阵地、文化阵地、舆论阵地，尽量巩固和拓展红色地带，控制和转化灰色地带，遏制和改造黑色地带，切实防范敌对势力对部队的渗透破坏，使官兵增强政治免疫力，始终保持政治坚定和思想道德纯洁。

坚持党对军队绝对领导，是人民军队的命脉所在，是我军的军魂和命根子，关系我军性质和宗旨、关系社会主义前途命运、关系党和国家长治久安。我军是党领导的人民军队，必须牢牢掌握在党的手中，必须做到绝对忠诚、绝对纯洁、绝对可靠。在这个根本政治原则问题上，我们要头脑特别清醒、态度特别鲜明、行动特别坚决，决不能有任何动摇、任何迟疑、任何含糊。

坚持党对军队绝对领导，关键是要达到“绝对”这两个字的要求。坚持领导和坚持绝对领导有什么区别？没有区别的话，不就成了文字游戏？既然有区别，既然讲绝对，军队在行动上就要体现出什么叫“绝对”。所谓“绝对”，就是强调坚持党的领导的唯一性、彻底性和无条件性。不论思想上还是行动上，都必须与党中央、中央军委始终保持高度一致；不论平时还是战时，都必须一切行动听指挥；不论党和军队重大方针政策还是具体工作部署，都必须不折不扣贯彻落实，大是大非不含糊、小事小节不走样。

（选自：《充分发挥政治工作生命线作用——关于贯彻新的历史条件下政治建军方略》，解放军报，2016 年 05 月 25 日第 04 版）

案例分析：

坚持党对军队的绝对领导，是历史的必然选择。在近代中国的历史上，曾产生过各式各样的政党和组织，也曾出现过各式各样的军队和武装，但都没有能够担负起救亡图存、振兴中华的历史使命，都在时代发展的大潮中退出了历史舞台。为什么只有中国共产党，能够承担起中华民族独立和振兴的重任？一个重要的原因，就是我们党是用马克思主义理论武装起来的先进政党，掌握着一支忠诚于党的无产阶级军队。坚持党对军队的绝对领导，能够确保国家的长治久安。一个国家的军队掌握在什么人手中，始终是关系这个国家前途命运的重大问题。实践证明，党对军队的绝对领导这个根本原则，有利于运用国家政权的力量加强军队建设，有利于保证军队的最高领导权和指挥权的高度集中统一，有利于发挥军队在保卫和建设国家中的职能和作用。

思考讨论：

1. 徐才厚、郭伯雄在哪些方面触犯了政治底线？
2. 简要分析中国共产党与人民军队的关系。

案例三：决不允许媒体吃党的饭砸党的锅

2015 年 6 月 8 日至 9 日，云南省委书记李纪恒到人民日报社云南分社、新华社云南分社、中国新闻社云南分社、中央电视台云南记者站、中央人民广播电台云南记者站、云南日报社、云南网和云南广播电视台等媒体调研，鼓励大家为谱写好中国梦云南篇章凝聚强大正能量。

党的十八大以来，中央驻滇新闻单位和省内主要新闻媒体，牢牢把握正确舆论导向，对内凝聚“云南力量”，对外塑造“云南形象”，为全省改革发展稳定创造了良好的舆论环境。我代表省委，向全省新闻宣传战线的同志们，表示衷心的感谢和诚挚的问候！

媒体要站稳政治立场媒体要坚决在思想上政治上行动上同以习近平同志为

总书记的党中央保持高度一致，坚决维护中央权威，坚定宣传中央和省委重大决策部署，做到一个声音贯到底；要在大是大非问题上立场坚定、态度坚决、旗帜鲜明，绝不能似是而非、模棱两可，更不能沉默失语、没有声音。

媒体必须坚持党的领导党报党刊党台党网理所当然要姓党，其他媒体也必须坚持党的领导，这没有什么讨价还价的余地。我们讲政治家办报、办台、办网站，不是空洞的，而是具体的。绝不允许与中央唱反调，决不允许吃共产党的饭，砸共产党的锅。

当好党的喉舌 记者要坚持以人为本，把体现党的主张和反映人民心声统一起来，把坚持正确导向和通达社情民意统一起来，通过自己手中的妙笔、话筒和镜头，更及时准确地宣传报道云南，让中央和省委的决策部署与广大群众多见面、多接地气，得到群众更多的理解和支持。

正面宣传犹如定海神 针在众声喧哗的多元舆论场中，正面宣传犹如中流砥柱、定海神针。加强正面宣传，要加强整体策划，要主动做好经济领域热点问题、民生领域难点问题、社会领域焦点问题和突发事件的舆论引导工作，关键时刻不失语、重大问题不缺位，充分发挥舆论引导的积极作用。

正面宣传要加强"整体策划" 抓住党委政府与百姓关切的交汇点，抓住重大政策与群众利益的交汇点，一把手亲自抓，每月策划、每周策划、每天策划，使宣传工作与全省重点工作紧密结合、深度融合、高度契合，着力打造能够产生广泛影响的精品力作

正面宣传要做到"板块推出 调动多种新闻宣传资源，对事关云南改革发展稳定的重大主题，深度挖掘、条分缕析，拿出重要版面、重点时段重拳推出，形成系统化、规模化、集群化宣传攻势，最大限度凝聚和释放正能量。

正面宣传要保持"上下联动" 建立日常联系机制，做到中央、省、州市乃至境内外媒体整体联动，传统媒体和新兴媒体融合互动，主流媒体和都市类媒体相互配合，形成新闻宣传的强大合力。

正面宣传要实现"内外感动" 遵循新闻传播规律，讲求宣传效果，深入研究新形势下受众群体的心理特点和接收习惯，切实改进宣传方式和手段，用"润物细无声"的宣传让主旋律入脑入心，使我们的新闻宣传接地气、聚人气，让群众爱听爱看、产生共鸣，充分发挥正面宣传鼓舞人、激励人的作用。

（选自：《云南省委书记：决不允许媒体吃党的饭砸党的锅》，《云南日报》2015 年 06 月 09 日）

案例分析：

在中国，如果主要媒体不被党和人民掌握，就必然被代表极少数人利益的资本掌握，那么党和人民的主张就无法体现，党和人民的声音就无法发出，党和人民的利益诉求就无法伸张，那么社会主义道路就无法坚持，中华民族的复兴伟业必然受阻。党媒坚持党性，就是坚持正确的政治方向和立场，坚定宣传党的理论和路线方针政策，坚定宣传中央重大工作部署，坚定宣传中央关于形势的重大分析判断，坚决同党中央保持高度一致，坚决维护中央权威。党媒坚持人民性，就是要树立以人民为中心的工作导向，把实现好、维护好、发展好最广大人民根本利益作为出发点和落脚点，坚持以民为本、以人为本，解决好“为了谁、依靠谁、我是谁”这个根本问题。所以，党媒坚持党性原则就是坚持人民性，就是维护人民群众的根本利益。

思考讨论：

1. 党和人民为什么要掌握主要媒体?

2. 谈谈媒体的不合理报道对我国社会产生的负面影响。

二、坚定走中国特色社会主义道路的自信

案例一：习总书记提出“道路决定命运”有何深意

2012年11月29日，习近平总书记在参观《复兴之路》展览时强调：审视现在，全党同志必须牢记，道路决定命运，找到一条正确的道路多么不容易，我们必须坚定不移走下去。

讲话中，总书记用三句诗概括了中华民族的发展脉络：昨天，“雄关漫道真如铁”；今天，“人间正道是沧桑”；明天，“长风破浪会有时”。这条发展脉络，浸透着苦难、奋起和抗争，古老的中华民族，在自我审视、自我完善中实现了自我提高，无论是从理论武装、人文环境，还是从经济发展、社会和谐等任何一个角度，中华民族在我们党的领导下，在社会主义发展的道路上越来越成熟、越来越稳健，于20世纪初完成了令世人瞩目的“成人礼”。

“道路决定命运”，表明我们党实现民族复兴的信念更加坚定。举什么旗，走什么路，决定着国家的发展方向。实现民族的伟大复兴，需要有坚定的理想信念的支持，历史选择了由共产党来完成这一历史使命。世情、国情、党情，又决定了我们党必须带领13亿中国人民坚持走中国特色社会主义的道路，能不能走好这条道路，直接决定着国家的前途、民族的命运、人民的幸福。“理想的滑坡是最致

命的滑坡，信念的动摇是最危险的动摇。”过去是现实的参照，未来是现实的动力，民族的复兴需要共产党人坚守精神追求，讲党性、重品行、作表率，以实现中华民族复兴为己任，为国家繁荣稳定、人民幸福安康做出自己的贡献。

“道路决定命运”，要求我们党更加清醒地认识肩负的历史使命。“落后就要挨打”，这是充满屈辱、血泪的百年近代史已经证明的真理。坚定不移地走中国特色社会主义道路，不只是历史的选择，更是亿万中国人民的选择。从贫穷落后中挣脱出来的中华民族，需要正确的方向指引，需要和平的发展环境。面对我们党提出的推动现代化建设、完成祖国统一大业以及维护世界和平促进共同发展这三大历史任务，每名党员、每个中国人都应自觉投身到为发展服务、为群众服务中来，在各自岗位上带头创先争优，争做这条道路上的领跑者、建设者。

“道路决定命运”，警醒我们党更要努力提高自我净化、自我完善、自我革新、自我提高的能力。全面建成小康社会，实现民族的伟大复兴，需要我们党保持健康的肌体。十八大报告指出：新形势下，我们党面临着执政考验、改革开放考验、市场经济考验、外部环境考验，这“四大考验”与精神懈怠、能力不足、脱离群众、消极腐败这“四大危险”，都是在党和国家领导人在关键时期提出来的，充分表明了我们党勇于直面问题、正视现实，以“刮骨疗毒”的勇气，把加强党的执政能力建设、先进性和纯洁性建设作为主线，解放思想、改革创新、从严治党，确保了党成为各项事业的坚强领导核心。

（选自：陈秀艳，《习总书记提出“道路决定命运”有何深意》，长城网，2012年11月30日，http：//report. hebei. com. cn/system/2012/11/30/012293174. shtml）

案例分析：

中国社会发展的历史逻辑，是指中国社会发展的必然进程，它揭示了“只有社会主义才能救中国、只有中国特色社会主义才能发展中国”的历史必然。中国特色社会主义，承载着几代中国共产党人的理想和探索，寄托着无数仁人志士的夙愿和期盼，凝聚着亿万人民的奋斗和牺牲，是近代以来中国社会发展的必然选择，是发展中国、稳定中国的必由之路。习近平总书记指出：“无论搞革命、搞建设、搞改革，道路问题都是最根本的问题。30多年来，我们能够创造出人类历史上前无古人的发展成就，走出了正确的道路是根本原因。现在，最关键的是坚定不移走这条道路、与时俱进拓展这条道路，推动中国特色社会主义道路越走越宽广。”

思考讨论：

1. 简要回顾中国“复兴之路”的艰辛历程。

2. 谈谈你对“道路决定命运”的理解。

案例二：铭记历史才能坚定自信

历史是一面镜子，可以放映过去的岁月，也可以照亮未来的前路。而对于中华民族来说，我们的历史，大致可以归结为苦难历史、抗争历史和荣耀历史。尤其是在近现代，当三种历史集中在百年的时间内展示的时候，也就拉开了中华民族百年内，从被动抗争转向主动求索、由落后挨打转向民族复兴的恢弘之路。95 年如白驹过隙，匆匆而过，经历过的人曾经觉得这个过程如此漫长，今日的我们却觉得无比亢奋：正是在这将近百年的历史中，我们愈加坚定了道路自信、民族精神自信和民族发展自信。

不忘苦难，才能永远保持道路自信。近现代中国，是在摸索中发展的。一次又一次的内忧外患，让这个民族的近现代，充满了各种苦难。清末民国初，苦难是国不国，民难活，半殖民地半封建社会的模样，让人们急切地想挣脱，却无路可逃；而当国内革命的号角响起，军阀混战，无异于让流离失所的百姓，陷入家破人亡的战乱中；日本的入侵，更是让中国饱受欺凌之苦，山河不再，草木悲戚；及至解放战争胜利，新中国却又面临着他国的封锁，国外的敌视，抗美援朝战争汹涌而来；而到了近现代，虽说国际形势一片向好，但是大国争霸论依旧如同一柄利剑，时刻准备着对中国的围攻……越是苦难，越证明了一条正确的道路的重要性。而我们一步一步克服苦难的过程，更是告诉我们自己：坚定道路自信，一切苦难，都会成为恢弘的历史。

不忘抗争，才能保持民族精神自信。在苦难中，我们怀疑过自己，也曾怀疑过我们的坚持和信仰。然而，更多的人选择了不屈从，坚定地抗争，于是在鲜红的党旗的引领下，我们铺开了一条抗争之路。抗争不独立，我们开始发展民族资本主义，谋求新的发展道路；抗争被侵略，我们结成了抗日民族统一战线，开始了长达八年的艰苦抗战，为此集结整个中国的可用资源，白骨累累却从不放弃；抗争不统一，我们花费了四年时间，实现了新中国的建立；抗争不富强，我们励精图治，自力更生，在各个领域，均从零开始，直至今日，可以自豪地说，中华民族错过了第二次工业革命，却用百年的时间，完成了追赶。不忘抗争，在百年的抗争中，我们愈加认识到了国家的重要性，愈加认识到了民族精神的指引性。

不忘荣光，才能坚定民族发展自信。机遇从来都是与挑战共存，能否将挑战化为机遇，端看一个民族是否有坚定地民族发展自信。对于苦难的更好认知和对于民族精神的坚守，能够让我们在回首往日的时光中，透过那些荣耀历史，坚定我们今日的发展道路。正所谓，铁杵成针，水滴石穿，民族的发展的底气，就是在我们对于传统文化、对于苦难历史、抗争历史的铭记中。我们当记住这些在血光和苦难中锻造出的民族荣耀，正确民族认知，坚定今日民族发展的自信。

（选自：苏小曼：《铭记历史才能坚定自信》，珠海文明网，2016 年 06 月 27 日，http：//www. wenming. cn/wmpl_ pd/msss/201606/t20160627_ 3472004. shtml）

案例分析：

蓦然回首，百年中国，沧桑砥砺，积淀厚重，前景光明。铭记历史，铭记我们的民族的苦难史、抗争史、荣耀史，将历史铭记在心，我们既是为了不让历史重演，更是为了让我们在发展中，时刻坚定自信，为早日实现中华民族的伟大复兴，凝聚力量，凝聚信心。习主席在中共中央政治局第十八次集体学习时指出，我们共产党人不是历史虚无主义者，也不是文化虚无主义者，不能数典忘祖、妄自菲薄。铭记历史需要满怀尊重，镜鉴历史更需要坚定自信。习主席的重要讲话再次告诫广大党员干部，实现中华民族伟大复兴的中国梦，必须保持坚定的历史自信。这不仅关系到每个党员干部的成长进步，更事关党的事业的兴衰成败。

思考讨论：

1. 请简要回顾共产党建党 95 周年的艰辛历史。
2. 如何更好地“铭记历史，坚定自信”？

案例三：用马克思主义历史观评估中国道路的世界意义

评估中国道路的世界意义，必须正确解读现代化的世界历史进程的统一性、世界各国发展道路或发展模式的多样性、中国发展道路或发展模式成功的必然性，而马克思主义历史观则为这些方面的解读提供了明确指导。

中国道路体现了人类历史发展的统一性。这种统一性，主要有两个方面：第一，集中地体现在中国道路形成和展开的基本依据是中国仍处于社会主义初级阶段，而这个阶段则是中国经历人类社会由低级向高级依次更替的各个经济社会形态和技术社会形态这样“一种自然史的过程”的延续。第二，集中地体现在中国道路具有现代化的世界历史进程的统一内涵。现代化在当代世界各个国家和地区都是一个统一的历史过程，具有统一的内涵，即现代化就是指自英国工业革命以来，以现代生产力、科学和技术革命为推动力，实现传统的农业社会向现代工业社会的大转变，并推动着经济、政治、文化、思想各个领域以及社会组织和社会行为都发生深刻变化的历史过程。统一性的这两个方面都意味着世界历史进程是有规律可循的，是受客观规律支配的。中国道路的形成，是中国共产党领导全国人民努力探寻规律并按照规律办事的结果。

现代化的世界历史进程的统一性体现了各国、各地区现代化的历史必然性。同时，这种统一性是通过多样化的形态为自己开辟道路的，是建立在多样性基础上的，而多样性则体现了现代化发展的个别性、具体性和偶然性。中国道路是现代化的世界进程多样性的一个样本，也就是说，中国道路只是当今世界各国众多发展道路中的一种。与其他各种道路相比较，中国道路具有特别的内涵，它形成和展开的历史与现实条件有自己的特点。多样性展现的是各种发展道路或发展模式的特殊性，所以就此而言，世界上没有放之四海而皆准的发展道路或发展模式，任何道路或模式都只有在特定的历史和现实条件下才能获得成功。基于这一认识，我们反对照抄照搬其他任何发展模式，同时也不谋求输出中国道路或模式，不要求其他国家复制中国经验；同样是基于这一认识，我们认为西方发展模式的确是西方国家推进现代化的经验总结，但它只是当代世界多样化发展模式中的一种，不能作为普世模式输出到世界各地。

以马克思主义历史观评估中国道路的世界意义，还必须回答一个重要问题，那就是中国道路成功的必然性。中国道路成就了中国崛起，因此中国经验受到了全世界的重视。而对中国经验的正确总结和阐释，就是从社会历史活动的规律性上去回答中国道路为什么成功。在中国道路形成和展开的历史过程中，在这个过程的各个阶段、各个环节上，都有不可胜数的因素影响着中国道路的成败。由于中国道路的特定内涵能够有效地调动积极因素，化解消极因素，引领全国人民一心一意谋发展，所以能够取得一个又一个胜利。对中国道路成功的必然性的揭示和阐释，能够从根本上积极回应国际社会对中国经验的关切，使中国发展道路获得更加广泛的理解和认同。

（选自：宁骚：《用马克思主义历史观评估中国道路的世界意义》，《光明日报》2014 年 03 月 31 日）

案例分析：

在中国特色社会主义道路所引发的世界历史的巨大变革过程中，基于西方阶段性主导世界历史发展基础之上的西方中心主义话语首次遭遇到了现实的巨大挑战，在激烈的东西方话语霸权的冲突中，在中国发展话语越来越具有坚实深厚的历史条件下，一种道路自信、制度自信、理论自信和文化自信勃勃然而生长了出来。当代中国马克思主义学者，不仅一方面能够有效地辨识和批判一些似是而非的观点和理论，打破西方新自由主义的发展话语霸权，另一方面又能有助于建构具有“中国气派”的中国话语。在此基础之上，才能有助于实现人们对中国特色社会主义事业的道路自信、理论自信、制度自信和文化自信，更能坚定我们走中国道路的信念和决心。

思考讨论：

1. 请简要谈谈中国道路的世界意义主要体现在哪些方面？
2. 如何坚定中国人的道路自信？

三、立足中国基本国情

案例一：一切从社会主义初级阶段的实际出发

我国经济发展分三步走，本世纪走两步，达到温饱和小康，下个世纪用三十年到五十年时间再走一步，达到中等发达国家的水平。这就是我们的战略目标，这就是我们的雄心壮志。要实现我们的雄心壮志，不改革不行，不开放不行。我们要走的路还很长，任务还很艰巨。我们要艰苦奋斗，一心一意搞建设，发展生产力。

今年十月我们党要召开十三大。十三大归根到底是改革开放的大会。十三大要重申我们党十一届三中全会以来制定的一系列方针和政策，深化经济体制改革，相应地进行政治体制改革。十三大要使领导班子更加年轻化，这样就会使党和国家的领导层更具有活力，同时保证我们政策的连续性。

你们到农村去看了一下吗？我们真正的变化还是在农村，有些变化出乎我们的预料。农村实行承包责任制后，剩下的劳动力怎么办，我们原来没有想到很好的出路。长期以来，我们百分之七十至八十的农村劳动力被束缚在土地上，农村每人平均只有一两亩土地，多数人连温饱都谈不上。一搞改革和开放，一搞承包责任制，经营农业的人就减少了。

剩下的人怎么办？十年的经验证明，只要调动基层和农民的积极性，发展多种经营，发展新型的乡镇企业，这个问题就能解决。乡镇企业容纳了百分之五十的农村剩余劳动力。那不是我们领导出的主意，而是基层农业单位和农民自己创造的。把权力下放给基层和人民，在农村就是下放给农民，这就是最大的民主。我们讲社会主义民主，这就是一个重要内容。同时，乡镇企业反过来对农业又有很大帮助，促进了农业的发展。

政治体制改革很复杂，每一个措施都涉及千千万万人的利益。所以，政治体制改革要分步骤、有领导、有秩序地进行。我们不能照搬资本主义国家那一套，不能搞资产阶级自由化。比如共产党的领导，这个丢不得，一丢就是动乱局面，或者是不稳定状态。一旦不稳定甚至动乱，什么建设也搞不成。我们有过“大民主”的经验，就是“文革”，那是一种灾难。我们的经济体制改革，也是有领导有秩序地进行，不能搞无政府主义。

我们党的十三大要阐述中国社会主义是处在一个什么阶段，就是处在初级阶段，是初级阶段的社会主义。社会主义本身是共产主义的初级阶段，而我们中国又处在社会主义的初级阶段，就是不发达的阶段。一切都要从这个实际出发，根据这个实际来制订规划。

（选自：邓小平：《一切从社会主义初级阶段的实际出发》，《邓小平文选第三卷》，人民出版社 1993 年版，第 251 页—252 页）

案例分析：

正确认识我国现在处于社会主义初级阶段是建设有中国特色社会主义的首要问题，是我们制定和执行正确的路线和政策的根本依据，是我们观察当代中国问题的根本立足点。我们讲一切从实际出发，最大的实际就是中国现在处于并将长期处于社会主义初级阶段。我们讲要搞清楚“什么是社会主义，怎样建设社会主义”，就必须从中国实际出发，搞清楚什么是初级阶段的社会主义，在初级阶段怎样建设社会主义。十一届三中全会以来，我们党正确地分析国情，作出我国还处于社会主义初级阶段的科学论断，克服了那些超越阶段的错误观点和政策，同时又拒绝了抛弃社会主义基本制度的错误主张，这是改革开放和现代化建设取得成功的根本原因之一。

思考讨论：

1. 简要分析社会主义初级阶段的基本特点。
2. 改革开放和现代化建设取得成功的原因是什么？

案例二：资本市场改革必须立足国情

2015年3月12日，证监会主席刘士余在十二届全国人大四次会议记者会上说，今后中国资本市场的制度建设要借鉴国际上的成功做法和经验，但每一项改革必须牢牢立足中国国情。作为资本市场顶层设计，股票发行注册制要搞，但这需要一个较长的时间，注册制改革不能“单兵突进”。去年股市异动中采取的措施防范了系统性风险，为修复市场、建设市场、发展市场赢得了时间，目前市场已进入修复状态，一些临时措施已经退出，但谈中国证券金融公司的退出为时尚早。熔断机制运行结果与初衷背离，未来几年我国以中小投资者为主体的市场结构不会发生根本性变化，不具备推出熔断机制的基本条件。

刘士余表示，十八届三中全会《决定》提出健全多层次资本市场体系，推进注册制改革，多渠道推动股权融资等。这说明这几项改革不是孤立的，是相互递进的关系。也就是说，把多层次资本市场搞好了，可以为注册制改革创造极为有利的条件。同时，注册制改革需要一个相当完善的法治环境。去年12月27日，全国人大常委会通过了特别专项授权，自3月1日起实施。这项授权标志着政府可以启动注册制改革与现行行政审批制、核准制之间制度转换所需要的一系列配套的规章制度。这些配套的规章制度，研究论证需要相当长的一个过程。

刘士余表示，“十三五”规划纲要草案提出，创造条件实施股票发行注册制。创造条件得有个过程，证监会要集思广益。无论是核准制还是注册制，证监会都必须实时秉承保护投资者合法权益的真诚理念，对发行人披露内容进行严格的真实性审查。

对于去年A股的异常波动及稳定市场措施，刘士余表示，果断出手对市场失灵的状况进行紧急修复，结果证明此举稳定了市场，为修复市场、建设市场、发展市场赢得了时间。今后，当陷入市场完全失灵、连续失灵的情景时，仍然应当果断出手，这符合党的十八届三中全会提出的让市场在资源配置中发挥决定性作用和更好地发挥政府作用的目标，或者说符合深化经济体制改革的目标。刘士余称，凡是股市异常波动，原因都是多方面的。其中，中国资本市场不成熟是一个重要原因，包括不完备的交易制度、不完善的市场体系、不成熟的交易者、不适应的监管制度。对此，证监会必须深刻吸取教训，举一反三，加快改革，转换职能，全面依法加强监管，促进资本市场健康发展。

谈到熔断机制，刘士余表示，当初研究论证实施熔断机制的根本出发点是为了防止股市巨幅波动，为了更好地保护投资者，尤其是中小投资者的合法权益。但是这个制度推出以后，客观上造成了助跌的效果，制度运行的结果和推出这项制度的初衷基本背离，证监会立即叫停了这个机制。

刘士余表示，在实施这个机制的时候可能对中国资本市场的主体结构考虑欠周。在不断扩大开放的全球化环境当中，资本市场的制度安排重构要吸取世界上其他国家好的做法、成功的经验，但是每一项改革必须牢牢地立足中国国情。单从投资者结构角度来讲，中国资本市场是中小投资者占绝对主体的市场体系，这一点在世界上是不多见的。未来几年，可以预见，中国资本市场的市场投资主体结构不会发生根本性变化，所以，未来几年不具备推行熔断机制的基本条件。

（选自：刘士余：《资本市场改革必须立足国情》，《中国证券报》2016 年 03 月 14 日）

案例分析：

目前法制体系的不完善和投资者队伍的不成熟在一定程度上已经成为制约我国资本市场改革的两大约束条件。未来我国资本市场的发展一定要从中国实际出发，一方面加强法制建设，要依法治市，健全资本市场相关的法律环境，改变过去存在的制度建设跟不上创新发展步伐的情况；另一方面更加重视投资者保护，加快培育机构投资者队伍，改善投资者结构，鼓励社保基金、企业年金、养老基金以及其他资产管理机构发展成重要的机构投资者，提升资本市场整体运行的平稳性。

思考讨论：

1. 简要谈谈我国资本主义市场改革经历了哪些风风雨雨。
2. 目前我国资本主义市场改革面临着哪些挑战？

案例三：习近平“鞋子合脚论”通俗又深刻

当今国际政治的现实是，越来越多的国家希望走自己的路，同时仍然有一些国家和政治势力“身体已经进入 21 世纪，而脑袋还停留在过去”，停留在冷战思维的框架里。

3 月 23 日，正在俄罗斯访问的习近平主席在莫斯科国际关系学院发表演讲时说，“鞋子合不合脚，自己穿着才知道。一个国家的发展道路合不合适，只有这个国家的人民才最有发言权”。

“鞋子合脚论”是一个浅显又通俗的道理，用来说明一个国家的发展道路，又显得十分深刻。习近平主席引用“鞋子合脚论”是有复杂而重要的历史背景和现实意义的。

首先，个别国家认为自己的“鞋子”适合所有的国家，并且鼓动别的国家都要“穿”。

冷战结束后，美国将“民主”作为其外交战略的一个支柱，将“自由市场”理论看作解决经济问题的灵丹妙药，要把“美国模式”推广到全世界，并为此设立专门基金，组建有关政府机构和非政府组织，到世界各地去兜售。同“美国模式”不一样的国家可能会受到指责甚至制裁。美国还迫使一些发展中国家“削足适履”，甚至对一些国家大打出手。

其次，强行穿上甚至被强迫穿上“不合脚的鞋”很可能会把脚弄疼，把路走偏。

过去20多年，一些国家盲目地或者在西方压力下照搬西方的政治、经济和金融模式，这在很大程度上是社会动荡、经济濒临崩溃的原因之一。苏联解体前后，一些俄罗斯政治势力一度认为只要俄罗斯实行了“民主”，同西方就是“一家人”了。但美国为首的北约不断东扩挤压俄罗斯的战略空间，在俄罗斯后来开始调整内外政策、坚持走自己的道路时，美国等西方国家又诋毁俄罗斯政府，甚至在去年俄罗斯总统大选前后搞出各种小动作来干涉俄罗斯内政。事实上，美国等西方国家把自己的“鞋”兜售给别国，为的是自己的战略利益，“穿西方鞋”的国家如果选出的政权和领导人不合西方的胃口，会被指责为“鞋穿走样了”。

第三，要坚持“穿适合自己的鞋”，走“适合自己的路”。

一个国家选择什么样的发展道路，不能由外界定夺和强加。3月23日发表的中俄联合声明指出，双方支持对方自主选择发展道路和社会政治制度的权利，并且呼吁世界各国尊重各国主权和领土完整，尊重世界文明多样性和国家发展道路多样化，尊重和维护各国人民自主选择社会制度的权利。这是两国经过各自的探索，在总结各自经验和教训的基础上达成的重要共识。

当今国际政治的现实是，越来越多的国家希望走自己的路，同时仍然有一些国家和政治势力“身体已经进入21世纪，而脑袋还停留在过去”，停留在冷战思维的框架里。从这个角度讲，中国前进的道路并不平坦，中国要穿着“合脚的鞋子”去追逐“中国梦”，还要跨过不少的坎儿。

（选自：贾秀东：《习近平“鞋子合脚论”通俗又深刻》，新华网，2013年03月24日，http：//news. china. com/xjpsf/11138018/20130324/17743563. html）

案例分析：

如果说“道路决定命运”，那么选择走什么样的道路，穿什么样的鞋子走路，就必须特别慎重，必须思虑成熟，也必须走两步再说。中国经过数十年的发展和求索，什么样的鞋子最合脚、最舒服，我们早已心知肚明；我们更深知，目前所走的这条路最有前途，穿上合脚的鞋子赶路能够最快抵达目标。无论穿什么样的鞋子，都应该清醒地看到，前路不可能一帆风顺。一个求真务实的人，不会频繁瞎折腾；一个脚踏实地的国家，不会动辄改弦易辙。国家越自信，对“举什么旗，走什么路”就越有底气；认定方向，戮力同心，一步一个脚印地走下去，中国梦便不遥远。习总书记的“鞋子合脚论”，不仅形象贴切地告诉世人，中国人民有智慧、有能力选择适合自己的道路，同时也向世人彰显了中国人民坚定走中国特色社会主义道路的无比自信。

思考讨论：

1. 如何理解“一个国家的发展道路合不合适，只有这个国家的人民才最有发言权”这句话的含义？

2. 简要分析“鞋子合脚论”复杂而重要的历史背景。

四、实施三步走战略

案例一：在“新三步走战略”框架内把握“四个全面”战略布局

“四个全面”是习近平总书记运用战略思维和辩证思维对治国理政实践加以分析概括而提升出来的。在哲学基础和方法论上，可运用战略思维，把“四个全面”置于“新三步走战略”框架中来把握其定性、定位与实质。

第一，从“第一步”战略目标即全面建成小康社会来看，“四个全面”是新一届中央领导集体治国理政的施政纲领。新一届中央领导集体在任内要实现的战略目标，是全面建成小康社会。这是其治国理政首先必须考虑的根本性、全局性问题。如何才能真正实现这一战略目标？这就既要破解发展进程中的种种矛盾、问题和难题，通过“破”以消除障碍，还要建立健全治国理政的基本方略，通过“立”来为实现全面建成小康社会战略目标开辟道路。前者需要全面深化改革，后者需要全面依法治国。无论是全面建成小康社会，还是全面深化改革和全面依法治国，都是新一届中央领导集体打得坚硬的“铁”。作为打“铁”的主体的中国共产党人，其自身必须要“硬”，即必须全面从严治党，从而为打好“铁”提供强有力的领导主体。由此，全面建成小康社会是新一届中央领导集体所要实现的战略目标，全面深化改革、全面依法治国是新一届中央领导集体实现这一战略目标的两条根本路径或抓手，全面从严治党是新一届中央领导集体要为顺利实现这一战略目标提供强有力的领导主体。这样，全面建成小康社会、全面深化改革、全面依法治国和全面从严治党，就构成了新一届中央领导集体治国理政的施政纲领。这一纲领具有根本性、全局性、整体性、系统性和逻辑性。抓住“四个全面”，就抓住了治国理政的根本、全局和整体。

第二，从“第二步、第三步”战略目标来看，“四个全面”是实现我国现代化和民族复兴的总体方略。在实现全面建成小康社会的基础上，新一届中央领导集体还要带领全国各族人民继续实现我国社会主义现代化和中华民族伟大复兴的中国梦。这是中国共产党人需要进一步思考的更为长远的战略性目标。为此，新一届中央领导集体就必须为实现我国社会主义现代化和民族复兴提供一种总体方略。严格来讲，这种总体方略必须具有“目标、动力、保障、主体”四个核心要素，而且这四个核心要素能构成一个严密、有机的整体。全面建成小康社会是为实现我国社会主义现代化和民族复兴提供战略基础，是关键的一步，对实现我国社会主义现代化和民族复兴具有决定性意义；全面深化改革是实现我国社会主义现代化和民族复兴的动力，是关键一招；全面依法治国是实现我国社会主义现代化和民族复兴的法治保障；全面从严治党是为实现我国社会主义现代化和民族复兴提供强有力的领导主体。显然，这一总体方略也具有根本性、全局性、整体性、系统性和逻辑性。抓住“四个全面”，就抓住了实现我国社会主义现代化和民族复兴的根本、全局和整体。

（选自：韩庆祥：《“新三步走战略”与“四个全面”战略布局》，人民网，2015年05月06日，http：//theory. people. com. cn/n/2015/0506/c40531 –26954905. html）

案例分析：

自从提出“新三步走战略”，意味着新一届中央领导集体既考虑其任内的根本问题，要承担起全面建成小康社会的直接责任。从2012年到2020年，是全面建成小康社会的最后阶段。该阶段，从时间上看，已不足5年，时间紧迫；从地位和作用上看，它承接实现社会主义现代化和中华民族伟大复兴的大战略，是中国社会从小康走向现代化和民族复兴的关键一步，意义重大。新一届中央领导集体立足于“全面从严治党”总根基，围绕“全面建成小康社会”战略目标，坚持两手抓，一手抓“全面深化改革”，一手抓“全面依法治国”，逐渐形成了新时期“四个全面”的战略总布局。这一布局，从逻辑上，有目标，有根基，有抓手，层次清晰；从实践上，针对问题，切中要害，抓住根本，既系统全面又聚焦重点，是新一届中央领导集体对治国理政所做的顶层设计。

思考讨论：

1. 谈谈你对“四个全面”战略布局的认识。

2. “新三步走”战略的提出有何意义？

案例二：三大战略助推科技强国“三步走”

全国科技创新大会、两院院士大会、中国科协第九次全国代表大会近日在北京召开。这是中国科技发展史上的一次盛会，也是当代中国科技精英的群英会。习近平总书记发表的重要讲话，确立了要把我国建成世界科技强国的“三步走”路线图，即到2020年时使我国进入创新型国家行列，到2030年时使我国进入创新型国家前列，到新中国成立100年时使我国成为世界科技强国，这是我国科技事业发展的总目标；同时也鲜明指出了我国科技创新必须“面向世界科技前沿、面向经济主战场、面向国家重大需求”这一建设世界科技强国的出发点。

党的十八大以来，以习近平同志为总书记的党中央始终把创新引领作为发展新起点上的第一动力，统筹谋划，优化我国科技事业发展总体布局，致力于建成创新型国家，在建成世界科技强国道路上迈出了坚实步伐，也在全社会营造出浓厚的创新氛围。应当说，我们比以往任何时期都更加理解创新对一个国家、一个民族实现可持续发展，创新对应对发展环境变化、把握发展自主权、提高国家核心竞争力，创新对加快转变经济发展方式、破解发展难题、厚植发展优势的极端重要性，今天的“科技三会”提出了我国科技事业发展“三步走”的目标，吹响了建设世界科技强国的总号角，迎来了新时点上中国科技革命的又一个春天。

实现“三步走”的科技强国目标，关键要有正确的发展战略和发展思路，习近平总书记指出要深入贯彻新发展理念，深入实施创新驱动发展战略、科教兴国战略、人才强国战略“三大战略”，可以说是助推建设世界科技强国“三步走”目标的有力支撑。

创新驱动战略，是打造科技强国的制度基础。我们要按照总书记提出的夯实科技基础、强化战略导向、加强科技供给的要求，站在全球视野，准确判断科技突破方向，围绕国家重大战略需求，实施一批重大科技项目和工程，着力攻破关键核心技术，抢占事关长远和全局的科技战略制高点，努力成为世界主要科学中心和创新高地。为此，在科技投入、产业递进、资源配置、政策体系、体制机制改革创新上迈出切实的步伐。

科教兴国战略，是构建科技强国的社会氛围。我们要牢固树立科技创新是社会发展第一动力的理念，重塑科技立国、教育立国思想，把科学普及放在与科技创新同等重要的位置，通过建设一批世界一流科研机构、研究型大学、创新型企业，普及科学知识、弘扬科学精神、传播科学思想、倡导科学方法，在全社会推动形成讲科学、爱科学、学科学、用科学的良好氛围，大力弘扬创新精神，使蕴藏在亿万人民中间的创新智慧充分释放、创新力量充分涌流。

人才强国战略，是实现科技强国的智力保障。我们要充分调动各方面创新要素、激发各类人才的积极性，在全社会大兴识才爱才敬才用才之风，在创新实践中发现人才、在创新活动中培育人才、在创新事业中凝聚人才，聚天下英才而用之，努力造就一大批能够把握世界科技大势、研判科技发展方向的战略科技人才，培养一大批善于凝聚力量、统筹协调的科技领军人才，培养一大批勇于创新、善于创新的企业家和高技能人才，为实现科技强国目标输送源源不断的创新人才。

（选自：文森：《三大战略助推科技强国“三步走”》，《中国青年报》2016年06月13日第02版）

案例分析：

习近平在全国科技创新大会上发表重要讲话强调，在我国发展新的历史起点上，把科技创新摆在更加重要位置，吹响建设世界科技强国的号角。科技是国之利器，国家赖之以强，企业赖之以赢，人民生活赖之以好。中国要强，中国人民生活要好，必须有强大科技。新时期、新形势、新任务，要求我们在科技创新方面有新理念、新设计、新战略。实现“两个一百年”奋斗目标，实现中华民族伟大复兴的中国梦，必须坚持走中国特色自主创新道路，加快各领域科技创新，掌握全球科技竞争先机。这是我们提出建设世界科技强国的出发点。

思考讨论：

1. 简要谈谈我国科技强国的战略背景和意义。
2. 联系上文谈谈你对“三大战略助推科技强国”的认识。

五、相信和依靠人民群众

案例一：毛泽东关于人民群众的“十个比喻”

把人民群众比喻为“动力”。1945 年 4 月 24 日，毛泽东在向党的七大提交的书面政治报告《论联合政府》中指出：“人民、只有人民，才是创造世界历史的动力。”

把人民群众比喻为“铜钱铁壁”。1934 年 1 月，毛泽东在江西瑞金召开的第二次全国工农兵代表大会的讲话中指出：“真正的铜墙铁壁是什么？是群众，是千百万真心实意地拥护革命的群众。这是真正的铜墙铁壁，什么力量也打不破的，完全打不破的。反革命打不破我们，我们却要打破反革命。”

把人民群众比喻为“眼睛”和“父母兄弟姊妹”。1943 年 7 月 2 日，毛泽东在《中共中央为抗战六周年纪念宣言》中说：“共产党应该紧紧地和民众在一起，保卫人民，犹如保卫你们自己的眼睛一样；依靠人民，犹如依靠自己的父母兄弟姊妹一样。”

把人民群众比喻为“上帝”。1945 年 6 月 11 日，毛泽东在党的七大上的闭幕词《愚公移山》中说：“现在也有两座压在中国人民头上的大山，一座叫做帝国主义，一座叫做封建主义。中国共产党早就下了决心，要挖掉这两座山。我们一定要坚持下去，一定要不断地工作，我们也会感动上帝的。这个上帝不是别人，就是全中国的人民大众。全国人民大众一齐起来和我们一道挖这两座山，有什么挖不平呢?”

把人民群众比喻为“土地”。1945 年 10 月 17 日，毛泽东在延安干部会上的报告《关于重庆谈判》中将人民比喻为土地，他说：“我们共产党人好比种子，人民好比土地。我们到一个地方，就要同那里的人民结合起来，在人民中间生根、开花。”

把人民群众比喻为“水”。人民，在毛泽东心里是至高无上的，在谈到和人民群众的关系时，毛泽东常用这样的比喻：“我们共产党和人民群众的关系，只能是鱼水关系，正如鱼不能离开水一样，我们的党一刻也不能离开人民群众。”

把人民群众比喻为“诸葛亮”。1943 年 11 月 29 日，毛泽东在中共中央招待陕甘宁边区劳动英雄大会上的讲话中指出：“‘三个臭皮匠，合成一个诸葛亮’，这就是说，群众有伟大的创造力。中国人民中间，实在有成千成万的诸葛亮，每个乡村，每个市镇，都有那里的诸葛亮。”

把人民群众比喻为“英雄”。毛泽东在 1941 年 3 月 17 日为《农村调查》所写的序言中指出："群众是真正的英雄，而我们自己则往往是幼稚可笑的，不了解这一点，就不能得到起码的知识。"

把人民群众比喻为"先生"。毛泽东在为《农村调查》所写的序言中还指出："兴国调查和长冈、才溪两乡调查，找的是乡级工作同志和普通农民。这些干部、农民、秀才、狱吏、商人和钱粮师爷，就是我的可敬爱的先生，我给他们当学生是必须恭谨勤劳和采取同志态度的，否则他们就不理我。知而不言，言而不尽。"

（选自：《毛泽东关于人民群众的"十个比喻"》，《福建党史月刊》2013 年第 16 期）

案例分析：

如何认识人民群众在历史上的作用，是社会历史观的重大问题；如何对待人民群众，是每一个党员干部所面临的重大考验。在新的历史条件下，我们全面深化改革，依然必须充分发挥人民群众的主体作用。为了人民而改革，改革才有意义；依靠人民而改革，改革才有动力。党的十八届三中全会提出了全面深化改革的历史任务，为了完成这一重大任务，我们必须坚持马克思主义的群众观点，坚持党的群众路线，"以百姓心为心"，把实现好、维护好、发展好最广大人民根本利益作为推进改革的出发点和落脚点，让发展成果更多更公平惠及全体人民。唯有如此，改革才能大有作为。

思考讨论：

1. 联系上文简要谈谈毛泽东论人民群众的历史意义。
2. 人民群众在历史上的作用体现在哪些方面？

案例二：曲阜：办群众烦心事，治机关拖延症

曲阜设立的"马上就办一线通"，将 101 个分布在乡镇、机关单位的"马上就办办公室"连接起来。"'一线通'负责第一时间将群众反映的问题转接到负责单位，24 小时在线。"接线员卢颜青说，2014 年"一线通"接听受理事项 12800 件。从停电断水的小事儿，到关系曲阜社会经济发展的大事儿，只要拨通电话，立刻就有回应。

光有了"马上就办"办公室，就意味着事事顺利办结吗？在成立之初，曲阜市便意识到：没有强有力的监督，"马上就办"可能沦为摆设，会变成"等几天""等几个月"再办，还有可能"再也不办"。

为此，曲阜建立起一套完整的监督评价机制：对于“马上就办”事项办理情况，市督察考核办联合作风办，每周一次对单位办理情况进行考核，并对群众回访仍不满意，或在办理过程中存在明显推诿扯皮、效率低下的单位进行现场督办，将办理结果计入各单位年度考核。截至目前已有6个单位7名相关责任人因办事不力被问责。

去年，曲阜市一家国有公司因在给客户维修电话时敷衍塞责、消极应付，导致客户报修电话问题近6个月未得到妥善解决，被曲阜市作风办予以全市通报，相关责任人被扣罚工资。

“不为群众马上办，我们就办你！”曲阜市督察考核办主任郭益民认为，“群众来电时，任何缺乏具体的解决措施与处理结果、不给出解决办法的回复都是不负责任的。”一位市民曾提出“关于小学路口放学时拥堵问题的几点建议”，相关单位回复：“你问政的内容不属于我单位职责范围，请向具有管理权限的部门咨询。”这样的搪塞，立即被通报批评，并在当地媒体上“亮丑”。“此事不在我们职责范围内”等类似表述，在政府部门回答群众质询、求助时已被列为“禁忌语”。

“政府部门本应时刻秉承‘马上就办’的行政理念，而不是偶尔表现一下‘马上就办’的雷厉风行。”这是当时网友的希望。现实情况总是纷繁复杂，很难指望一项新举措使全部痼疾药到病除。四年来，“马上就办”正在从量变迈向质变，从对问题的现场解决，发展到制度探索。

去年7月30日，“马上就办”工作体系通过ISO9001质量管理体系认证，这标志着“马上就办”迈向标准化、规范化。曲阜市纪委监察局副局长唐爱军说：“我们优化了两个职能，对内在回复环节增设审查功能，审查办理结果、流程及期限等；对外则强化督办职能，将原来单一监控事项办理结果转为监控体系运行的整个流程。”

在汇泉小区居住了十多年的居民管荣斌家，去年冬天，温度计上的刻度终于升到了23度。“小区供暖管网老化，多少年了温度始终上不去。向市里反映后，在去年供暖前就完成了管网改造。”让管荣斌焦虑的供暖问题，曾被列为“群众最不满意十件事”。曲阜每年都会对“马上就办”工作进行梳理汇总，将群众反映最为集中的问题纳入下年度的民生工程。“最不满意”，变成了改进工作的动力。“‘马上就办’制度已成为工作决策的有力补充和来源。”郭益民说。

“马上就办”实施四年，带来的不仅是行政效能的提升，也让干部的作风和精神气质发生了变化。

“更重要的是，现在老百姓有问题，都能想到找‘马上就办’，群众的认可，是我们做好这项工作的初衷和动力。”李长胜欣慰地说。

（选自：刘成友：《曲阜：办群众烦心事治机关拖延症》，《人民日报》2015年04月02日）

案例分析：

按照党中央部署，党的群众路线教育实践活动从2013年6月开始，自上而下、上下结合，分两批有序进行，到2014年9月底基本结束。第一批活动在省部级领导机关和副省级城市机关及其直属单位、中管金融企业、中管企业、中管高等学校开展，共有274个中管单位和100多万个党组织、1700多万名党员参加；第二批活动在省以下各级机关及其直属单位和基层组织开展，共有330多万个基层党组织、6900多万名党员参加。以习近平同志为总书记的党中央对如何开展教育实践活动，一开始就确立高标准，一开始就从自身做起，一开始就讲认真动真格，持续向全党全社会传递信心和力量。一年多的教育实践活动，综合发挥党的政治、思想、组织优势，解决了一些多年想解决但没有解决的问题，刹住了许多人认为“不可能刹住”的歪风，向全党全国人民交上了一本反“四风”的明白账。

思考讨论：

1. 试了解党的群众路线的方针政策。
2. 联系上文谈谈党的群众路线取得了什么效果，目前还存在哪些问题。

案例三：维护“朝阳群众”讲正义的力量

据2015年11月20日《北京青年报》报道，朝阳在全区范围集中开展“平安朝阳”主题宣传日活动，600余名朝阳民警和1000余名“朝阳群众”——治安志愿者走进社区，面对面教群众如何应对。据悉，目前登记在册的“朝阳群众”达13万人，先后组建了“治安伞”、“小桔灯”等志愿队伍。截至今年10月，共收到群众举报的各类线索21万余条，“朝阳群众”已成为百姓身边的“贴身保镖”。

这些年来，“朝阳群众”在维护社会治安，打击犯罪活动中发挥了积极有效的作用。诸如北京一些明星的聚众吸毒被警方查获，大多都归功于“朝阳群众”的功劳。公众在警方通报“朝阳群众”对平安北京建设表现出崇敬之余，更是对“朝阳群众”具有的正义力量表现出由衷敬佩。而对于北京警方来说，他们借助“朝阳群众”的举报和提供线索，增添了社会治安力量，打掉了一个又一个的犯罪团伙，查获了一个又一个吸毒窝点，清除了一个又一个的社会“毒瘤”，无疑对净化治安环境、营造平安北京、构建和谐社会立下了大功。

实际上，不管是“朝阳群众”还是“西城大妈”，都是对人民群众的泛指。由于“人民群众的眼睛是雪亮的”，由于人民群众是最好的社会治安力量，也是最具有正义的力量，他们在维护治安、案件侦破、举报不法活动等方面做了很多卓有成效的工作，成为当前时期群防群治的重要力量。俗话说，群众的力量是无穷的，历史是人民群众创造出来的，实现社会公平正义更需要广大群众的积极参与。在日益复杂的社会发展中，不仅需要更多有正义的力量，更需要心存正义感的广大人民群众。因此，政府积极发挥“朝阳群众”的正义力量，用他们的实际行动为社会治安和反腐败贡献力所能及的力量，应成为全社会的一种共识。

党的群众路线是毛泽东思想活的灵魂的三个基本方面之一。依靠群众，相信群众是我们党的事业不断取得胜利的重要法宝，也是我们党不断焕发生机与活力、永葆先进性的力量源泉。当然，“朝阳群众”的行为，并不是一个偶然，也不是一个区域内的个别行为，许多违法行为和案件的破获，离不开群众提供线索。“朝阳群众”的行动涉及面之广，持发酵时间之长，影响范围之大，让犯罪份子闻风丧胆，使犯罪行为望而止步，在广泛肯定和赞扬的同时，我们也感受到了群众力量在维护社会和谐稳定的重要作用。尤其是在现阶段，反腐已经从猛药去疴、重典治乱的“猛击一掌”，发展到了更加注重制度化建设的“长效反腐”，这个时候更加离不开人民群众的大力支持和积极参与。人民群众是腐败分子身边的监督员，任何蛛丝马迹都逃脱不了他们“雪亮的眼睛”，循着他们的举报往往能深挖蛀虫、精准打击，让腐败分子心惊胆战。所以说，发挥“朝阳群众”正义的力量参与揭露腐败现象，亦应成为反腐制度化的重要内容。

“民力可依，民心可恃，民智可用”。依靠群众，相信群众，积极发挥人民群众的正义力量，用“朝阳群众”强大的正义感引领社会经济建设发展，对各类犯罪分子实施有力的打击，必将有效净化社会治安环境，必将全面推动法治国家建设的进程，必将为实现中华民族伟大复复兴之路打牢坚实的基础。因此，

“朝阳群众”的正义力量，不是体现出他们喜欢打抱不平，不是说明他们善于立功寻赏，而是说明社会的安全稳定、和谐文明离不开每名群众的积极参与，需要社会每个人都要积极投身正义力量建设。

（选自：林志干：《维护“朝阳群众”讲正义的力量》，中国文明网，2015 年 11 月 20 日，http：//bj. wenming. cn/hd/pl/201511/t20151120_ 2971784. htm）

案例分析：

群众中蕴藏着参与维护社会稳定的巨大热情、智慧和力量，但如果没有适当的组织形式，就无法形成维护稳定的现实的社会力量。开展群防群治工作，为从根本上解决这一问题创造了条件。只要紧紧围绕平安建设，注重加强加强群防群治工作，夯实农村基层管防基础，使社会治安得到明显好转。家安离不开社会安，社会安了家才安，积极向公安等部门反映疑点提供线索，尽一己之力小我之责净化社会环境，消除身边的不安全因素，看似“帮别人”“帮社会”，更是“帮自己”“帮家人”。这是另一种形式的互保平安、守望相助。

思考讨论：

1. 如何理解文中“‘朝阳群众’已成为百姓身边的‘贴身保镖’”这句话?
2. 朝阳区人民群众在建设和谐社会过程中发挥了什么作用?

六、充分利用国内和国外两种资源

案例一：“千人计划”只是前奏，中国还要把西方大学引进来

“圆梦 · 中国”——“千人计划”入选者归国心路座谈会在人民日报社举行，九位“千人计划”入选者代表在此畅谈归来报效祖国的心路历程。上海交通大学教授、“千人计划”入选专家蔡申瓯指出，目前中国有了很好的引进海外人才条件，但是要注意让年轻人安心、专心做科研。同时，中国成为科学大国必须还要做得更大，不仅是“千人计划”这样的事，还要引进非华人，把整个美国、西方的大学引进来。

蔡申瓯称，他在美国待的时间比在中国待的时间还久，20 多年，是数学教授和生命科学教授，回国不到半年。看到这个国家发展到这样的地步，他们不得不回来。他现在在交大研究院任职，这个研究院就是做交叉理科、工科、医学和生命科学的平台，最后是提供各种基金方面的准备的综合性大学。另外在教育方面，交大完全采取新的一种体制，来创造创新人才的教育。这

次从美国回来，四至五个月之间他已经招聘了八个人，一般情况下这种人才好几年才可以招成，说明现在中国的确有很好的条件，他们都已经是美国很好的人才，他们都准备回来。这是中国的条件，是交大的理科和工科都非常具有吸引力。

蔡申瓯称，他经常和别人讲，在中国是手机的速度，在美国是电子邮件的速度。就是说在美国做什么事，发个电子邮件，你等几天，事情过来了。在这里是手机，必须马上要回答人家的事。所以在这种情况下，文化冲突实际上是很自然的。中国的发展非常快，每一个人才都是客人，美国人进到学校都已经是将近一百年稳定的体制了，我们现在这个体制是每天都在变，每天都不一样，所以在这种情况下，包括有的人想回来做管理、做大事的人，他们说中国的系统觉得很难办，我觉得你需要学会做特例，等你稳定了，慢慢中国也发展起来。所以，这个系统需要完善，但的确有自己的特点，你只有利用这个系统的长处，弥补它的短处，做好自己的事情。

蔡申瓯说，回来之后，不仅是校长，各个阶层、各个部门对我们这些人都很支持的。现在有一个问题，刚才提到为什么在中国很多人不愿意做科学？其中很大一部分中国现在的年轻人的待遇非常的低，这使得很多很好的人都不愿意在科学方面发展。包括我教的课，很多很好的学生，一问就是说，做科学是永远翻不开身的。至于这个问题，关于“千人计划”，我们一定要加强对自己的年轻人的待遇，让年轻人真正开始安心、专心做科研，不要追求 SCI 这些没有意义的指标，在当初发展的时候，中国初期发展是需要，但是现在已经达到相对成熟的时候，就不能再追求这些虚的东西，要真正做深的、前沿的东西。有的教授问我，什么是前沿？我说我做的是前沿，和别人不同的是前沿，不要老是追求这些指标，发表文章，这些没有任何意义。

蔡申瓯还指出，在引进高端人才的时候，我们不仅引进自己的华人，我们要真正成为科学大国，还要引进非华人，交大引进很多法国非华人的教授，但是这个体制更难了，但是要使中国成为世界大国必须要做这件事，不仅要引进非华人，而且要把整个美国、西方整个大学引进来，因为中国的大学要竞争，这样才可以真正发展科学和教育方面的新形式。中国成为科学大国必须还要做得更大，不仅是“千人计划”这样的事。

（选自：蔡申瓯：《“千人计划”只是前奏，中国还要把西方大学引进来》，人民网，2010 年 05 月 21 日，http：//politics. people. com. cn/GB/1026/11659368. html）

案例分析：

2008年12月，中央决定实施引进海外高层次人才的“千人计划”，围绕国家发展战略目标，用5到10年时间，在国家重点创新项目、重点学科和重点实验室、中央企业和金融机构、以高新技术产业开发区为主的各类园区等，有重点的引进并支持一批海外高层次人才回国（来华）创新创业。截至2014年5月底，“千人计划”已分十批引进4180余名海外高层次人才，在科技创新、技术突破、学科建设、人才培养和高新技术产业发展等方面发挥了积极作用，正成为创新型国家建设的一支重要生力军。

思考讨论：

1. 千人计划对于我国引进高端人才有什么作用？

2. 为了更有效地引进国外资源，还应从哪些方面下手？

案例二：“一带一路”战略助力中国企业“走出去”

近年来，随着中国经济的转型升级，中国企业“走出去”的步伐开始加快。中国2013年提出的建设丝绸之路经济带和21世纪海上丝绸之路的倡议更为中国企业“走出去”创造良机，也为所有沿线国家的优势互补、开放发展创造新的机遇。

2014年，奇瑞汽车出口量占国内乘用车总出口量27%，在“一带一路”覆盖的60多个国家中，奇瑞的汽车已经卖到了49个国家，占到全部出口量的一半。对于2015年的汽车出口计划，奇瑞汽车董事长尹同跃表示：“今年我们计划出口十三万六千辆，主要还是分别在‘一带一路’的几条线上，主要是中亚、中东、南美地区。国内、国际市场并举对每家车企都很重要。”

2009年，中国超过美国成为全球第一大汽车消费市场，与此同时，中国汽车企业积极“走出去”拓展国际市场，汽车行业专家李铁铮表示：“我们的周边像东南亚、南亚、西亚、中东地区，甚至东欧地区汽车工业还是欠发达，而且离我们近，为我们提供了走出去的良机，这个市场很大。扩大产能也好，扩大产量也好，不能只盯着国内市场。”

同时，为了能够迅速占领产业链上游，中国一些汽车企业并收购一些知名汽车公司。2010年8月，吉利控股集团正式完成对福特汽车公司旗下沃尔沃轿车公司的全部股权收购，从汽车制造的“引进来”到“走出去”，中国只用了30多年的时间。

7 月 14 日，国务院国有资产监督管理委员会发布《“一带一路”中国企业路线图》。数据显示，截至2014 年底，国资委监管的110 余家央企中已有107 家在境外共设立8515 家分支机构，分布在全球150 多个国家和地区，其中80 多家央企已在“一带一路”沿线国家设立分支机构。

今年4 月，中国电力建设股份集团有限公司与巴基斯坦签署卡西姆港燃煤电站项目，该项目由中国电建集团和卡塔尔投资银行共同投资开发，建成后，年发电量可达95 亿千瓦时，预计2017 年底将正式发电。集团下属公司，中国水利水电第七工程局海外事业部负责人伍夕国介绍说，最近几年，公司加快“走出去”步伐，投资领域也在同步拓宽，由过去传统的水电项目拓展到有火电、公路、输变电以及光伏发电等项目，“过去十年我们一共有两个（海外）项目，一共不到一亿美元，这两年我们新到手的项目有5 个，接近6 亿美元，我们在海外找到了自己更大的市场。”

6 月28 日至7 月2 日，中国国务院总理李克强赴布鲁塞尔出席第十七次中国欧盟领导人会晤并顺访比利时，对法国进行正式访问并访问经济合作与发展组织总部。访欧期间，李克强与欧盟以及法国领导人就国际产能合作、第三方市场合作等达成重要共识。另外，中欧领导人达成共识，双方决定对接中国“一带一路”合作倡议和欧洲投资计划，同意建立中欧共同投资基金。李克强访问布鲁塞尔时表示：“中欧关系，特别是经贸关系不仅仅是买卖关系，应该扩大相互投资，乃至于共同投资，中方愿意积极地参与欧方的投资计划。”

（选自：卜卫军：《“一带一路”区域合作战略助力“走出去”》，环球网，2015 年07 月16 日，环球网，http：//world. huanqiu. com/hot/2015 –07/7021037. html）

案例分析：

大时代需要大格局，大格局需要大智慧。我国领导人在国际视野下布局的“一带一路”战略，旨在打破原有点状、块状的区域发展模式，从海陆至空间，从纵向到横向，贯通我国东中西部和主要沿海港口城市，进而连接起亚太和欧洲两大经济圈，实现沿线国家和地区全方位、立体化、网络状的“大概念联通”。这样的“大概念联通”，不仅会改变中国区域发展的现有格局，也会通过欧亚经济的再整合重塑世界的政治经济版图。“一带一路”沿线国家近60 个，大多是新兴经济体和发展中国家，总人口约44 亿，经济总量约为21 万亿美元，分别占全球的63% 和29% 。这些国家普遍处于经济发展的上升期，具有开展互利合作的广阔前景。在整个世界经济需要新的驱动能和发展活力时，我国提出的“一带一路”战略构想，不仅出于中国发展的现实需要，也符合所有沿线国家和相关国家的战略利益。

思考讨论：

1. 请简要谈谈“一带一路”战略意义。
2. “一带一路”对于我国“走出去”起到了哪些作用？

案例三：滴滴：以分享经济助推实现中国梦

一家创业仅三年多的公司，从80万资本起家到165亿美元市值，服务超过2亿用户，每天记录8000万公里行驶路线、规划2.5亿条路线总数……从拥有经济向分享经济转型的过程中，滴滴正帮助老百姓解决出行难题、缓解城市交通拥堵，并创造大量就业机会，以此助推中国梦实现。

而今年以来伴随“互联网+”的出现，把互联网与经济转型、百姓生活紧密联系在一起，培育出了更多的新兴产业和新兴业态，形成新的经济增长点，促进经济社会各领域的融合创新。滴滴正是“互联网+交通”这一理念在中国的最大践行者，更是分享经济在交通出行领域的代表。出行难一直是中国交通面临的顽疾，城市交通运力供给不足、公共交通拥挤、城市道路拥堵等问题一直困扰着中国8亿出行人群。这个问题不解决，中国人民就谈不上幸福。面对这样的发展机会，滴滴就是希望打造一个综合的城市出行信息服务平台，用移动互联网技术打通封闭的交通体系，成为一个交通领域的世界级民族品牌。

出行有个很重要的“潮汐”特征，就是高峰期和平时期市民需求不一样。如果因为高峰时期运力不足盲目增加公共车辆，很可能导致平峰期的剩余和浪费。滴滴正在做的事情，就是在高峰期把社会上不同的运力统筹起来，供用户分享。“巴士也好、出租车也好，甚至是私家车也好，高峰时期统到运力的这个盘子里面，来承接大家的需求，平时时候就回去。”他们认为这个“只求享用、不求拥有”的分享模式，将解决出行的“潮汐”问题。

同时，资源的配置也是有限的，尤其道路资源的配置，这是出行中最严重的问题。道路资源一定，所以承载的车辆有限，有些地方不得不限牌。滴滴通过分享、拼车的模式，在道路资源一定、车辆资源一定的情况下增加了承载乘客，让整个城市不至于出现交通瘫痪的问题。

此外，滴滴还解决了资源运用效率的问题。据测算，一辆出租车的运力相当于12辆私家车，相当于7辆政府用车。通过滴滴出行平台的连接，信息更加对称，出租车、专车、顺风车等资源进一步盘活，运营效率大大提高，司机收入亦得以增加。而且，这一过程中还创造了大量就业岗位。毕竟对很多人来说，会开车和学会使用智能手机，门槛并不算高。

滴滴董事长兼CEO程维在达沃斯论坛上表示，如今靠交通存量难以完成出行需求，滴滴快的希望在不增加额外供应条件下，将现有交通资源发挥到极致。未来可能不需要每个人都拥有一辆车，应该向少量的车让更多人使用这一方向转变，这就是共享经济的魅力。未来，滴滴快的致力于将交通资源整合到一起，让许多闲置的车辆和司机资源能够根据市场的需求及时调配，以满足动态变化的出行需求。

多位专家学者认为，唯有创新才能实现中国梦。而滴滴的创新不止于搭建信息平台，更要让这个平台运营更高效、用户出行更方便。滴滴近期成立了机器学习研究院，挖来多位国内外顶尖技术大拿。在用户画像系统、精准营销、智能匹配、需求预测系统和运能预测系统等方面构建了技术核心竞争力之后，滴滴在技术方面的未来将有更大的想象空间。

滴滴的梦想就是建设一个中国人领导的，全球最大的一站式出行平台，在未来3年时间里每天可以服务三千万的用户，服务一千万的车主，在任何地方3分钟内都可以叫到一辆车。在程维看来，未来十年是中国在各个领域崛起的十年，滴滴将得益于这样的时代；“移动互联网让出行更美好”不仅是滴滴的梦想，也是中国交通领域的“中国梦”。

（选自：周涛：《滴滴：以分享经济助推实现中国梦》，环球网，2015年09月16日，http://tech.huanqiu.com/news/2015-09/7497764.html）

案例分析：

在2015年夏季达沃斯论坛上，李克强总理充分肯定了分享经济。在他看来，目前全球分享经济呈快速发展态势，是拉动经济增长的新路子，通过分享、协作方式搞创业创新，门槛更低、成本更小、速度更快，这有利于拓展我国分享经济的新领域，让更多的人参与进来。李克强总理在《政府工作报告》中两次提到“促进分享经济发展”、“支持分享经济发展”，从之前中央文件中的“发展分享经济”到现在的促进与支持，足以看到分享经济在中国整体经济格局中发挥着日益重要的作用。分享经济的特征是大众参与，资源高效配置，用户体验更好。这种“不求拥有，但求所用”的新经济模式既符合供给侧结构性改革的要求，又满足了消费者的潜在需求，是中国经济发展的一股新动能。

思考讨论：

1. 请列举当下社会其他共享经济的成功案例。
2. 共享经济对于促进国家经济发展有什么作用？

第三章

中国特色社会主义制度

第一节　政治制度

中国特色社会主义政治制度是中国特色社会主义制度的重要组成部分，是包括人民代表大会制度、中国共产党领导的多党合作和政治协商制度、民族区域自治制度以及基层群众自治制度等内容丰富的制度，是充分保证人民当家作主、具有独特政治优势的制度。中国特色社会主义政治制度是历史和人民的选择。这一政治制度的总的框架和基本内容在以毛泽东为核心的党的第一代中央领导集体于建国前后基本确立，并在改革开放的过程中得到了不断发展和完善。从现实的角度看，中国特色社会主义政治制度有着自己独特的优势。它能够有效保证人民享有更加广泛、充实的权利；能够有效调节国家政治关系，发展充满活力的各政党、各民族、各宗教、各阶层以及海内外同胞间的关系，形成安定团结的政治局面；能够集中力量办大事，有效促进社会生产力解放和发展，促进现代化建设；能够有效维护国家独立自主，坚定地维护国家主权、安全、发展利益；同时也有助于在重大活动、重大自然灾害和社会突发事件面前迅速调集各方面力量，整合社会资源，高效解决突发状况带来的损失。党的十八大报告明确指出要坚持制度自信，用中国特色社会主义制度作为根本保障推动中国特色社会主义事业的发展。习近平总书记在庆祝全国人民代表大会成立60周年大会上也强调，坚定中国特色社会主义制度自信，首先要坚定对中国特色社会主义政治制度的自信，增强走中国特色社会主义政治发展道路的信心和决心。

一、人民当家作主

案例一：中国人民民主制度的新阶段

中华人民共和国第一届全国人民代表大会的第一次会议今天在首都北京庄严地开幕了。这个会议的一千二百二十六名代表，代表着六万万人民的伟大意志。他们将要通过中华人民共和国宪法，并根据宪法选举中华人民共和国主席和全国人民代表大会常务委员会，组织国务院，选举最高人民法院院长和最高人民检察院检察长。我国的一切国家权力开始由全国人民普选产生的全国人民代表大会集中行使了。

在第一届全国人民代表大会的代表中，包括了我国所有的民主阶级和民主党派的代表人物，包括了工农业劳动模范，武装部队的英雄人物，著名的文学、艺术、科学、教育工作者，工商界、宗教界的代表人物，包括了我国各民族各阶层人民的代表。这个会议有一百七十七名少数民族的代表出席。这是表示我国历史上几千年来前所未有的团结统一的一次大会。

这个代表大会的这次会议代表我国逐步过渡到社会主义的新时期。它所要通过的宪法是进行社会主义改造、建立社会主义社会的宪法；这个宪法规定了国家的确定不移的社会主义路线，规定了国家发展社会主义经济和合作社经济、改造个体劳动者的小生产经济和资本主义经济的根本方针。这就是这次会议的最伟大的历史意义。

中国人民热爱我们自己的人民代表大会制度，而不喜欢资产阶级那种伪装民主的议会制度。那种制度在中国也曾有人倡导过和试用过，但是被人民群众毫不留恋地抛弃了。我国人民所以热爱人民代表大会制度，是因为我们的人民代表大会真正能够反映人民群众的意志，真正能够实现人民群众的意志。

人民代表大会所以能够真正反映人民的意志，就因为它是真正由人民群众实行普遍平等的选举所产生出来的，不是像资本主义国家的议会那样，由垄断资本集团订出有财产、教育程度、民族和居住条件等等限制的选举法，并且由警察宪兵来操纵控制，以金钱贿赂来进行选举而产生出来的。我们的人民代表大会的代表真正是人民群众认为最满意的人或者是必要的人物。人民对于自己所选出的代表有权实行严格的监督，并且有权随时撤换他们，这就保证这些代表必须忠实地反映人民的意志。

人民代表大会所以能够真正实现人民的意志，是因为它真正行使着人民所付托给它的至高无上的权力。我们的全国人民代表大会有权决定国家一切大事，它所通过的法律、法令和一切决议，任何国家机关和工作人员都必须在它的监督下严格执行。

我们全国人民积极参加基层选举，选出了地方各级人民代表大会和全国人民代表大会的代表，并且加倍努力提前完成和超额完成国家的计划，来迎接全国人民代表大会会议，这就是我国人民对于人民代表大会制度具有无限热爱的最好的证明。全国人民代表大会的一切代表必须尊重人民群众的热情的付托，努力工作，使这次会议完满地完成它的光荣的重大的任务。

（选自：《中国人民民主制度的新阶段——庆祝中华人民共和国第一届全国人民代表大会第一次会议开幕（社论）》，《人民日报》1954 年 9 月 15 日第 1 版，有改动。）

案例分析：

1954 年 9 月 15 日，第一届全国人民代表大会第一次会议在北京召开，标志着人民代表大会制度在全国范围内建立起来。会议通过的《中华人民共和国宪法》明确规定："中华人民共和国的一切权力属于人民；人民行使权力的机关是全国人民代表大会和地方各级人民代表大会，全国人民代表大会和地方各级人民代表大会都实行民主集中制。"会议还通过了《全国人大组织法》《国务院组织法》《人民法院组织法》《人民检察院组织法》《地方各级人大和地方各级人民委员会组织法》等 5 个有关国家机构的基本法律，总结了新中国成立后各级各界人民代表会议的经验和国家机关的经验，系统地规定了人民代表大会制度，奠定了我国人民代表大会制度的基础框架。几十年来，党的历代领导人对人民代表大会制度建设和人大的工作都十分重视并做出了许多卓有成效的改革。人民代表大会制度的光辉历程充分证明：人民代表大会制度是最符合中国实际的民主制度，也是对中国发展最为有利的政治制度。

思考讨论：

（1）第一次全国人民代表大会召开的历史意义有哪些？

（2）中国人民代表大会制度为什么是我国的根本政治制度？

案例二：一个人大代表的民主示范

一个时刻怀揣《宪法》的人大代表，一个 16 年来每个星期二下午都接待选民的人大代表，一个反宪法和法律授予的监督权力认认真真来实施的人大代表，一个不怕别人说她‘天真’和‘发神经’的人大代表，一个常常让官僚们下不了台的人大代表，正在为我们每个人做着民主示范。她就是吴青，在北京外国语大学选区拥有3000多选民的人大代表。

用《宪法》来管“化粪池”——在北京外国语学院墙外有一片农田，农民们紧靠学院建了一个化粪池。多年来，这个化粪池的异味让学院的师生无法正常地呼吸，学院多次交涉未果。找政府有关部门，回答是没有相关规定，难以处理。吴青找来海淀区政府、区农委、环保等部门官员一起来见队长，对他说，《宪法》第53条规定：中华人民共和国公民必须尊重社会公德。现在你们的行为有违这一原则，是不符合《宪法》规定的。一席话不仅让队长愣了，也让官员们大惑不解：这事，《宪法》能管吗？吴青不退让，《宪法》是中国根本大法，每个公民都必须遵守。显然，这种“新鲜事”已超出了地区官员的判断范围。但无论如何，《宪法》的条文总算是一个规定。队长毕竟还没有挑战《宪法》的勇气，他退缩了。吴青紧逼不放，一定要队长当场明确何时搬迁，她建议3天，队长说7天，最后各退一步，定下5天的期限。吴青让队长立下白纸黑字的字据，这个还没完全想明白的队长蹲在田埂上足足抽了一个多小时的烟，终于签字。

法律：无情才能成为标准——在海淀区有一处“老大难”违章建筑，多年难以拆迁，因为这是一个老年人活动中心，对政府部门工作的监督正是人大代表的法定职责，违章建筑难以拆迁自然是工作不力的表现。当她了解到大理违章建筑的出现在于各种领导乱批条子时，她愤怒了，对城建部门说，对那些批条子的，“出一份处长以上领导名单，曝光！”当然，一个人大代表的权力最后还没能到这一步。但老年人活动中心则没有“处级官员”们那样幸运。在吴青的督促下，它终于被拆除了。在“吴代表”名声远扬后，她早晨跑步时会有人等在操场上向她反映情况。她的家门口也常常出现一些满腹冤屈的普通人。但是，吴青不会让感情左右自己。对任何一件接手的事情，她会去听多方面意见，要凭证、要旁证。她觉得，法律，只有无情才能成为标准。代表应有原则，要看得罪的什么人，根据什么得罪。

脚站在选民中间——吴青迄今已5次当选区人大代表，3次当选市人大代表。但她现在有一个矛盾的愿望：希望成为全国人大代表，去解决更根本的问题；但又宁愿只做区人大代表，因为这样“脚是直接站在选民中间”。她的心得是：人大代表的位即权力的再分配，也就是向群众分配，让人民有更多的决定权。为什么对吴青的意见，政府部门首脑处理起来敷衍拖延，而具体工人人员往往支持？因为这不涉及工作人员的权力根本问题。而她最后的郑重声明是：

我不做“吴青天”，人大代表的职责不应该依赖个人作风，应是谁在这个位置上都要如此。看得出，这放在最后的声明体现了她对人大代表的理解和期望。

（选自：《一个人大代表的民主示范》，《改革先声》2000 年第 7 期，有改动。）

案例分析：

人民代表大会是代表人民行使国家权力的机关，这决定了我国各级人大代表可以成为国家和人民整体利益的代表者。因此，《中华人民共和国全国人民代表大会和地方各级人民代表大会代表法》规定，全国人大代表和地方各级人大代表，代表人民的利益和意志，依照宪法和法律赋予本级人民代表大会的各项职权，参加行使国家权力。同时，各级人大代表均是由原选区选民和选举单位选举产生，对原选区和选举单位的工作情况、群众要求比较熟悉。因此，《代表法》又从实际出发，明确规定，人大代表应当与原选区选民或原选单位和人民群众保持密切联系，听取和反映他们的意见和要求，努力为人民服务。“一个不怕别人说她“天真”和“发神经”的人大代表”、“一个常常让官僚们下不了台的人大代表”——吴青，用自己的实际行动维护了人民群众的切身利益，树立了合格人大代表的形象，为我们做出了良好的民主示范。

思考讨论：

（1）你认为人大代表需要具备哪些素质？如何提高人大代表的这些素质？

（2）我国关于保障人大代表履行职责有哪些规定？

案例三：符合国情民意的民主政治制度

人民代表大会制度是最能体现我们党执政理念的民主政治制度：无论是战争年代浴血奋战推翻三座大山、建立社会主义制度、开展大规模的社会主义建设，还是进行改革开放和社会主义现代化建设，都是为了实现好、维护好、发展好最广大人民的根本利益。中国共产党执政的实质，就是领导、支持和保证人民当家作主，最广泛地动员和组织人民群众依法管理国家事务，管理经济和各项社会事业，领导人民群众最大限度地实现自己的利益。几十年的实践证明，人民代表大会制度能够把坚持党的领导和坚持人民当家作主有机地结合起来，把尊重社会发展规律和尊重人民群众的主体地位有机地结合起来，把为崇高理想而奋斗和为最广大人民谋利益有机地结合起来。

人民代表大会制度是最能保证人民当家作主的民主政治制度：人民代表大

会制度明确规定："中华人民共和国的一切权力属于人民，人民行使国家权力的机关是全国人民代表大会和地方各级人民代表大会；国家机构实行民主集中制原则，全国人民代表大会和地方各级人民代表大会都由选民或选举单位民主选举产生，对人民负责、受人民监督；国家行政机关、审判机关、检察机关，都由人民代表大会选举或表决产生，对人民代表大会负责、受人民代表大会监督……"我国的人民代表大会制度，是最具实质性、广泛性、代表性、合理性的政权组织形式，是最能保证人民当家作主的民主政治制度。

人民代表大会制度是最符合中国国情的民主政治制度：邓小平同志指出："我们评价一个国家的政治体制、政治结构和政策是否正确，关键看三条，第一是看国家的政局是否稳定；第二是看能否增进人民的团结，改善人民的生活；第三是看生产力能否得到持续发展。"他还说："民主只能逐步地发展，不能搬用西方的那一套，要搬那一套，非乱不可。"新中国成立以来，特别是改革开放以来的实践证明，人民代表大会制度不仅是最适合我国人民民主专政的社会主义性质的民主政治制度，而且是最能保证国家长治久安，促进全国各族人民大团结，调动社会各方面积极性的民主政治制度。

人民代表大会制度是最重效率、最有效率的民主政治制度：多年来的民主政治建设的实践证明，我国的人民代表大会制度，不仅是世界上最先进、最民主的政治制度，而且是世界上最重效率、最有效率的政治制度。正如邓小平同志指出的那样："我们的制度是人民代表大会制度，共产党领导下的人民民主制度，不能搞西方那一套。社会主义国家有一个最大的优越性，就是干一件事情，一下决心，一做出决定，就立即执行，不受牵扯。我们说搞经济体制改革，全国就能立即执行，我们决定建立经济特区就可以立即执行，没有那么多互相牵扯，议而不决，决而不行。就这个范围来说，我们的效率是高的，我讲的是总的效率。"

人民代表大会制度是与时俱进、充满生机和活力的民主政治制度：人民代表大会制度，是我们党在政权建设上把马克思主义的基本原理与中国具体实际相结合的伟大创举，是对社会主义民主政治建设的伟大创新，体现了国家政权组织形式的发展趋势。人民代表大会制度是一个开放的制度体系，具有与时俱进的优秀品格，能够根据社会主义现代化各个时期的发展需要，不断地进行改革和自我完善，不断地汲取和借鉴全人类共同创造的政治文明成果。

（选自：鲍振东：《深刻认识人民代表大会制度的优越性》，《光明日报》2009年4月7日第3版，有改动。）

案例分析：

国家竞争本质上也是制度竞争。人民代表大会制度是我国国家制度体系之根，是国家制度体系之首。我国取得的辉煌发展成就，是在中国共产党领导下，坚定不移走中国特色社会主义道路，坚持和发展包括人民代表大会根本政治制度在内的中国特色社会主义制度，坚持中国特色社会主义理论体系指导下取得的。中国人民从国家的快速发展变化中，越来越清楚地认识到中国共产党领导的人民代表大会制度这个根本政治制度的巨大优越性和强大生命力。历史和实践已经证明并将进一步证明，人民代表大会制度是符合中国国情和实际、体现社会主义国家性质、保证人民当家作主、保障实现中华民族伟大复兴的好制度。在新的奋斗征程上，必须充分发挥人民代表大会制度的根本政治制度作用，继续通过人民代表大会制度把国家和民族的前途命运牢牢掌握在人民手中。

思考讨论：

（1）为什么说人民代表大会制度是我国制度体系之根，是国家制度体系之首？表现在哪些方面？

（2）新时期新阶段应该如何坚持和发展人民代表大会制度？

二、政治协商放光芒

案例一：第一届政治协商会议的召开确立了我国的政党制度

1949年9月21日，肩负着宣告中华人民共和国成立伟大历史重任的盛会——中国人民政治协商会议第一届全体会议在北平中南海怀仁堂隆重开幕。参加会议的代表共662人，其中正式代表510人，候补代表77人，特别邀请人士75人，分别代表中国共产党、各民主党派、各人民团体、人民解放军、各地区、国内各少数民族、国外华侨、宗教界等各个方面。

中共中央主席毛泽东主持了开幕式并致开幕词，他庄严地宣告："占人类总数四分之一的中国人从此站立起来了。"刘少奇代表中国共产党在大会上发表讲话，郑重表示："中国共产党一定要为人民政治协商会议的成功及其发展和巩固而进行不懈的努力。""凡是中国共产党参加并一道通过的人民政治协商会议的决议，中国共产党将坚决地执行并为其彻底实现而奋斗。"会议为期8天，讨论通过了《中国人民政治协商会议共同纲领》、《中国人民政治协商会议组织法》、《中华人民共和国中央人民政府组织法》等草案以及国旗、国歌、国都、纪年等4个决议案。

这次会议的召开是中国各族人民以中国共产党为核心的革命大团结的象征，标志着中国人民民主统一战线在组织上的成立。中国共产党在中国革命的各个历史时期，努力团结一切可以团结的力量，建立广泛的统一战线，成为争取革命胜利的一大法宝。在新民主主义革命取得决定性胜利的时刻，中国人民革命大团结在全新的基础上形成并得到空前的发展。中国人民政治协商会议成为中国共产党领导的统一战线的组织形式。

这次会议的召开为人民民主专政的新中国的建立作出了历史性贡献，是空前的人民当家作主的盛会。这次会议代行人民代表大会职权，形成并通过了为新中国奠基的三个历史性文件。《共同纲领》确定了中国的国体，“中华人民共和国为新民主主义即人民民主主义的国家，实行工人阶级领导的、以工农联盟为基础的，团结各民主阶级和国内各民族的人民民主专政”。这是结束中国两千年封建专制统治、结束近百年帝国主义侵略和国民党反动独裁统治、实现人民民主的一次历史性跨越。

这次会议的召开是中国共产党与各民主党派、无党派人士以及各界爱国人士协商建国的盛会，由此确立了中国共产党领导的多党合作和政治协商制度，成为中国的一项基本政治制度。其标志为：一是确立了中国共产党的领导地位；二是以《共同纲领》作为多党合作和政治协商的共同的政治基础；三是各民主党派和无党派民主人士完成向新民主主义的转变，与共产党建立了新型的合作关系；四是各民主党派和无党派民主人士参加国家政权，参与国家事务的管理。中国人民政治协商会议成为中国政治体制的重要组成部分，成为中国共产党领导的多党合作和政治协商的重要机构。

（选自：袁廷华：《中国特色政党制度研究》第132—135页，中国书籍出版社2013年版，题目自拟，有改动。）

案例分析：

中国共产党领导的多党合作和政治协商制度，是具有中国特色的社会主义政党制度。在中国政党制度中，中国共产党是执政党，是社会主义现代化建设事业的领导核心；各民主党派是接受中国共产党的领导，同中国共产党通力合作的亲密友党，是进步性与广泛性相统一，致力于中国特色社会主义事业的参政党。坚持中国共产党的领导和坚持社会主义道路，坚持人民民主专政，坚持中国共产党领导，坚持马克思列宁主义、毛泽东思想等四项基本原则是中国共产党和各民主党派合作的首要前提和根本保证。“长期共存，互相监督，肝胆相照，荣辱与共。”是中国共产党与各民主党派合作的基本方针。宪法和法律是中国共产党和各民主党派的根本活动准则。第一届政治协商会议的召开确立了中国共产党领导的多党合作和政治协商制度，为我国民主政治建设做出了积极探索。

思考讨论：

（1）中国共产党领导的多党合作与政治协商制度形成的原因有哪些？

（2）中国共产党领导的多党合作和政治协商制度的优越性体现在哪些方面？

案例二：赢得人心的选择

90 多年前，中国共产党刚刚成立之时，很少有人料到这个党能给中国带来翻天覆地的改变。因为在此前后，中国先后有过二三百个政党。这些政党在刚成立时，往往都宣称救国救民，但绝大多数很快烟消云散。但是，中国共产党与众不同。从一开始，她就以中华民族伟大复兴为己任。中国共产党能够由小到大、从弱到强，就在于长期用自己多方面的模范行动，真正赢得了最大多数中国人的支持。

坚定地捍卫国家民族利益。中国共产党的革命目标之一，就是挽救国家民族危亡，实现独立和解放。九一八事变第二天，中共中央就通电全国，呼吁停止内战，一致对外。此后，又多次声明，如果国民党停止内战，中国共产党愿意把自己的军队改编成国民革命军的一部分，愿意把自己的根据地变成国民政府统一管辖下的边区。在中国共产党的影响下，张学良、杨虎城发动西安事变，并得到和平解决，从而实现全民族团结抗战的局面。之后，中国共产党领导的红军改编成八路军、新四军，深入敌后抗日，消灭和牵制大量日伪军，对中国以至世界反法西斯战争的胜利作出巨大贡献。中国共产党及其领导的军队中，涌现出许许多多的民族英雄。杨靖宇将军战斗到弹尽粮绝也绝不投降，狼牙山五壮士宁可跳崖也绝不愿意被俘，新四军刘老庄连与日本侵略者殊死决战全部壮烈牺牲……

真诚地解决民生问题。中国共产党从一成立，就把为最广大的中国人民谋利益作为自己的使命，并且清楚地认识到，最重要的是解决农民的土地问题。在大革命后期，我们党就已经开始解决农民的土地问题。土地革命战争时期实行“打土豪，分田地”。抗日战争时期，为了争取地主富农抗日，改行减租减息政策。解放战争时期，又没收地主部分土地分给农民。这些做法，使广大农民感到中国共产党是真正为他们谋利益的党，他们积极参加这个党领导的军队，不能参军者也踊跃支前。

努力地实现人民的民主权利。让人民当家作主，一直是中国共产党人的诉求。在革命战争年代，考虑到大多数选民文化程度不高，甚至不识字，各根据地从实际情况出发，创造了多种投票方法：识字多的选民用票选法，识字不多的选民用画圈法、画杠法，完全不识字的选民用投豆法。在政权组成人员的分配上，实行“三三制”。而国民党统治区则实行法西斯统治，与此形成了鲜明对比。

党、政府和军队高度廉洁。毛泽东在党的七大上曾经自豪地说：“陕甘宁边区是全国最进步的地方。这里一没有贪官污吏，二没有土豪劣绅，三没有赌博，四没有娼妓，五没有小老婆，六没有叫化子，七没有结党营私，八没有萎靡不振之气，九没有人吃摩擦饭，十没有人发国难财。”

（选自：谢春涛：《谢春涛党史论集》第99—100页，中华书局2013年版，有改动。）

案例分析：

中国共产党领导、多党派合作，中国共产党执政、多党派参政，是我国政党制度的基本特征，也是我国的基本政治格局。中国共产党的领导和执政地位，是由中国共产党的先进性决定的。无论是在革命战争年代，还是在和平年代，任何政党都希望有所作为，掌握政权。在中国革命历史上，各种政党和政治力量沉浮兴衰，可谓大浪淘沙。中国共产党一开始就是按照马克思主义原则建立起来的新型政党，为民族的独立、国家的富强、人民的幸福而不懈奋斗。具体而言，在思想理论方面，共产党的先进性体现在其坚持科学的世界观，主动把握社会历史发展的规律，正确地认识和指引历史前进的方向，使人民群众认识到自己的当前利益和根本利益，同心同德地奋斗。在实践上，中国共产党始终走在时代前列，肩负人民的重托和期待，与时代同步伐，与人民共命运，因而成为人民群众奋斗事业的领导核心。在组织上，中国共产党是由先进分子按照民主集中制原则组织起来的最有战斗力的政党，是人民群众创造历史，实现、维护和发展自身利益的有力工具。

思考讨论：

（1）为什么说“中国共产党执政地位的形成是历史和人民的选择”？

（2）结合具体实例，简单谈谈中国共产党的执政地位体现在哪些方面？

案例三：政治协商民主的新路径：政协进社区探索

浙江省台州市黄岩区是浙江非公经济、民营经济和股份制经济的发源地与发达地之一。伴随着社会主义市场经济的蓬勃发展，利益多元化的格局日益凸显，不同的社会阶层、利益群体和党派社团都需要通过各自渠道来表达自身利益，导致社会问题不断，各种矛盾积累。这本是政协组织发挥民主协商以解决问题的大好机遇，但由于旧式的工作方法，使得政协组织难有作为。为此，浙江省台州市黄岩区自2009年以来开展了"政治协商进社区、建言献策在基层"活动，为政协组织的功能伸展进行新探索。

该项活动改变了传统政协工作中调查研究大都为政协机关组织，调研对象多为各级干部的工作形式，尽量避免主要依靠听取官员汇报，而对民间的实情了解很少，"参政议政"总是浮在上层而与解决实际问题无关的现象。台州市黄岩区通过在街道社区设政协联络处，直接将以往政协反映党派社团的功能扩展到基层社区群众，其包容性、代表性和广泛性使政协的协商民主更具现实性。政协组织根据政协委员构成具有专业性的特征，在社区联络处下设各具特点的活动组，每组由5~6名政协委员和3名从社区特聘的社情民意联络员组成，委员的相关活动均由联络处牵头召集。其功能被定位于：政协委员根据社区的实情，一面联系基层群众参政议政，监督政党和政府的各项工作；一面将来源于民众的诉求直接反映给有关部门，并督促有关部门解决问题。这种新制度模式将政协工作的契口从以往仅面向界别、精英、行业和特殊群体，直接推向面对基层群众、社团、各界代表和无党派群体，利用其界别精英的人才优势更多地联系群众。更为重要的是，它给予基层民众直接参政议政创造了机遇，使他们能通过博奕、说理、平衡、让步、协调各方利益关系，从而化解社会矛盾。

总的来看，台州市黄岩区"政治协商进社区、建言献策在基层"活动通过确立政协委员社区调研制度、运用政协委员界别、专业特长使界别委员与基层社区群众结对形成帮扶关系、定期开展对政协委员进社区履职点评制度等制度安排，积极记录民情，反映民声，着实拓展了协商民主的新领域、拓展了政协工作的新平台、同时也拓展了政协组织的群众基础，使得政协的协商民主职能得到了更进一步的发挥。

（选自：张滨辉：《政治协商民主的新路径：政协进社区探索》，《哈尔滨市委党校学报》2013年11月第6期，有改动。）

案例分析：

政治协商是中国共产党领导的多党合作和政治协商制度的重要组成部分，是实行科学民主决策的重要环节，是中国共产党提高执政能力的重要途径。就重大问题在决策前和决策执行中进行协商是政治协商的重要原则。就内容而言，政治协商主要指对国家和地方的大政方针及政治、经济、文化和社会生活中的重要问题在决策之前进行协商和就决策执行过程中的重要问题进行协商。政治协商的形式主要有两种：一种是中国共产党同各民主党派政治协商，主要采取民主协商会，小范围谈心会、座谈会等形式。除会议协商外，民主党派中央可向中共中央提出书面建议。另一种是中国共产党在人民政协同各民主党派和各界代表人士的协商，主要采取政协全体会议、常务委员会会议等形式。黄岩区“政治协商进社区、建言献策在基层”活动的创新之处不仅体现在其从政协界别角度入手，充分运用政协委员所属界别、专业特长使界别委员与基层社区群众结对形成帮扶关系。同时也体现在通过确立政协委员社区调研制度、定期开展对政协委员进社区履职点评制度等制度保障来确保活动完整实施，在探索政治协商民主的新路径探索上具备创新性。

思考讨论：

（1）案例中台州市黄岩区的政协工作相对于传统政协工作而言有哪些创新之处？

（2）如何增强政治协商工作的科学性和实效性？

三、民族自治谱新曲

案例一：把握历史国情构建统一国家

我们中国是世界上最大国家之一，它的领土和整个欧洲的面积差不多相等。在这个广大的领土之上，有广大的肥田沃地，给我们以衣食之源；有纵横全国的大小山脉，给我们生长了广大的森林，贮藏了丰富的矿产；有很多的江河湖泽，给我们以舟楫和灌溉之利；有很长的海岸线，给我们以交通海外各民族的方便。从很早的古代起，我们中华民族的祖先就劳动、生息、繁殖在这块广大的土地之上。

我们中国现在拥有四亿五千万人口，差不多占了全世界人口的四分之一。在这四亿五千万人口中，十分之九以上为汉人。此外，还有蒙人、回人、藏人、维吾尔人、苗人、彝人、僮人、仲家人、朝鲜人等，共有数十种少数民族，虽然文化发展的程度不同，但是都已有长久的历史。中国是一个由多民族结合而成的拥有广大人口的国家。

——毛泽东：《中国革命和中国共产党》

在西南少数民族地区，历史上我们党曾经做过一些工作，产生过好的影响。长征时，红军经过的地方，如云南、贵州，散布了一些革命的种子……

经过这些历史上的工作，加上今天的工作，我们完全可以解决几千年遗留下来的民族隔阂，把各民族团结好。在世界上，马列主义是能够解决问题的。在中国，马列主义与中国革命实践相结合的毛泽东思想，也是能够解决这个问题的。只要我们真正按照共同纲领去做，只要我们从政治上、经济上、文化上诚心诚意帮助他们，就会把事情办好。只要抛弃大民族主义，就可以换得少数民族抛弃狭隘的民族主义。我们不能首先要求少数民族取消狭隘民族主义，而是应当首先老老实实取消大民族主义。两个主义一取消，团结就出现了。

——邓小平：《关于西南少数民族问题论》

我国历来是一个统一的多民族国家，在漫长的历史发展过程中，经过长期锤炼，形成了具有强大内聚力的中华民族。把我国各民族维系于一个统一的大家庭中而又世代传承的纽带，主要有三个：一是国家的长期统一；二是各民族相依共存的经济文化联系；三是近代以来各民族在抵御外来侵略和长期革命斗争中结成的休戚与共关系。新中国成立后，确立了各民族平等、团结、互助的社会主义民族关系，并且载入了我国宪法和民族区域自治法。不久前，党的十三届七中全会和七届全国人大四次会议，根据宪法的精神、形势的发展和各族人民的愿望，把建立和发展平等互助、团结合作、共同繁荣的社会主义民族关系，作为建设有中国特色的社会主义的一项重要原则。宪法的上述规定和党的十三届七中全会、七届全国人大四次会议阐述的原则，精神是一致的，就是坚持平等、互助、团结、合作，以促进各民族共同繁荣。

——江泽民：《论民族工作》

我国是各族人民共同缔造的统一的多民族国家，我国各族人民的大团结具有深厚的历史渊源和广泛的现实基础。在漫长的历史进程中，我国各族人民密切交往、相互依存、休戚与共，形成了中华民族多元一体的格局，共同推动了国家发展和社会进步。中国共产党的领导和我国的社会主义制度，为实现全国各族人民的大团结奠定了根本政治基础，汉族离不开少数民族、少数民族离不开汉族、各少数民族之间也相互离不开的思想观念深入人心。全国各族人民的大团结，过去、现在、将来都是我们能够经受住各种困难和风险的考验、不断胜利前进的重要保证。

——胡锦涛在中央民族工作会议上的讲话

多民族是我国的一大特色，也是我国发展的一大有利因素。在历史演进中，我国各民族在分布上交错杂居、文化上兼收并蓄、经济上相互依存、情感上相互亲近，形成了你中有我、我中有你、谁也离不开谁的多元一体格局。中华民族和各民族的关系，是一个大家庭和家庭成员的关系，各民族之间的关系是一个大家庭里不同成员的关系。

——习近平：《充分发挥我国社会主义政治制度优越性——关于发展社会主义民主政治》

案例分析：

中国是全国各族人民共同缔造的统一的多民族国家。在漫长的历史进程中，中国各族人民密切交往、相互依存、交流融合、休戚与共，形成了中华民族多元一体的格局，共同开发了祖国的大好河山，共同推动了国家发展和社会进步。新中国成立以来，中国共产党和中国政府牢牢把握各民族共同团结奋斗、共同繁荣发展的主题，坚持从本国国情出发，总结历史经验，借鉴世界其他国家的有益做法，开创了具有中国特色的解决民族问题的正确道路，确立并实施了以民族平等、民族团结、民族区域自治和各民族共同繁荣为基本内容的民族政策，形成了比较完备的民族政策体系。其中，民族团结是处理民族问题的根本原则，也是中国民族政策的核心内容。多年来，中国各族人民牢固树立“汉族离不开少数民族，少数民族离不开汉族，各少数民族之间也相互离不开”的思想观念。

思考讨论：

（1）我国实行民族平等、民族团结、民族区域自治和各民族共同繁荣为基本内容的民族政策的历史和现实依据有哪些？

（2）请就如何加强民族团结谈谈你的看法。

案例二：民族区域自治开启中国新模式

1947 年 5 月，在人民解放战争走向胜利的曙光里，中国共产党领导的第一个省级少数民族自治区——内蒙古自治政府宣告成立（1949 年 12 月改为内蒙古自治区）。从此，民族区域自治——一个解决民族问题的“中国模式”开始在中华大地付诸实践。

1949年9月，在中国人民政治协商会议第一届全体会议上，少数民族代表12人。其中，正式代表10人，候补代表2人，他们代表各少数民族参加建立新中国。据参加会议的内蒙古自治政府代表刘春后来回忆说：会议讨论“民族区域自治”问题时，代表们认为，“把民族区域自治确定为解决国内民族问题的一项基本政策，是非常正确的，完全符合我国的国情和国内民族关系的实际”。于是，在各少数民族聚居地区实行民族区域自治的内容，写进了《共同纲领》。1952年颁布《中华人民共和国民族区域自治实施纲要》，使民族区域自治走出法律化、制度化的第一步。根据几年来的实践，1954年宪法总纲明确规定：“各少数民族聚居的地方实行区域自治。各民族自治地方都是中华人民共和国不可分离的部分。”这就对民族区域制度进一步作了更完善的规定。

在民族区域自治基本政策的指导下，党和政府采取各种措施，诚心诚意地帮助少数民族地区发展经济、教育、文化以及医疗卫生事业。新中国成立不久，在国家财政比较困难的情况下，中央人民政府特别设立“民族地区补助费”“民族地区机动金”等专项资金，并采取提高民族地区财政预备费的设置比例等优惠财政政策，帮助少数民族地区发展经济和提高人民生活水平。为尽快提高少数民族地区的文化水平，培训出各少数民族自己的工作干部，1951年，中央民族学院在北京创建，并在西北、西南、中南设立分院，专门为少数民族地区培养和输送人才。

另外，从中国少数民族分布的实际出发，1954年宪法确定将民族自治地方分为自治区、自治州、自治县三级，县以下的少数民族聚居区，设民族乡，对此，周恩来总理曾经以回族为例，讲得很明白：国家即将建立的宁夏回族自治区里的回族人口只有57万，占自治区172万人口的三分之一，只是全国回族350多万的零头，就全国来说也是少数。还有300万分散在全国各地，怎么办呢？当然还是在各地方设自治州、自治县和民族乡。蒙、藏两族也如此。

基于这样的方针政策，新中国少数民族居住区的行政建制有序而顺利地开展起来。经过认真的筹备，1955年，第二个省级民族自治区——新疆维吾尔自治区成立。之后，广西壮族自治区、宁夏回族自治区（1958年）以及西藏自治区（1965年）相继成立。到1956年，全国共建立27个自治州（后为29个自治州）、43个自治县。民族区域自治的实施，对于中国在任何复杂的国际国内环境下，都始终保持国家统一、民族团结互助和促进民族发展，具有重大而深远的意义。正如周恩来所指出的："我们根据我国实际情况，实事求是地实行民族区域自治……这样的制度是史无前例的创举。"

（选自：张海荣：《民族区域自治的实施》，中国共产党历史网，2011 年 9 月 28 日，有改动。http://www.zgdsw.org.cn/GB/349944/index.html）

案例分析：

在我国，民族区域自治是指在国家统一领导下，各少数民族聚居地方实行区域自治，设立自治机关，行使自治权。所谓自治权，是指民族自治地方自治机关根据宪法和自治法及其他法律的规定，从本地实际出发，执行国家的法律、法规、规章、政策，管理本行政区域和本民族内部事务的自主权利。内蒙古自治区作为我国民族区域自治在全国第一个得以实现的写照，经过多年的发展取得了显著的成就。多年来，国家充分尊重和保障少数民族当家作主的权利，通过坚持和完善民族区域自治制度、坚持把加快少数民族和民族地区经济社会发展作为解决中国民族问题的根本途径、不断加强民族团结的宣传教育等多种措施，努力消除一切不利于民族团结的因素，坚定不移地维护民族团结，努力实现各民族共同团结奋斗、共同繁荣发展。

思考讨论：

（1）请举例说明在中国共产党的领导下民族区域自治地方各项事业的发展情况。

（2）新时期加强少数民族自治需要注意哪些问题？

案例三：团结花开映天山

武警新疆森林总队针对驻守边疆少数民族聚居区的实际，把学习宣传少数民族文化作为增进民族感情、维护民族团结的战略举措，通过开展"学习维吾尔族语言、习俗、歌舞"为主要内容的"三学"活动，使官兵人人成为会民族语言、懂民族政策、善做群众工作的明白人，全面提高部队学习宣传群众工作质量，为融洽警民关系、促进民族团结发挥了重要作用。

增进民族感情，从学习语言习俗开始：武警新疆森林总队官兵常年在新疆执行维稳、森林灭火、生态保护等任务，与少数民族群众接触多，加强与少数民族群众沟通交流尤为重要。在 2007 年的一次灭火作战中，官兵们临时住在林场维吾尔族群众家中，受到主人拿出最好的牛羊肉的热情款待。然而，第二天起床后，主人的态度发生了一百八十度的转变，连家里的井水都不让官兵饮用了。后来得知，由于官兵们不懂少数民族习俗，在谈话中无意提到了狗、猪肉之类不符合少数民族习俗的字眼，引起了主人的反感。此事引起了总队党委一班人的思考，大家研究后一致认为：作为驻守在少数民族地区的部队，为和少数民族群众打成一片、出色完成任务、增进民族感情，必须从学习少数民族语言和习俗开始。总队党委随即作出决定，在全部队开展以“学习维吾尔族语言、习俗、歌舞”为主要内容的“三学”活动，并将每季度学10句维吾尔语、10个少数民族习俗和维吾尔族舞蹈麦西来甫的具体内容直接写进了下发的通知中。为了提高“三学”成效，总队积极营造语言习俗学习环境。在布设营区环境时，将“听党指挥、服务人民、英勇善战”牌匾等都用维吾尔语进行标注；要求总机班打接电话时首先用双语说“你好，亚克西木斯子”，结束时说“再见，哈依日火西”；各级值班员每天向值班首长报告情况必须使用几个维吾尔语单词……

维护民族团结，从点滴小事抓起：为了增强对少数民族文化习俗的了解，2008年4月，总队徐元鸿政委带领总队党委班子成员到新疆伊斯兰教经学院参观见学，成为伊斯兰教经学院接待的第一批军人。参观见学过程中，总队党委成员从学院坚持“国旗升起来、国歌唱起来”和副院长阿不都·热克甫大毛拉潜心学习汉语中受到启示：民族团结是大事，但维护民族团结要从小事做起，从一点一滴做起。针对部队中少数民族官兵的独特生活习俗，总队投入数十万元为所属部队修建了民族食堂，挑选少数民族战士进行专业厨师培训，并为每个民族食堂悬挂维汉双语“民族食堂”牌匾，在尊重少数民族官兵生活习俗的同时，普及民族知识教育；总队所属乌苏、巩留森林大队根据驻地哈萨克族群众多的实际，在营区建造了风格独特的哈萨克族毡房，每逢少数民族节日，各族官兵都要穿上节日盛装在毡房里欢聚一堂，增进了各民族官兵之间的民族情、战友爱；总队在立功受奖、选送技术学兵和入学提干上对少数民族战士做出适当的倾斜，规定少数民族技术学兵要占到20%的比例，并争取上级特批了每年3个以维吾尔语为母语的少数民族战士入警校学习的名额，保证每年都有少数民族战士进入警校学习。

多年来，武警新疆森林总队官兵用深情大爱服务边疆各族人民，从点滴细节入手浇灌民族团结之花的事迹，深深地打动了驻地各族群众，部队官兵被各族群众亲切地称呼为“民族团结的使者”，总队及所属单位先后被驻地评为“民族团结进步模范单位”，15名官兵荣获“民族团结先进个人”。

（选自：《团结花开映天山（祖国大家庭）——武警新疆森林总队促进民族团结纪实》，《人民日报》2009年9月8日第16版，有改动。）

案例分析：

中国各少数民族在长期的历史发展过程中，都形成了本民族独具特色和风格各异的文化。在我国，少数民族传统文化受到尊重和保护，各民族都可以自由地保持和发展本民族的文化。坚持保护和发展少数民族文化具体表现为：尊重少数民族的风俗习惯，少数民族享有保持或改革本民族风俗习惯的权利。在社会生活的各方面，政府对少数民族保持或改革本民族风俗习惯的权利加以保护；保护少数民族文化遗产。为使各少数民族传统文化得到保护，国家有计划地组织对各少数民族的文化遗产进行搜集、整理、翻译和出版工作，保护少数民族的名胜古迹、珍贵文物和其他重要历史文化遗产；繁荣少数民族文化艺术事业。国家和有关部门通过组建少数民族文艺团体、艺术院校、文化馆和群众艺术馆等措施，大力培养少数民族文艺人才，繁荣少数民族文艺创作，发展少数民族文化艺术事业；同时，在保护发展少数民族传统医药以及发展少数民族传统体育方面都体现出对少数民族文化发展的支持。

思考讨论：

（1）请列举你所熟悉的少数民族的语言、习俗、歌舞等，并简要谈谈它们的文化背景。

（2）请就如何发展少数民族文化，以及通过少数民族文化促进各民族团结提出建议。

四、群众自治于基层

案例一："朝阳群众"和"西城大妈"背后的故事

"无论是引起社会舆论关注的明星涉毒案件，还是小到路边猜瓜子诈骗的治安警情，'朝阳群众'无时无处地积极向警方提供线索，支持和配合公安工作。近日，耳聪目明的朝阳群众又立新功，协助朝阳警方成功堵截一起电信诈骗案件，为群众挽回经济损失达 50 万元。"9 月 14 日，北京市公安局官方微博"平安北京"又发布了一起有关"朝阳群众"的最新长微博，频繁地与朝阳群众"秀恩爱"，使得朝阳群众的江湖名望得以扶正，远近闻名。

2013 年 8 月，微博红人薛蛮子被警方抓获后，"平安北京"发布消息称："2013 年 8 月 23 日，根据群众举报，朝阳警方在安慧北里一小区将进行卖淫嫖娼的薛某（男、60 岁）、张某（女、22 岁）查获。"这可以说是朝阳群众首次在官方媒体上正式露面，从此之后，朝阳群众的出镜频率与蹿红速度直线飙升。

李代沫、张元、宁财神、张耀扬、高虎、尹相杰、王学兵、张博、黄海波和王全安等，均遭神秘的北京朝阳群众举报，后被警方查处。不止明星等公众人物难逃朝阳群众法眼，今年5月份，朝阳警方接到群众举报，抓获一中央某部委副处级干部吸毒。因此，有网友列出了世界五大王牌情报组织：CIA——中情局，KGB——克格勃，MOSSAD——摩萨德，MI6——军情六处和BJCYQZ——北京朝阳群众。

朝阳群众在声名大噪的同时，其真实身份却一直笼罩着迷雾，有人认为，在我们视野范围所及的地方，那些在小区里下棋的大爷、跳广场舞的大妈、拐角小卖铺的店主、路过行色匆匆的路人、巡逻的保安，还有戴着袖章指挥交通的引导员都可能在注意着你的一举一动，这就是朝阳区群众的主要力量。

在北京城的另一头，“西城大妈”则被称为“维稳王牌”。据了解，今年以来，“西城大妈”向警方提供各类情报信息1.3万余条、违法犯罪线索720余条。

9月14日，周一一大早，西城区什刹海景区银锭桥附近就开始人头攒动，从全国各地来游玩的游人，还有组团的外国游客，逛胡同、吃美食、拍照片，热闹的什刹海开始了迎接新一波游人的一天。毗邻景区的前海东沿社区，下辖25个社区，面积虽算不上太大，可胡同众多，大杂院人多且杂，3000余名常住人口，给社区居委会十余名工作人员带来不小压力。社区每天会组织四至五名退休志愿者，在辖区内进行巡逻。当天早上9点半不到，在前海东沿社区居委会门前集合之后，志愿者张景兰和翟庆云穿戴好巡防装备，开始了她们这一天的巡逻工作。从地安门到北海，在整个辖区的胡同中穿行时，遇到黑车、脏乱差市容问题、乱贴乱发小广告、陌生人进入，以及不计其数的游客问路情况，她们都会妥善处理。“又出去买菜啊?”“嗯，今天又值班巡逻呐?”巡逻的过程中，这样的对话要进行无数次。在世锦赛和阅兵式期间，社区的志愿者更是从8月下旬开始，每天从早上6点，轮流值班到晚上12点，遍布大街小巷，监控西城治安。

对于西城大妈和朝阳群众们来说，社区就是自己的家，社区里的事就是家务事。拿着马扎，或坐或走，在街头自己的岗位上留意自己片区的“风吹草动”，遇到可疑情况，就及时拨打事前准备好的号码：这就是志愿者们的工作状态。

（选自：《“朝阳群众”和“西城大妈”背后的故事》，《人民周刊》2015年第10期，有改动。）

案例分析：

基层群众自治制度是指城乡居民群众以相关法律法规政策为依据，在城乡基层党组织领导下，在居住地范围内，依托基层群众自治组织，直接行使民主选举、民主决策、民主管理和民主监督等权利，实行自我管理、自我服务、自我教育、自我监督的制度与实践。经过改革开放三十多年的实践，我国城市居民自治得到了全面的发展，取得了显著成效。一是以《宪法》为根本，以《居民委员会组织法》为基础，以各地实施办法和规定为内容的居民自治法规体系已初步建成。二是初步建立健全了较为完整的社区居民自治组织体系。三是居民自治的运行机制运转良好。民主选举和民主决策的各环节进一步完善。民主管理日益健全，以居民公约、社区居民自治章程为主要内容的民主管理制度不断完善，居委会依法管理的自觉性增强，居民参与社区管理积极性有所提高。民主监督的时效性以及居委会事务公开程度也大幅度得到提升。“朝阳群众”和“西城大妈”群策群力，自主加强自我管理与服务，倾心打造和谐社区的实践开拓了基层群众自治制度的新水平，也给社会治理提供了有益借鉴和光辉榜样。

思考讨论：

（1）哪些因素导致“朝阳群众”和“西城大妈”迅速走红？

（2）城市居民基层自治体现在哪些方面？

案例二：自治开新花，小康进农家

筑梦——让村里人过上和城里人一样的好日子

1980 年，年仅 32 岁的毛丰美被选为生产队大队长。当时的大梨树村是数一数二的贫困村。这个看起来个头不高、有些黑瘦的年轻人一上任就给自己提出了高目标：“咱农村人差哪？咋就过不上城里人过的好日子？”

毛丰美上任后干的第一件事，就是带着 3 名村干部北上黑龙江，很快倒腾回两车皮小米和土豆，忙活一个冬天，净剩 1 万多元。村干部和村民看到希望，也见识了这个领头人的能量。

1983 年毛丰美担任大队党支部书记后，更是在市场经济的大潮中为大梨树村找到快速发展的道路。他在凤城火车站旁连租带买了 6 间民房，开起了小旅店，赚得了第一桶金。1985 年，投资百万到城里建了全县第一个宾馆，工商局不批手续，他就找县委书记，建宾馆为了省钱他就带村民吃住在工地。

宾馆建成后成了大梨树村的招牌，人们逐渐传开大梨树村有个能人毛丰美，大梨树村和毛丰美的名气越传越响，也吸引了更多的人到大梨树村来。几年间，大梨树村相继办起了铸造厂、缫丝厂、服装厂等十几个企业，全村900多名劳动力进城、进厂，成了人人都羡慕的“工人”，大梨树人的命运开始了整体改变。

在20世纪90年代初，毛丰美又带领村里人到县城建了当时辽东最大的封闭市场——凤泽大市场及占地2.53万平方米的龙泽蔬菜批发市场。两个大市场2000个摊位为城乡提供了3000多个就业机会，年营业额上亿元。

追梦——“干”才是硬道理

随着大梨树村的名气越来越大，到这里参观、旅游的人也越来越多，只要毛丰美有时间，他一定把客人带到大梨树村万亩花果山的最高峰，那里有一个“干”字广场，矗立着一座9.9米高的“干”字碑。

“大梨树村有今天，是村里人苦干加巧干干出来的!”这是人们最熟悉他的一句话。

大梨树村在“以工补农”有了初步的积累后，毛丰美开始将目光放到村里的八山半水一分田。大梨树村的山荒芜多年，荆棘杂草丛生，乱石成片。毛丰美给村民们鼓劲:“只要我们肯吃苦肯流汗，这就是我们的金饭碗。”

在他的带领下，村里人开始艰难的整治荒山过程。小突击、大会战、专业队伍常年干，先后治理20多座山头，修环山作业道10条、总长90公里，修高标准等高梯田10600亩，打井50眼，栽桃、梨、苹果、板栗80多万株，硬是把荒山治理成层层梯田的万亩果园。

村民回忆，当时的老毛瘦得只剩下90多斤，40多岁的人像个小老头。

圆梦——大梨树人过上了让人羡慕的好日子

如今的大梨树村，如同一幅江南水乡画，山上绿树红果，村里流水、小桥、人家，一批批的城里人住“庄稼院”感受农家乐趣，逛“青年点”回味激情岁月，登花果山采新尝鲜，访药王谷纵情山水，游影视城“穿越”古今。

村里的经济发展了，村里成立了实业总公司，总资产4亿多元，年利润3000多万元；村里的建设更好了，先后改扩建小学教学楼、大型文体宫、治理穿越新区河道，安装花岗岩护栏；村民们得到了更多实惠，购买新区住房价格补贴、65岁老人养老补贴和考入大学给予一次奖励的“三补一奖”优惠……

中国最美乡村、中国十佳和谐乡村、全国文明村、全国休闲农业与乡村旅游示范点、全国生态文化村，这一系列美好的称号说明大梨树村的人梦想正在逐步实现。然而，正当他们的老书记带领他们追逐更大梦想的时候，老书记却永远地离开了他们。

（选自：《大梨树村追梦人——追记原全国人大代表、辽宁省凤城市大梨树村原党委书记毛丰美》，新华网，有改动。http：//news. xinhuanet. com/politics/2015 -01/26/c_ 1114125295. htm）

案例分析：

村民自治通过民主选举优化了村级领导班子的结构，使那些道德品行好、政治素质过硬、文化水平较高、年富力强、愿意为广大村民服务的人被选进村委会，成为农村基层组织的骨干和主要力量。像毛丰美这样的人往往成为村民信得过，可以带领村民发展生产、改变乡村落后面貌而走上脱贫致富的好带头人。实践证明，村民自治让广大农村干部和群众都感受到了实惠，从而成为农村社会生活中的重要组成部分。从干部角度看，他们觉得自己是群众选出来的，不能辜负了大家伙的信任，因此工作热情高、劲头大、干劲足。从村民的角度讲，有事先想村委会，让村委会帮着拿主意。而农村的社会秩序和经济发展，只要有了好带头人，广大村民参政议政的热情就高，农村各项工作就会有序地进行，乡里的关系就和谐。因此，村民自治组织无论是在实践的形式上，还是内容上都具有旺盛的生命力。

思考讨论：

（1）像毛丰美这样的干部在农村基层自治中发挥了怎样的作用？

（2）结合当前的脱贫攻坚工作，你认为贫困地区的农村基层群众自治需要在哪些方面努力？

案例三：走出一条扩大基层民主新路子

陕西省西安市碑林区以畅通党员群众利益诉求表达渠道为重点，积极探索基层组织民主决策、民主管理和民主监督的新形式，在全市首推街道民主恳谈会、社区党群议事会和民主评议会三项基层民主建设工作制度，探索出了一条扩大基层民主的新路子。

“议”出好风尚：社区党员有“三权”——社区事很多，干好老百姓的事是社区最大的事。在推行社区“党群议事会”中，碑林区把党员群众关心的热点、难点问题作为议事重点，由社区党支部主持，每季度召集社区内各方面代表召开一次党群议事会。在议事中，围绕创建和谐社区等群众关心的问题，党员群众各抒己见、平等交流、民主讨论，共同研究探讨解决问题的办法。形成初步意见和方案后，交由社区“两委一站”组织实施。这样就充分体现社区自治功能，畅通了党员群众利益诉求表达渠道，使辖区的党员群众对社区公共事务真正有了“三权”：知情权、参与权、监督权，进一步增强了社区的组织、服务和化解矛盾的功能。利用社区“党群议事会”这个平台，柏树林街道三学街社区建立了“青少年绿色网吧”，为30多户双职工家庭解决了后顾之忧；太乙路街道中铁一局社区开办了老年便民餐桌，解决了50多名行动不便老人的一日三餐问题；东关南街古迹岭社区成功化解了古迹岭小区3栋楼的危楼问题，使189户500多居民群众再也不必提心吊胆过日子……目前，碑林区共召开社区“党群议事会”320余次，研究讨论议题700多件，成功解决社区疑难杂事65件，化解基层矛盾24起。

“谈”出好决策：群众决定自己的事——碑林区在8个街道推行“民主恳谈会”制度，搭建居民群众直接决策重大公共事务平台。各街道党工委、办事处就地区重大公共事务以及群众关注的热点问题，召集和邀请辖区各方面利益群体代表，征求意见，共同研究，让居民群众自己决定事关切身利益的重大公共事务。街道“民主恳谈会”参加人员不受人数限制，地区普通党员群众、驻地单位均可参加，参会人员比较集中或正确的意见能否被采纳，现场就可以知道。通过街道“民主恳谈会”这个平台，张家村街道顺利扩建和改建了3个社区办公用房；南院门街道为辖区老居民小区500户群众安装了天然气；长安路街道开办了两处便民早市；东关南街街道解决了困扰300多户居民十余年的安全用电问题……

“评”出当家人：党员群众“当裁判”——由街道党工委定期组织社区内各方面代表，对社区“两委一站”主要负责人和整体工作进行评议评价。“两委一站”主要负责人要向居民群众代表述职，对评议结果较差的干部，街道要进行组织处理。这样就把社区工作和干部工作好坏的评判权交给党员群众，促使社区干部眼睛不能只向“上”看，更重要的是要向“下”看。据统计，碑林区已召开社区“民主评议会”103次，评议社区“两委一站”负责人118人，党员群众的平均满意率在98%以上，区委因此提拔优秀社区党支部书记2人，街道调整处理评议较差社区干部6人。

三项基层民主建设制度的推行，使区域内各层面的现实利益得到了有效落实和保障，基层党员群众建设和谐社区的干劲明显高涨，全区呈现出心齐气顺、风正劲足、干事创业、争先进位的新气象。

（选自：焦永兴：《走出一条扩大基层民主新路子——碑林区“三项制度”为基层民主改革添活力》，《陕西日报》2010年11月29日第4版。）

案例分析：

发展基层民主，使基层群众充分行使自己的民主权利，是我们党和政府始志不渝的奋斗目标。随着我国社会主义现代化事业的不断向前发展，基层群众自治制度进一步民主化。基层群众自治的实践由点到面、由单领域到多领域逐步推开。碑林区在搞好选举民主的同时，加强民主管理、民主决策和民主监督的机制的创新，使民主的各个环节有机连接起来，形成一个完整的治理过程，对基层自治建设，尤其是城市社区自治具有示范和推广价值。总之，基层群众自治制度为人民群众直接参与社会主义民主政治建设提供了重要平台。亿万人民群众通过亲身参与广泛的民主实践活动，不仅学习和提高了民主选举、民主协商、民主决策和民主监督的能力，创造了自己的幸福生活，而且也进一步推进了社会主义民主政治建设的总体进程。

思考讨论：

（1）案例中西安市碑林区扩大基层民主做法的创新之处在哪里？

（2）我国实行的基层群众自治制度有何优势？

第二节　经济制度

中国特色社会主义经济制度作为中国特色社会主义制度的重要组成部分，特指我国改革开放以来形成的符合现阶段国情的经济制度。从马克思主义政治经济学理论的角度分析，经济制度首先是一种经济关系，而且这种经济关系是在生产、交换、分配和消费等社会再生产过程中形成的。相应地，经济制度也就天然地包括生产资料所有制形式、产品流动形式以及社会财富分配方式等丰富的内容。历史地看，在体制设计方面坚持社会主义与市场经济相结合、在生产资料方面坚持公有制与非公有制相结合，在分配方式上坚持按劳分配与按生产要素分配相结合，在经济主体上坚持充分发挥市场作用与有效发挥政府宏观调控作用相结合是中国特色社会主义经济制度的鲜明特点和独特优势。坚持社会主义与市场经济相结合既保证了我国经济社会发展的共产主义前途，又实现了利用价值形式和资本主义生产方式发展生产力的目的；公有制与非公有制相结合既保证了公有制的主体地位，也创新了公有制的多种实现形式；按劳分配与按生产要素分配的结合使得社会主义性质和雇佣劳动者的利益同时得到了体现；而政府和市场在发展经济过程中的重要地位得到确认推动了我国经济的快速发展。客观地讲，我国发展成为世界第二大经济体的伟大成就与坚持中国特色社会主义经济制度不动摇并在实践中不断发展完善息息相关。

一、社会主义与市场经济结合起来

案例一：从“票证时代”到“账单生活”

新中国成立初期，由于物资匮乏，关系民生的日用品供需矛盾突出，国家在1953年10月出台了统购统销政策，从此老百姓的生活进入了长达40多个春秋的“票证时代”。

花花绿绿的票证印记辛酸与无奈：我出生在70年代末期，对于凭票购物的概念非常模糊，只是在很少的几次买食品的经历中对“粮票”有隐约的印象。幼年的我和外婆生活在一起，从老人口中对“票证时代”渐渐有了些了解，对于经历过票证时代的人们来说，那些花花绿绿的票证曾是无数中国家庭的重要财产，它承载着社会生活的风风雨雨，印记着百姓的辛酸与无奈。

计划经济时代，不仅人们的收入微薄，而且物质匮乏，一切东西全部都要凭票证实行计划供应。各类票证五花八门充斥着人们的生活，粮票、肉票、布票、盐票、油票、煤票、烟票、蔬菜票……就连买糖果、糕点、火柴、肥皂也要凭票，票证渐渐成了城乡居民吃饱穿暖的一种保障。外婆说，一个好的当家人不仅要计算着每月几十元工资如何养活一家数口人，还要精心管理和收藏各种各样的票证，种类繁多的各种票证囊括了一个家庭所有日常生活必需品，在当时谁家要是把票证丢失了，就意味着这个月可能就没有肉吃没有衣穿了。城里人的粮食定量根据性别、年龄以及工种而定。一个成年人每月的米、面、油、肉的供应都是有定额的，而这一切都需要票证。

在那时，母亲还在读书，但已承担起家里的采购任务。母亲说，每个月有半斤肉票，家家户户一般都是选购带肥膘的肉，因为可以用来炼油。最令母亲难忘的也是几次买肉的经历。寒冷的冬天，黑漆漆的街上一个人也没有，肉店里点着昏暗的灯，拎着篮子五点就去排队，为的就是能买到肥膘肉。过春节了，每家每户领到的票证多了起来，内容也丰富，可以买到平时根本看不到的东西，像海产品、香烟等等。但有了票证也不见得就能买到东西，因为票证上的定额经常多于商店中货物的存量，这时就只好看票兴叹了。当然免票供给的东西也有一些，但往往在商店摆卖之前就从“后门”走得差不多了，排长龙购物成了当时城市中一道并不靓丽的风景线。

票证成为收藏品，“刷卡族”日益壮大：曾几何时，那些充斥在人们身边的票证悄然消失，当它们再度出现时，这些曾左右过人们生活的纸片竟成了收藏家们青睐的佳品，历史的沧桑变化，怎不令人感慨万千！斗转星移，短暂的票证时代早已结束，但票证带给那个时代人们的悲喜记忆，却仍挥之不去。

今天的市场上，各种商品琳琅满目，人们购物变得如此轻松、快捷，可以自由自在地购买所需的商品，逛商场、买东西甚至成为一种享受。我们已经告别了票证时代，这一时代的结束预示着中国由计划经济的短缺时代走向市场经济的过剩时代。

如今，那些穿过岁月风尘存留下来的票证，正成为收藏品，它是中国百姓从贫穷走向富裕的见证，是我国从计划经济走向市场经济艰难历程的见证。沧海桑田，如今悄然走进人们生活的是一系列消费账单：水费、电费、煤气费、电话费、宽带费……现代化进程的加快更使名目繁多的“卡”成为居民的新朋友。无论是逛街购物、请客吃饭、美容健身还是出门打的、看病住院，银行卡以及各种衍生卡已成为市民的随身之物，“刷卡族”正在日益壮大，刷卡消费已普及到生活的方方面面。从“票证时代”到“账单生活”的转变，折射出的正是中国几十年来社会结构深层次的变革。

（选自：王瑞佳：《从“票证时代”到“账单生活”》，《中国财经报》2008年10月16日第3版，有改动。）

案例分析：

从“票证时代”到“账单生活”，既体现出我国经济发展水平和人民生活质量的提高，也体现出我国经济体制的发展脉络。自新中国实行计划经济体制，集中力量发展社会主义经济开始，我们对经济体制的认识逐步深化。50年代中期，毛泽东在《论十大关系》等著作中，开始对高度集中的经济体制进行反思，提出要发挥中央和地方两个积极性。在党的八大上，陈云提出了“三个主体、三个补充”的构想，即在所有制结构、经济运行和市场结构三个方面，允许保留一部分个体经营、一部分产品自由生产、一定范围的自由市场。但当时受传统观点把计划经济和市场经济分别看作是社会主义和资本主义两种不同社会制度的基本特征的影响，提出的改革措施至多只是加强一些市场调节的力度和作用，不可能突破计划经济体制总的框架，这种探索没有也不可能继续得到前进和发展。而随着历史进步和经济发展的客观需要，我国经济体制而后经历了计划经济为主，市场经济为辅、社会主义经济是有计划的商品经济、建立社会主义市场经济体制三个阶段，建立起与我国社会主义发展相适应的经济体制。

思考讨论：

（1）新中国成立初期我国选择计划经济体制的原因有哪些？

（2）如何客观看待计划经济体制的作用？

案例二：走向“社会主义市场经济论”

1992 年，党的十四大报告明确提出建立社会主义市场经济体制的改革目标。社会主义市场经济论的提出不是一蹴而就的，从计划与市场关系的研究到社会主义市场经济论的确立，经历了一系列中间阶段。

第一步：改革开放初期，在经济活动中引入市场机制，尊重价值规律的作用。

1978 年 12 月，具有伟大历史意义的党的十一届三中全会开启了改革开放的新时期。全会否定“以阶级斗争为纲”的错误理论和实践，做出了把党和国家的工作中心转移到经济建设上来、实行改革开放的历史性决策。全会公报指出：“现在我国经济管理体制的一个严重缺点是权力过于集中，应该有领导地大胆下放，让地方和工农业企业在国家统一计划的指导下有更多的经营管理自主权”，“应该坚决实行按经济规律办事，重视价值规律的作用，注意把思想政治工作和经济手段结合起来，充分调动干部和劳动者的生产积极性”。

1979 年以后，改革首先从农村迅速展开。家庭联产承包制的推行，使农民开始得到生产什么、生产多少农副产品的自主权，是农村经济活动引入市场机制的重大举措。家庭联产承包制同调整和放开农产品价格一起，使中国的农业连年丰收，农业生产迅速恢复和发展起来，农民收入大幅度提高。在市场机制作用下，放开哪种农产品的价格，哪种农产品很快就会像泉水般地涌流出来，市场的“魔力”开始显现。

第二步：1984 年确立社会主义商品经济论，这是迈向社会主义市场经济论的决定性步骤。

1984 年 10 月，党的十二届三中全会，对我国经济界和理论界多年的争论做了总结，以党的决议的形式，肯定了我国社会主义经济是公有制基础上的有计划的商品经济。这就使我们的研究和讨论进入一个崭新的阶段。

肯定社会主义经济是商品经济，就意味着：（1）社会经济关系的商品货币化，商品生产和商品流通在社会经济活动中占统治地位，各种产品全部或绝大部分转化为商品，卷入商品流通的旋涡。（2）具有独立经济利益的商品生产者和经营者是商品经济的基本要素，他们之间既有交换关系，又有竞争关系，生产与消费、供给与需求在生产发展和技术进步的基础上出现失衡是商品经济运动的必然现象，通过竞争达到暂时的均衡。（3）市场协调是商品经济运行机制的基础特征，价值规律通过市场价格及其变化自发地调节商品生产和商品流通，使有限的经济资源自动地从效率低的行业流向效率高的行业，使资源配置适应市场和社会的需要，实现资源的有效配置。（4）商品市场关系的扩展要求克服民族经济的孤立性和闭塞性，实行对外开放，走向世界市场，开拓世界市场，逐步融入经济全球化进程中。

社会主义商品经济论的确立，为社会主义市场经济论打开了大门。1984 年，社会主义商品经济论确立后，经济体制改革无论是企业改革、价格改革，还是宏观经济管理改革、收入分配制度改革、涉外经济体制改革等均迅速开展起来。

第三步：1992 年社会主义市场经济论的确立。

1992 年春，中国改革开放的总设计师邓小平在南方谈话中，进一步阐发了他对计划和市场问题的看法，他说："计划多一点还是市场多一点，不是社会主义与资本主义的本质区别。计划经济不等于社会主义，资本主义也有计划；市场经济不等于资本主义，社会主义也有市场。计划和市场都是经济手段。"同年 6 月，江泽民在中央党校省部级干部进修班上的讲话中表示比较倾向于使用"社会主义市场经济体制"这个提法。10 月，党的十四大报告把中国经济体制改革的目标模式确定为建立社会主义市场经济体制，使市场在资源配置中发挥基础性作用。这标志着对经济改革理论的认识达到一个崭新的阶段。此后，社会主义市场经济理论随着改革的推进，改革经验的丰富，日益充实和发展。

（选自：张卓元：《走向"社会主义市场经济论"——纪念社会主义市场经济体制改革目标提出 20 周年》，《北京日报》2012 年 6 月 4 日第 17 版，有改动。）

案例分析：

计划经济和市场经济不代表制度属性，更不是划分社会制度的标志。市场经济和不同社会制度结合具有不同的性质。社会主义市场经济，即坚持社会主义制度与市场经济相结合，充分运用两者对经济活动的调节优势和长处。在建立社会主义市场经济体制的过程中，邓小平是奠基人。他提出的很多关键性论述，直接推动了社会主义市场经济的确立及发展。1987 年，邓小平指出："计划和市场都是方法嘛。只要对发展生产力有好处，就可以利用。"1990 年底和 1991 年初，邓小平说："不要以为，一说计划经济就是社会主义，一说市场经济就是资本主义，不是那么回事，两者都是手段，市场也可以为社会主义服务。"1992 年邓小平南巡谈话时讲到："计划经济不等于社会主义，资本主义也有计划；市场经济不等于资本主义，社会主义也有市场。计划和市场都是经济手段。……这也帮助后人更加深刻地理解社会主义市场经济。"江泽民指出："我们搞的是社会主义市场经济，'社会主义'这几个字是不能没有的，这并非多余，并非'画蛇添足'，而恰恰相反，这是'画龙点睛'。所谓'点睛'，就是点明我们市场经济的性质。"

思考讨论：

（1）为什么说市场经济和不同社会制度结合具有不同的性质。

（2）社会主义市场经济的特点表现有哪些？

案例三：社会主义市场经济是中国共产党的伟大创举

在 95 年波澜壮阔的历史进程中，中国共产党始终紧紧依靠人民，不断取得了革命、建设和改革的胜利，为中华民族做出了一系列伟大历史贡献。在这一系列历史贡献中，社会主义市场经济是中国共产党的伟大创举。

首先，社会主义市场经济是中国共产党对社会主义的理念升华和理论创新，是马克思主义理论发展的一个伟大创举。按照马克思、恩格斯等对于社会主义生产、流通、分配和消费等的设想，资本主义一旦被消灭，生产资料一旦归全社会所有，商品货币关系就必然会消失，资本主义那种无政府管理的状态也就应当让位于有计划的社会管理，即实行计划经济。从人类社会发展的一般规律和社会发展趋势来说，马克思的这种预见是正确的。但许多国家社会主义革命的成功是在没有经历资本主义阶段的条件下取得的，社会主义建设事业也是在生产力水平非常低的阶段进行的。中国也是如此。在这种情况下，如何认识发展社会主义、如何提高社会主义生产力水平，尤其是社会主义能否搞市场经济，公有制能否与市场机制结合就成为摆在中国共产党人面前的重大理论和课题。对此，中国共产党创造性地提出，中国虽然已经进入社会主义社会，但是仍然处在社会主义的初级阶段，面对如何发展和提高社会主义生产力发展水平这一根本性任务，社会主义必须搞市场经济，并创造性地提出了四点具有创造性的重大判断和创举：一是围绕什么是社会主义，怎样搞社会主义，提出社会主义初级阶段应当采用一切有利于解放和发展生产力水平的手段和方式；二是围绕计划和市场的关系，提出计划和市场不是区分社会主义和资本主义的标准，计划和市场都是配置资源的方式；三是围绕基本经济制度与经济体制选择的关系，提出社会主义基本经济制度可以与市场经济体制相结合；四是围绕市场经济改革与社会主义制度的关系，提出市场取向改革在本质上是对中国特色社会主义制度的完善和发展。

其次，面对建设社会主义市场经济这一前无古人的伟大实践，党清晰地认识到，社会主义市场经济的发展具有复杂性、艰巨性和长期性，不可能一蹴而就。因此，便逐步克服对传统计划经济的“路径依赖”，始终坚持市场取向改革的目标，循序渐进，创造性地探索出了一条成功的社会主义市场经济发展道路和实践路径：一是围绕社会主义市场经济体制与基本经济制度有机结合，通过有效探索公有制，实现形式多样化、发展股份制经济、私营经济，发展混合所有制经济，形成了以公有制为主体，多种所有制经济共同发展的所有制新格局；二是围绕公平与效率的关系，通过深化收入分配制度改革，创造性地探索并形成了坚持以按劳分配为主，多种分配方式并存的分配格局；三是围绕社会主义市场经济和全球化的关系，通过实施对外开放发展战略，使得中国社会主义市场经济顺应了经济全球化发展的大趋势；四是围绕如何处理好市场与政府的关系，在实践中逐渐明确并提出了“使市场在资源配置中起决定性作用和更好发挥政府作用”的改革战略和路径。

最后，社会主义市场经济充分体现了中国共产党的理论创新品格和实践探索勇气。总的来说，社会主义市场经济体现了中国共产党勇于推进理论和实践创新的优秀品格、彰显了中国共产党领导改革开放的政治智慧和中国共产党坚持解放思想、实事求是的优秀品质和精神财富。

（选自：《社会主义市场经济是中国共产党的伟大创举》，《经济日报》2016年7月22日第8版，有改动。）

案例分析：

把市场经济与资本主义制度结合起来，搞资本主义市场经济，已经有了几百年的历史。但是把市场经济同社会主义制度结合起来，搞社会主义市场经济，中国是第一个“吃螃蟹”的国家。1992 年，党的十四大明确提出我国经济体制改革的目标是建立社会主义市场经济体制。以此为起点，我国经济体制改革进入了一个全新的阶段。围绕着社会主义市场经济体制的改革目标，我国先后确立了以公有制为主体，多种所有制经济共同发展的所有制的基本经济制度；创造性地探索并形成了坚持以按劳分配为主，多种分配方式并存的分配格局；通过实施对外开放战略，使我国社会主义市场经济顺应经济全球化发展的大趋势，并在实践中逐渐明确并提出了“使市场在资源配置中起决定性作用和更好发挥政府作用”的改革战略和路径。近三十年来我国经济迅速发展，证明了中国共产党开创社会主义市场经济体制的正确性。

思考讨论：

（1）如何理解“市场经济和不同社会制度结合具有不同的性质”。

（2）社会主义市场经济的优越性体现在哪些方面。

二、公有制经济与非公有制经济相结合

案例一：“傻子”瓜子的“傻”福气

改革开放初期，在安徽省芜湖市有一家个体户，户主叫年广九，他制作和销售一种品牌为“傻子”的瓜子，在短短的几年内得以致富。“傻子瓜子”迅速闻名全国。现在，在“傻子瓜子”连锁店的正堂里，都醒目地悬挂着一副装裱精美的条幅，上面是《邓小平文选》中的一段话：“农村改革初期，安徽出了个‘傻子瓜子’问题。当时许多人不舒服，说他赚了一百万，主张动他。我说不能动，一动人们就会说政策变了，得不偿失。”邓小平的话为什么会被“傻子瓜子”当作座右铭？“傻子瓜子”又何以引起邓小平的关注？一个重要原因是“傻子”年广九雇工经营。

十一届三中全会以后，随着改革开放的发展，农村的乡镇企业迅速发展，这些乡镇企业的发展不免要采用雇工经营的方式。实践证明，雇工现象是不可避免的。同时，随着我国的经济体制转轨，在政策上，有关限制个人投资的禁令逐渐被取消，社会上出现了各种投资主体。按照传统的看法，那些完全依靠本人与家庭成员生产经营的，或者主要依靠本人与家庭成员生产经营，并在有

少量工人的个人直接投资者，被认为是个体经营者，或称个体户；那些主要依靠雇工进行生产经营的个人直接投资者，被称为私营企业主。个体户经营与私营企业经营的区别就是雇工人数的多少。当时认为，雇工人数在8人以上的就是私营企业，7人以下的就属于个体户。

随着经济的发展，个体户和私营企业主雇工人数早已突破了这一规定。也有人调查后认为，在浙江的温州地区，那些个体经济、私营经济发展较快的地区，有拥有资本数十万元、雇工数十人的私人企业，也有为挣钱而不上中学的童工，雇主收入与雇工收入悬殊。对于社会上的争论，邓小平反复强调，社会主义的根本任务是发展生产力。应当指出“既然容许个人雇工”，那就意味着容许雇主有盈利可得，也就意味着雇主和雇工之间的收入有一定的差距。否则，即使容许个人雇工，实际上个人雇工行为仍难以实现。只要雇工行为不违反国家法律、法规，就没有理由禁止他们雇工，也不能因为他们的税后收入偏高而禁止他们雇工。1992年，邓小平南方谈话又提出三个有利于的原则，即判断的标准：应该主要看是否有利于发展社会主义社会的生产力，是否有利于增强社会主义国家的综合国力，是否有利于提高人民的生活水平。这一论断为判断雇工问题的是与非提供了一个标准，使得各级地方政府对于发展个体经济、私营经济有了新的认识，同时也在一定程度上消除了私营业生和个体工商户在思想认识上的种种顾虑，私营、个体经济进入快速发展的新时期。

（选自：马永辉：《怕什么？伤害了社会主义吗》，《党史纵横》2004年第12期，题目自拟，有改动。）

案例分析：

生产资料所有制是一个社会经济制度的基础，是决定一个社会基本性质和发展方向的根本因素。传统计划经济体制下，人们把雇佣8个以上工人看作资本主义的生产经营方式，是长期受到“公有制是人间天堂，私有制为万恶之源”思想的影响，时刻提防着资本主义私有制的侵蚀。这种思想过分强调单一公有制结构，排斥、限制非公有制经济，不符合我国国情实际，严重阻碍了社会生产力的发展。改革开放以来，中国共产党立足我国基本国情，认真总结以往的经验教训，重新认识和明确了非公有制经济在社会主义初级阶段的地位和作用，把它作为社会主义市场经济的重要组成部分，确立了公有制为主体、多种所有制经济共同发展的基本经济制度。为了全面坚持这个制度，党的十六大、十七大都提出“两个坚持”的观点。党的十八大再次强调：“要毫不动摇巩固和发展公有制经济，推行公有制多种实现形式，推动国有资本更多投向关系国家安全和国民经济命脉的重要行业和关键领域，不断增强国有经济活力、控制力、影响力。毫不动摇鼓励、支持、引导非公有制经济发展，保证各种所有制经济依法平等参与市场竞争、同等受到法律保护。"①

思考讨论：

（1）"傻子瓜子"之所以产生争议的原因有哪些？

（2）影响我国实行公有制为主体、多种所有制共同发展作为基本经济制度的原因有哪些？

案例二：坚持基本经济制度，反对两种错误倾向

坚持社会主义初级阶段的基本经济制度，既是一个重大经济问题，也是关系党和国家前途命运的重大政治问题。既不能因为坚持以公有制为主体，就排斥非公有制经济的发展，搞单一公有制；也不能因为鼓励发展非公有制经济，就否定公有制经济的主体地位，搞私有化。

有人认为，发达资本主义国家今天之所以发达，就是因为实行了私有化，发展中国家要想富强必须走私有化的道路。目前，世界上实行私有制及推行私有化的国家有近200个，其中发达资本主义国家只有极小一部分。2009年联合国公布的49个最不发达国家中，48个都是资本主义国家。即使是少数的发达国家，大部分也是通过殖民统治、经济掠夺等方式完成其资本主义原始积累，尔后又利用经济、技术等垄断优势在全球攫取超额利润维持其发达地位。然而，对于大多数发展中国家来说，不仅无法复制少数发达国家的发展模式，找到发展的捷径，相反，一些国家由于大力推行国有企业私有化、市场自由化、贸易自由化，结果付出了高昂的代价，导致经济严重衰退、社会分化、人民贫困，甚至出现社会动荡。惨痛的事实警醒人们，搞私有化绝不是实现经济发达的捷径，更不可能实现共同富裕。一个国家的经济发展是由历史的、现实的多种因素决定的，关键是要建立符合国情的社会经济制度，为生产力发展创造良好的社会条件。

也有人认为，只有搞私有制才能建立市场经济体制，而且只有私有制才会

① 胡锦涛：《高举中国特色社会主义伟大旗帜为夺取全面建设小康社会新胜利而奋斗》，《人民日报》2017年10月25日第1版。

有效率。市场经济是以市场作为资源配置的基础性手段的一种经济体制，既可以同资本主义私有制结合，也可以同社会主义公有制结合。在社会主义市场经济条件下，无论是公有制企业还是私有制企业，都可以成为独立的市场主体和法人实体。一个企业的具体经营绩效会依市场环境、管理水平等因素的变化而呈现不同状态，现实中任何一种所有制形式的企业都有可能盈利或亏损。无论是公有制企业还是私有制企业，只要经营管理不善，在实践中就会出现效率不高的现象。改革开放30多年来，我们把坚持社会主义基本制度同发展市场经济结合起来，初步找到了一条在市场经济条件下搞好国有经济的路子，在实现公有制与市场经济的有机结合、发展新型国有企业上取得巨大进展。2009年，由《财富》杂志公布的世界500强企业中，我国国有企业有33家，中远集团、中国五矿、中国建筑、中国中铁、中国铁建等一批处于竞争领域的大企业榜上有名。在激烈的国际国内市场中，公有制经济日益显示出强大的竞争力和活力。

实际上，坚持基本经济制度并不意味着搞单一公有制。在社会主义初级阶段，脱离生产力发展水平，实行单一的公有制，片面追求公有制经济所占比例，就会违背生产关系适应生产力发展水平的客观规律，导致生产效率低下，经济发展水平不高，人民生活水平提高缓慢，影响社会主义优越性的发挥。我们不能简单地认为公有制经济成分的比重越高，就越有利于社会主义经济发展。对所有制结构的评价标准，不能只看所有制成分的比重，还要看是否有利于发展社会主义社会的生产力，是否有利于增强社会主义国家的综合国力，是否有利于提高人民的生活水平。历史经验教训表明，单一公有制不符合中国社会主义初级阶段的具体国情，不符合生产力发展水平的实际，不利于社会主义经济的发展，也不能实现国富民强。

（选自：《不断巩固社会主义的经济基础——划清社会主义公有制为主体、多种所有制经济共同发展的基本经济制度同私有化和单一公有制的界限》，《人民日报》2010年8月24日第16版。）

案例分析：

社会主义初级阶段不发达的生产力决定了我国生产资料所有制形式不可能是全面的社会主义全民所有制，而是多种所有制形式共同存在。尽管在改革开放以来，面临所有制结构的调整与变革导致的公有制经济的比重下降，非公有制经济的比重上升，但是在所有制结构中，各种不同所有制经济的地位和作用是不相同的。以国有经济为主导的公有经济在社会主义初级阶段所有制结构中始终居于主体地位，这表现在公有资产在社会总资产中占优势、国有经济控制国民经济命脉，对经济发展起主导作用等诸多方面，但我们绝不会片面追求公有制经济所占比例，违背生产关系适应生产力发展水平的客观规律，搞单一公有制。同时非公有经济的经济成分是社会主义市场经济的重要力量，我们鼓励支持非公有制经济发展是为发展社会主义经济服务，绝对不是要搞私有化和建立资本主义私有制。

思考讨论：

（1）请简单谈谈划清社会主义公有制为主体、多种所有制经济共同发展的基本经济制度同私有化和单一公有制的界限的必要性。

（2）请就如何坚持巩固公有制经济的主体地位和鼓励发展非公有制经济谈谈你的看法。

案例三：坚持多种所有制经济共同发展，逐步建立符合中国国情的所有制结构新秩序

在社会主义初级阶段，要改变我国生产力发展不平衡和总体水平相对落后的局面，必须把“坚持公有制为主体，促进非公有制经济发展，统一于社会主义现代化建设的进程中”,[①] 使各种所有制经济在市场竞争中充分发挥各自优势，并逐步建立符合中国国情的所有制结构新秩序。为此，需要我们认识到：

第一，中国特色社会主义公有制经济是非公有制经济的带动力量。1846 年，恩格斯在回答能不能一下子就把资本主义私有制废除的问题时就明确指出：“不，不能，正像不能一下子就把现有的生产力扩大到为实行财产公有所必要的程度一样。因此，很可能就要来临的无产阶级革命，只能逐步改造现社会，只有创造了所必需的大量生产资料之后，才能废除私有制。”[②] 在社会主义初级阶段，不仅不能一下子废除非公有制经济，而且为了适应生产力多层次的发展要求，必然存在大量的非公有制经济，这是不以人的意志为转移的。这种非公有制经济不是公有制经济的天敌，而是公有制经济制度尚未成熟的伴生物，是公有制经济的领导对象。

---

① 江泽民《在中国共产党第十六次全国代表大会上的报告》，《人民出版社》2002 年版，第 25 页。

② 《马克思恩格斯选集》第 2 版第 1 卷第 239 页。

第二，中国特色社会主义非公有制经济是公有制经济的后备力量。几乎没有人不承认这样一个事实，哪里非公有制经济发展得好，哪里的经济发展速度就快，同时就业的压力相对就小。但是，从理论上来看，非公有制经济的历史地位和作用问题至今没有从根本上解决，尤其是非公有制经济的充分发展对于公有制经济健康发展的重要意义还没有被深刻认识。毫无疑问，非公有制经济的充分发展，必然推动我国生产资料的社会化和资本集聚程度的普遍提高，而生产资料的社会化和资本集聚正是公有制经济生存和发展的必要条件，因此，发展非公有制经济是巩固和发展公有制经济的重要措施。在社会主义初级阶段的历史条件下，没有非公有制经济的充分发展，就没有公有制经济的充分发展，因为公有制经济发展的启动资金相当一部分来源于非公有制经济的税金。从长远观点来看，在社会主义基本经济制度范围内，随着生产力水平的不断提高和国际竞争的日益激烈，非公有制经济为了生存和发展，必然自觉自愿地向公有制经济这只"航空母舰"靠拢，否则，必然遇到难以克服的困难，甚至破产。正是从这个意义上说，非公有制经济是公有制经济的后备力量。

第三，无论公有制经济还是非公有制经济，都是中国特色社会主义基本经济制度的基础。要把公有制经济与非公有制经济统一于社会主义现代化建设的进程中。在当代中国，离开社会主义现代化建设进程，一切社会现象都难于理解。但是，只要以社会主义现代化建设进程为前提，就没有什么不可思议的事情。

（选自：杨世文：《论中国特色社会主义公有制经济》，《当代世界与社会主义》（双月刊）2004 年第 3 期，有改动。）

案例分析：

辩证地看，公有制经济与非公有制经济之间既相互依赖，又互相矛盾。前者表现为公有制经济的发展需要利用非公有制经济的形式调动社会的闲置资金和劳动力资源，要依靠私营经济提供的便利条件，这样才能搞活流通、繁荣市场、促进国民经济全面增长。与此同时，非公有制经济面对外国资本的竞争也必须借助于国有经济的强大支撑，利用公有制经济发展提供的稳定环境才能得以生存与发展。虽然两种经济之间在专业技术人才方面存在竞争，私营企业主的高收入对公有制经济管理层人员的诱惑，影响公有制经济队伍管理等方面。但从本质上讲，两种经济都是我国经济制度的重要组成部分，只有正视并正确处理这些矛盾，才能促进两者相互促进，共同发展，也才能促进我国经济健康发展。

思考讨论：

（1）中国特色社会主义公有制经济作为非公有制经济的带动力量体现在哪些方面？请举例说明。

（2）在社会主义现代化建设过程中如何处理好公有制经济与非公有制经济之间的关系？

三、按劳分配与按生产要素分配相结合

案例一：多种分配方式并存是我国社会主义初级阶段收入分配制度的一大特点

在改革开放初期，由于对于资本、技术、土地、管理等生产要素能否参与分配，在政策上不清楚，在法律上不明确，在实践中引起了一些争议。随着分配制度的改革依法进行，这样的问题早已不存在了，人们享受着改革带来的种种实惠：有人投资股票而发家致富，有人凭技术入股成为股东，有人因为自己会管理会经营而参与企业分红。分配制度的改革，正深刻地影响着我们的生活。

九届全国人大第二次会议通过的宪法修正案，根据我国经济体制改革的成果和市场规律，在1982年宪法第六条规定的基础上，即“中华人民共和国社会主义经济制度的基础是生产资料的社会主义公有制，即全民所有制和劳动群众集体所有制。社会主义公有制消灭人剥削人的制度，实行各尽所能、按劳分配的原则。”增加一款，“国家在社会主义初级阶段，坚持公有制为主体、多种所有制经济共同发展的基本经济制度，坚持按劳分配为主体、多种分配方式并存的分配制度。”

以根本大法的形式明确初级阶段的分配制度，有利于建立和完善社会主义市场经济体制。要发展资本、劳动力、土地、技术等生产要素市场，需要承认生产要素可以参与分配。没有生产要素参与分配就不会有真正的市场机制。分配制度的改革和完善，为这些市场的培养和发展提供了条件。按照发展市场经济的需要，我国形成了比较完善的证券市场，形成了以公司法、证券法为核心的法律、法规体系。截至今年8月底，在沪深两市上市的公司有1197家，市值总额4.65万多亿元，在经济生活中具有举足轻重的作用。这些得益于宪法对分配制度的完善。投资买卖股票，不仅有法律上的依据，而且还受宪法的保护。

在初级阶段确立以按劳分配为主体，多种分配方式并存的分配制度，有利

于兼顾效率和公平，实现共同富裕，也有利于调动人的积极性、创造性，提高人民生活水平。每个人都可以根据自己的优势，合法致富。在创办企业及其经营活动中，可以采取“有钱的出钱（资本），有力的出力（劳动力），有知识的奉献知识（技术和管理）”的方式。“众人拾柴火焰高”，各种生产要素的有机结合，必将极大促进社会物质财富的生产。

（选自：许安标：《分配制度：从“按劳分配”到“多种分配方式并存”》，《人民日报》2002年12月4日第10版。）

案例分析：

中国特色社会主义经济制度的特点鲜明且丰富，体现在分配制度上则表现为把按劳分配与按生产要素分配结合起来，实行按劳分配为主，多种方式并存的社会主义分配方式。也就是除按劳分配以外，积极采用劳动作为生产要素参与分配、劳动以外的生产要素所有者参与分配以及管理和知识产权类的生产要素等按要素等多种方式参与分配，并在实践中逐步形成了初次分配在创造国民收入的物质生产领域进行（国家收入、各类企业收入、生产者个人收入）再分配在全国范围进行（基础设施、重点部门、薄弱环节、落后地区、满足非物质生产部门、建立各类基金）的国民收入分配格局，保障了国民生活的正常运行。这一基本制度由我国实行的以公有制为主体、多种所有制经济共同发展的基本经济制度和我国现阶段生产力的国情所决定，且具有有利于优化资源配置，调动一切积极因素，促进发展的特点。

思考讨论：

（1）我国坚持按劳分配为主体、多种分配方式并存的基本分配制度的原因有哪些？

（2）按要素分配与马克思的劳动价值论是否矛盾？

案例二：科学理性地看待收入分配差距问题

随着经济的发展，我国居民收入差距呈不断扩大之势。对于居民收入差距扩大的原因，既有合理的因素，也有不合理的因素。

从合理因素方面讲，个人素质的差异、市场竞争产生的影响、新型行业与传统产业之间的收入差距、发展基础和自然禀赋的差距等因素导致的收入分配差距均具有一定的合理性。以市场竞争产生的影响为例，经过20余年的改革，我国的经济体制已经发生了根本性的变革，社会主义市场经济体制的框架已基本确定，市场已经成为配置资源的最主要力量。在收入分配领域，市场机制已基本取代了传统的计划方式，并基本形成了按劳分配为主、各种生产要素共同参与分配的收入分配制度体系。因此，在市场竞争过程中，不同社会成员、不同经济组织因竞争能力的差异、劳动贡献和要素投入的不同，收入差距的形成及扩大是必然的。由竞争形成收入差距特别是初次分配领域的差距是经济市场化的必然结果。

但是，造成收入差距扩大或说引起社会大众不满的更多是不合理因素所致，具体表现在：

各种非法收入大量存在。20 世纪 90 年代以来，以权谋私、权钱交易的程度和范围都在迅速扩展。从主要环节看，由资金、物资的分配延伸到土地批租转让、工程建设的发包承包、产品的购销与集体的消费（回扣）等环节，现在正向国有企业产权变动发展。从产生权钱交易的部门看，由经济管理部门扩展到工商、税务、海关、公安等执法部门以及文化教育、卫生等社会服务部门，甚至开始向组织宣传等政治领域渗透。非法收入的大量存在，加剧了社会收入分配差距。

垄断问题比较突出。垄断，一直是我国经济市场化过程中的一个顽症，其主要表现形式是一些部门或行业甚至一些个体社会成员，或通过各种方式实施市场进入限制，排斥甚至打击其他竞争者，进行垄断经营；或控制、操纵市场价格以获得超额利润；或利用信息不对称即信息垄断进行不公平交易甚至实施投机。利用垄断不公平竞争，某些群体可以以很少的投入获得非常高的收益。在目前行业收入差距、部门与单位收入差距中，垄断等不平等竞争的作用相当突出。

政策因素的影响。从地区收入差距看，尽管地区之间的差距与自然环境、地理区位以及与过去在基础设施、重点项目等领域的投资体制有关。同时，也与改革开放的推进顺序、发展过程中的差别政策有关。从居民个人情况看，在改革开放初期，在“允许一部分人先富起来”的政策支持下，我国城镇居民的收入大幅度增加，与此同时，城市居民的收入差距也在不断提高，但此时的高收入者既非政府官员，也非企业管理者，更不是专业技术人员，而是从事简单商品贸易的待业和无业人员。这与当时的历史背景和我国的发展阶段有着密切的关系，但也与当时的政策体制有关。此外，再分配能力有待进一步加强等因素也是造成收入差距扩大的原因之一。

（选自：胡少维：《如何看待目前的居民收入差距——关于收入分配问题的思考》，《当代经济研究》2001 年第 7 期，有改动。）

案例分析：

收入差距问题是任何国家都面临的问题，但是近年来我国经济发展由于受到增长速度进入换挡期、结构调整面临阵痛期以及前期刺激政策消化期等三期叠加等因素的影响，国内外一些人对我国居民收入分配问题提出的种种看法需要我们理性的看待。客观地讲，近年来我国收入分配呈现出差距不断扩大、在初次分配领域，政府缺乏有效的限制垄断、鼓励平等竞争的政策、在再分配领域，税收和社会保障政策不完备以及缺乏完善的打击、遏制违法非法收入的政策等不合理现象，但总的趋势是好的。国家关于分配制度的改革也一直在进行，而客观理性分析导致收入分配差距的合理以及不合理因素是我们如何看待这一问题的关键。对于导致收入分配差距的合理因素而言，这是客观不可避免的，因此不必过多强调，而如案例中提到的不合理因素导致的分配差距则是化解多年来积累的深层次矛盾的必经阶段，我们也需冷静对待，积极探索有益的解决办法。

思考讨论：

（1）你认为导致收入分配差距的原因中哪些影响最大，为什么？

（2）请就如何规避不合理因素导致的收入分配差距问题谈谈你的看法。

案例三：深入推进总体性收入分配改革

收入分配问题与人民群众的利益密切相关，中央高度重视收入分配制度改革。收入分配制度改革既要进一步增进公平，也要有效提高效率，两方面都不可偏废。

近 10 年来，我国取消了农业税，并不断加大涉农补贴力度，到 2011 年末，2000 多万城市居民和 5000 多万农村居民得到了政府的最低生活保障。2011 年，城镇居民人均可支配收入达到 21810 元，比 2002 年增长 1.8 倍；农村居民人均纯收入达到 6977 元，比 10 年前增加 4355 元，并出现了农村居民收入增速快于城镇居民收入增速的趋势。在收入分配制度改革取得巨大成绩的同时，一些结构性问题仍然突出。必须通过总体性收入分配改革，进一步理顺分配关系，完善分配制度，着力提高低收入者收入，扩大中等收入者比重，有效调节过高收入，取缔非法收入，缓解地区之间和部分社会成员之间收入分配差距扩大趋势。可以说，收入分配制度改革关系经济社会发展全局。

深化收入分配制度改革，目的在于改善社会收入分配结构，在促进社会财富增长的同时，逐渐缩小收入差距，实现共同富裕。应坚持和完善按劳分配为主体、多种分配方式并存的分配制度，坚持各种生产要素按贡献参与分配，在经济发展的基础上更加注重社会公平，使全体人民都能享受到改革开放和社会主义现代化建设的成果。

收入分配制度改革的重点是缩小收入差距。比如，通过统筹城乡、区域发展和转移支付，缩小城乡、区域收入差距；通过提高低收入者收入，适当限制高收入群体的增长，着力扩大中等收入群体，缩小不同收入群体的收入差距。

收入分配制度改革的难点是如何理顺社会分配关系。特别是如何通过加强规制理顺垄断性行业和一般竞争性行业的收入分配关系，如何通过积极稳妥推进城镇化理顺城乡收入分配关系，如何通过工资集体协商理顺资本所有者、经理层与一般职工的收入分配关系。

当前，收入分配制度改革应努力在推动城乡基本公共服务均等化、实施更加积极的就业政策、加快完善社会保障体系、建立健全职工工资正常增长机制、加强对垄断行业工资总额和工资水平的双重调控、促进农民持续增收、规范收入分配秩序、加大税收对收入差距的调节力度等方面取得实质性进展。

需要强调，改革没有免费的午餐。各级政府、各类企业、各类人群都是收入分配制度改革的主体，不仅要做收入分配制度改革的守望者，更要做参与者。合理收入分配格局的形成，需要各个社会主体依法良性互动，充分发挥劳动和创造的积极性，在不断做大蛋糕的过程中更好地切分蛋糕。

（选自：《深入推进总体性收入分配改革》，《人民日报》2013 年 4 月 3 日第 7 版，有改动。）

案例分析：

收入分配直接关系到广大人民群众的切身物质利益，是我国社会主义共同富裕本质最直接的体现，也是生产力发展的重要动力。而分配的原则和方式最根本取决于所有制关系，社会主义初级阶段的基本经济制度决定了我国现阶段分配原则为按劳分配为主、多种分配方式并存，可称为基本分配制度。这个重要观点和政策丰富了马克思主义的分配思想，同时也廓清了基本分配制度与社会主义市场经济的相互关系，是中国特色社会主义理论体系的一大创新。中央高度重视收入分配制度改革过程中出现的一系列问题。党的十八大报告强调：“规范收入分配秩序，保护合法收入，增加低收入者收入，调节过高收入，取缔非法收入。”而合理收入分配格局的形成，在中央的相关政策实行之际，同时也需要各个社会主体依法良性互动，充分发挥劳动和创造的积极性，进一步完善我国收入分配体系。

思考讨论：

（1）当前我国收入分配制度改革主要集中在哪些方面？

（2）请就如何解决当前我国收入差距问题谈谈你的看法和解决对策。

四、使市场在资源配置中起决定性作用和更好发挥政府作用

案例一：完善双重调节体系之市场调节及其功能强弱点问题

实践是检验真理的唯一标准，马克思主义科学理论是在实践中不断发展的。社会主义市场经济理论也是如此，我国对经济调节方式的探索也是逐步深化的。

建国之初，我国借鉴苏联经验，也建立了计划经济体制。后来，虽然以毛泽东为代表的中国共产党人进行了积极的多方面探索，但总体上是实行计划经济为主体的体制。由于资本主义市场经济和社会主义初级阶段计划经济都存在不可克服的缺陷，因而改革的客观目标是将社会主义基本经济制度和市场经济结合起来。1978 年改革开放以来，邓小平带领全党勇于探索，他本人也多次论述有关市场经济问题。1992 年，党的十四大终于提出我国经济体制改革的目标是建立社会主义市场经济体制。实践充分表明，市场是资源配置和经济调节的有效手段，资本主义可以用，社会主义也可以用。

价值规律是商品生产和商品交换的内在本质联系，市场经济是通过价值规律自行调节的经济体制和经济运行方式。市场调节功能会随着国民经济社会化程度和经济外向化程度的提高而不断增强，客观上要求在更大范围内和更大程度上重视价值规律及其表现方式即市场调节的作用。所谓市场调节，就是通过价格、竞争和供求等机制的共同作用，调节商品和资源的供求，引导经济资源在社会各方面流动，并使经济利益在不同利益主体之间进行相应的分配，从而促进国民经济的增长和健康发展。具体来说，市场调节功能的强点或积极效应体现在五个方面：一是微观经济均衡功能，即市场引导自主决策个体的生产经营行为紧随现实需求的变化，从而能够在微观层面调节供求关系及其平衡；二是资源短期配置功能，即市场可以在短期内迅速引导经济资源向效益高的领域流动，直接影响经济主体的资源短期调配；三是市场信号传递功能，即市场可以通过价格信号反映市场供求、竞争强弱等情况，引导生产经营者快速和自主决策；四是科学技术创新功能，即市场可以引导生产经营者改进生产资料、提

高生产技术水平和商品质量，提高社会生产力水平；五是局部利益驱动功能，即市场可以驱使生产者基于局部利益考虑来加强经营管理和内外部的合作，从而促进经济发展。

不过，市场调节也存在着自身难以克服的功能弱点。首先，易偏离宏观经济目标。由于市场调节具有自发性、滞后性和无序性，市场行为主体出于自身利益考虑，难以关心全社会的宏观经济整体目标和长远利益。其次，调节领域易受限。现实中并不是所有的领域都适合采用市场调节。与一般商品生产和交换领域不同，在某些因规模经济导致自然垄断的领域，如交通运输等基础设施，供水、供电等领域，完全采用市场调节的效果并不理想。在公益性和非营利性领域，如教育、卫生、环境保护、文化保护、基础研究、国防经济等，试图以市场调节起主导作用更会引起不良后果。其三，易导致贫富分化。如果社会的财富和收入分配问题完全交给市场来支配，实际上就是交给资本尤其是私人资本来支配，这势必导致"马太效应"的产生。四是产业协调难度较大。市场调节往往促使生产者更关注短期资源配置和短期收益状况，那些回收资金周期长、具有长远战略意义的基础产业往往被忽略，产能容易过剩。五是现实交易成本较大。在日益庞大的现代市场经济中，供需情况、交易价格等因素相互影响、变化频繁，必然导致市场主体花费大量的搜寻成本、决策成本、适应成本甚至是纠错成本，使微观个体和社会整体均承担较高的代价。

（选自：程恩富：《完善双重调节体系：市场决定性作用与政府作用》，《中国高校社会科学》2014 年第 6 期，有改动。）

案例分析：

自党的十八届三中全会把市场在资源配置中的"基础性作用"修改为"决定性作用"以来，市场万能论便在我国又有抬头之势，其典型代表就是标榜"自由化"、"市场化"和"私有化"的新自由主义学派。不可否认，承认市场的活力和创造力、充分运用价值规律的作用在积极推动经济发展方面的作用是要引起重视的。但同时我们也应该看到：一是市场的决定性作用是在资源配置中，不是在全部经济领域，因为市场调节具有自发性、滞后性和无序性，也存在着自身难以克服的功能弱点，市场不是万能的；二是市场在资源配置中的决定性作用需要政府发挥作用，这一点即使是在一些资本主义国家也是能够证实的。总之，我们应该辩证看待市场的双重作用，扬长避短，与政府调节相结合，共同推进我国经济社会的健康发展。

思考讨论：

（1）如何认识“市场不是万能的”？

（2）结合实际生活，请就如何发挥市场在资源配置中起决定性作用提出建议。

案例二：完善双重调节体系之政府调节及其功能强弱点问题

所谓政府调节，就是政府运用经济、法律、行政、劝导等手段调节各类经济主体的经济行为，以实现经济社会发展的整体和长远目标。政府调节不是随心所欲、杂乱无章而没有内在规律可循的，其内含按比例发展和有计划发展等规律。现代经济社会的持续健康发展，本质上要求在市场发挥资源配置决定性作用的同时，社会自觉地按照经济发展的总体目标进行宏观和中观的调控及微观规制。政府承担这一职能具有客观必然性，政府调节的功能强弱点如下：

在宏观层面，政府科学调节功能的优势，在于制定和实现经济社会发展总体目标。政府调控的首要目标是宏观经济稳定。就业关系到社会稳定，但一般的市场主体并不关心就业总体状况；物价的稳定决定着市场价格信号的准确，而作为个体的市场经营者往往利用透明或不透明的信号谋利；总供求均衡和国际收支平衡由千千万万的生产经营者的整体行为决定，而一般经营者没有能力和动力维持两者的均衡；国际收支失衡已经对某些国家，特别是发展中国家的经济形成巨大冲击，并产生了严重的负面影响；非公经济关注微观经济收益，难以通过市场调节来解决企业内部和全社会的贫富悬殊问题；单一市场主体关注的是微观经济效益，难以自觉增进全社会整体的经济效益、社会效益和生态效益。有学者指出：“政府职能和宏观调控的另一个层面，是整个经济、社会、文化、生态文明等建设方面的作用。这方面已远超出了资源配置的范围，不能都由市场决定”。[①] 实践也证明，在宏观经济社会发展目标的实现上，政府能够超脱单个企业出于短期和局部利益而作出的经济决策，因而能够更多地站在全局和整体角度调节资源配置和经济运行，从而保持宏观经济稳定，确保充分就业、物价稳定、总供求平衡、国际收支平衡、共同富裕以及人口、资源与环境可持续发展等目标的实现。

---

① 卫兴华：《把握新一轮深化经济体制改革的理论指导和战略部署》，《党政干部学刊》2014 年第 1 期。

在中观层面，政府科学调节功能的优势，在于能够化解经济发展中产业结构和区域经济的发展不平衡问题。由于政府调节具备一定的前瞻性、全局性和战略性，在产业和区域发展上能够更注重协调发展和综合平衡。与市场调节过于注重资源的短期配置不同，政府调节可以注重弥补经济社会发展的“短板”，注重投资于周期较长、战略意义大的新兴产业、关系国计民生的基础产业和区域发展战略。比如，政府可以通过财税政策等工具来促进新技术的大规模应用，加快淘汰落后产能，从而加快产业结构转型升级。我国珠三角、长三角、京津冀、中西部和东北部等区域经济和“带路经济”（长江带、陆上和海上丝绸之路）先后规划和较快发展，便与中央和地方政府的积极调控密切相关。

在微观层面，政府科学调节的功能优势，在于其必要的规制或监管的效能。现代市场经济的有序性和高效性，不能单纯地建立在市场主体的自觉和自律基础上。政府调节具有公正性和权威性，能够更好地规制经济主体的合法和诚信经营，也可以通过准入、惩罚、黑名单制度等经济和行政管理手段，来维护市场正常秩序。其中，事先、事中和事后的监管视情况不同而各司其职，缺一不可。如在最低工资制度、劳动者权益、环保评估等方面，政府利用政策和法规进行规范，便能有效保障劳动者的利益，维护社会公众的利益，这是市场调节所做不好的。

政府调节同样存在着失灵现象。就政府调节功能的劣势和不足而言，主要是与政府偏好的主观性、调节方向的转换机制、部门间的协调和调节承担者的动力机制有关。具体说来，一是政府调节的偏好不当，易于使政府调节的目标偏离全社会的要求。如“GDP”至上的偏好会导致盲目投资、过度招商引资和忽视民生及生态建设等。二是政府调节的程序不妥，易于使决策走向程序非民主化、措施延迟化和代价增大化，难以及时和灵活地应对市场变动状况。三是政府调节的配套性弱，易于使调节目标受制于具体执行部门的利益和地方的利益，形成政策性内耗。四是政府调节的动力不足，易于使政府调节的主动性减弱，导致已暴露出来的矛盾和问题迁延日久和难以解决，导致政府机构的官僚作风，降低政府调节的效率。实践证明，目前政府非大部制的机构臃肿、过度审批、部门间的推诿、地方保护主义倾向等问题，在一定程度上会导致“定令不当”“有令难行”的现象，使政府调节的科学性和有效性大打折扣。

（选自：程恩富：《完善双重调节体系：市场决定性作用与政府作用》，《中国高校社会科学》2014年第6期，有改动。）

案例分析：

与市场在增强经济发展活力创造力方面的作用不同，政府调节的职责和作用主要是保持宏观经济稳定，加强和优化公共服务，保障公平竞争，加强市场监管，维护市场秩序，推动可持续发展，促进共同富裕，弥补市场失灵。政府的宏观调节无论是从宏观、中观、抑或微观层面讲都具备无可替代的重要性，它能保障国民经济的健康正常发展和人民生活水平的安定和稳步提升，却同时存在着失灵现象。而导致政府调节失灵的原因除了政府本身的局限性之外，也有一系列社会因素的影响。因此，客观看待和运用政府的宏观调控职能是促进经济社会发展的必然要求。

思考讨论：

（1）政府的宏观调控主要体现在哪些方面？

（2）如何把握政府宏观调控对经济发展的作用以及可能出现的弊端。

案例三：把市场的作用与政府的作用结合起来、双强联动促进经济繁荣

处理好政府和市场的关系，是经济体制改革的核心问题。党的十四大提出建立社会主义市场经济体制的改革目标后，对政府和市场的关系，我们一直在根据实践拓展和认识深化寻找新的科学定位。党的十五大提出“使市场在国家宏观调控下对资源配置起基础性作用”，党的十六大提出“在更大程度上发挥市场在资源配置中的基础性作用”，党的十七大提出“从制度上更好发挥市场在资源配置中的基础性作用”，党的十八大提出“更大程度更广范围发挥市场在资源配置中的基础性作用”。党的十八届三中全会把市场在资源配置中的“基础性作用”修改为“决定性作用”，这是我们党对中国特色社会主义建设规律认识的一个新突破，标志着社会主义市场经济发展进入了一个新阶段。这个重要判断有利于在全党全社会树立关于政府和市场关系的正确观念，有利于转变经济发展方式，有利于转变政府职能，有利于抑制消极腐败现象。

切实发挥市场在资源配置中的决定性作用。市场决定资源配置是市场经济的一般规律，市场经济本质上就是市场决定资源配置的经济。理论和实践都证明，市场配置资源是最有效率的形式。必须不失时机地加大改革力度，坚持社会主义市场经济改革方向，在思想上更加尊重市场决定资源配置这一市场经济的一般规律，在行动上大幅度减少政府对资源的直接配置，推动资源配置依据市场规则、市场价格、市场竞争实现效益最大化和效率最优化，让企业和个人有更多活力和更大空间去发展经济、创造财富。健全现代市场体系，加快财税体制改革，加快金融体制改革，为优化资源配置、维护市场统一、促进社会公平提供制度保障。适应经济全球化新形势，加快培育参与和引领国际经济合作竞争新优势，加快实施自由贸易区战略，以开放促改革，构建开放型经济新体制。

要更好发挥政府作用。市场在资源配置中起决定性作用，并不是起全部作用，不是说政府就无所作为，而是必须坚持有所为、有所不为，着力提高宏观调控和科学管理的水平。我国实行的是社会主义市场经济体制，仍然要坚持发挥社会主义制度的优越性、发挥党和政府的积极作用。科学的宏观调控，有效的政府治理，是发挥社会主义市场经济体制优势的内在要求。政府的职责和作用主要是保持宏观经济稳定，加强和优化公共服务，保障公平竞争，加强市场监管，维护市场秩序，推动可持续发展，促进共同富裕，弥补市场失灵。

要讲辩证法、两点论，把“看不见的手”和“看得见的手”都用好。政府和市场的作用不是对立的，而是相辅相成的；也不是简单地让市场作用多一些、政府作用少一些的问题，而是统筹把握，优势互补，有机结合，协同发力。要划清政府和市场的边界，凡属市场能发挥作用的，政府要简政放权，要松绑支持，不要去干预；凡属市场不能有效发挥作用的，政府应当主动补位，该管的要坚决管，管到位，管出水平，避免出问题。要善于运用负面清单管理模式，实行市场准入负面清单制度，只告诉市场主体不能做什么，至于能做什么，该做什么，由市场主体根据市场变化作出判断。要找准市场功能和政府行为的最佳结合点，切实把市场和政府的优势都充分发挥出来，更好地体现社会主义市场经济体制的特色和优势，努力形成市场作用和政府作用有机统一、相互补充、相互协调、相互促进的格局。

（选自：《习近平总书记系列重要讲话读本》第147—151页，学习出版社、人民出版社2016年版，有改动。）

案例分析：

历史地看，改革开放之前，我国市场只处于零星微弱的状态，实行社会主义计划经济体制，政府在经济发展中发挥绝对主导的作用。改革开放之后，我国便开始逐步打破过去强大行政力量主导的僵化低效的经济发展模式，其中最具决定性意义的变革是党的十四大明确提出了发展社会主义市场经济，时至今日，市场经济在我国已有20余年的发展历史。随着中国市场的逐步成长，政府与市场的关系也日渐摆脱了改革之前两者力量对比悬殊的情形，政府的行政力量进行了适当的收缩，而给予市场一定的自主发挥其资源配置优势的空间。可以说，改革开放前后政府与市场的关系总体变化的趋势是政府力量减弱，市场力量增强。但需要清楚的是，上述政府与市场力量的强弱变化只能是在社会主义规定的限度内进行。因为无论改革开放之前还是之后，我国实行的市场经济是社会主义市场经济，是以公有制为主体的市场经济，也就是说我国公有制都始终占据主体地位。以此为出发点来理解“市场在资源配置中起决定性作用和更好发挥政府作用”则比较全面。

思考讨论：

（1）请简单谈谈我国社会主义市场经济的发展脉络。

（2）在厘清政府和市场各自定位和职能以后，你对如何充分发挥“看不见的手”和“看得见的手”有何建议？

第三节　文化制度

“大风泱泱，大潮滂滂。洪水图腾蛟龙，烈火涅槃凤凰。文明圣火，千古未绝者，唯我无双；和天地并存，与日月同光。中华文化，源远流长；博大精深，卓越辉煌。”气势豪迈的中华世纪坛序充分彰显了中国文化的深沉内涵与卓越价值。我国文化经历几千年的发展，历史内涵丰富且厚重。中国传统文化以传统哲学为主体，其主干是儒道释法几家交替在中国社会起主导作用，又相互融合、互补影响着中国人的思维和中国文化传统。因此，中国优秀传统文化是构建中国特色社会主义文化制度的重要精神养料。当前，在我国深入开展以“富强、民主、文明、和谐、自由、平等、公正、法治、爱国、敬业、诚信、友善”为主体内容的社会主义核心价值观建设的生动实践中，也不断给国人坚定文化自信以实践证明。G20 峰会的圆满落幕再次体现出中国文化的伟大力量的同时，也提出了建设什么样的文化制度以保障我国文化欣欣向荣、维护中华民族文化安全、为经济社会发展注入动力这一重大问题。中国特色社会主义文化制度，是包括基本文化制度和具体文化制度在内的文化制度体系，是中国特色社会主义制度的重要组成部分。发展中国特色社会主义制度，必须以文化制度建设为精神支柱。

一、在中国优秀传统文化中汲取深沉力量

案例一：从优秀传统文化中探寻幸福真谛（新知新觉）

幸福是人们孜孜以求的生活状态。早在我国先秦时期，孔子、老子、孟子、墨子等就对幸福作了大量论述，形成了深刻的幸福观。2000 多年来，先秦诸子的幸福观被许许多多中国人奉为立身准则和处世圭臬。今天，先秦诸子的幸福观对我们认识什么是幸福、怎样实现幸福仍然有着重要启示意义。

不沉溺于物质享受，追求精神快乐。幸福在《论语》《道德经》等诸子典籍中也被称为“乐”。那么，在先秦诸子看来，幸福有着怎样的内涵呢？先秦诸子认为，物质财富对幸福来说并非不重要，但相比较而言，精神快乐更是幸福所必需的。因此，他们主张对物质财富、生死寿夭、贵贱达穷、外在环境持淡泊态度，应该更加注重心灵的知足，关注那些符合人之本性、来自于内心的幸福。老子认为，“知足之足，恒足矣”，淡泊名利、顺性无为才是幸福的最高境界。孔子认为，“一箪食，一瓢饮，在陋巷，人不堪其忧，回也不改其乐”，他对安贫乐道的弟子高度赞赏。孟子认为，人生幸福的真谛是“三乐”：“父母俱存，兄弟无故，一乐也；仰不愧于天，俯不怍于人，二乐也；得天下英才而教育之，三乐也。”庄子认为，幸福并非享乐的感觉，而是心灵的顿悟与超越，“与天合者，谓之人乐”“喜怒通四时，与物有宜而莫知其极”。在先秦诸子看来，真正认清了幸福的本质、领略了精神的高贵，就不会沉溺于物质享受，而会自觉修身行道。今天，这些观点对于丰富人的心灵世界、提升人的精神境界具有特别重要的意义。

将自身幸福与他人幸福、社会福祉结合起来考量。《礼记·大学》明确提出“格物、致知、诚意、正心、修身、齐家、治国、平天下”，将个人发展放在“平天下”这样一个宏阔的视野里来看待。孟子提出“与民同乐”的幸福观，强调幸福的“共同性”。荀子认为，“圣也者，尽伦者也；王也者，尽制者也；两尽者，足以为天下极矣。”“尽伦”就是形成理想人格以实现个体幸福，“尽制”就是心怀天下为社会谋福利。老子认为，“圣人不积，既以为人，己愈有；既以与人，己愈多”，强调与别人分享快乐可以使自己更快乐，为别人奉献才能体现自己的幸福。墨子认为，造成社会动荡不安的根源是“众人之不爱”，实现幸福的根本途径是“兼爱”，也就是将爱无私地散播于全社会。这种反对自私自利，主张将自身幸福与他人幸福、社会福祉结合起来的幸福观，对当下社会形成和弘扬正确的幸福观具有重要意义。

以坚守志向为快乐，以责任担当为幸福。孟子主张“富贵不能淫，贫贱不能移，威武不能屈”。在先秦诸子看来，一个人即使生计维艰也不能见利忘义、丧失操守，不能因为外在诱惑而丧失气节，不能因为外在压力而改变主见。只有这样，才有真正的快乐、真正的幸福。先秦许多思想家始终以心中的幸福标准要求自己，即使时运不济、屡遭困顿也不改志向，而是坚忍不拔去努力实现自己的抱负，因为他们念念不忘的是天下百姓的幸福。这实际上体现了一种“天下兴亡，匹夫有责”“先天下之忧而忧，后天下之乐而乐”的责任意识与担当精神。正因为有着强烈的责任意识与担当精神，他们才会苦读圣贤之书、深究经世济民之道，积极为百姓的幸福谋利解难、为国家和民族的发展尽职尽责，做到“鞠躬尽瘁，死而后已”。这种为天下人幸福勇于担当奉献的责任意识，今天仍值得大力传承与弘扬。

（选自：黄亚果：《从优秀传统文化中探寻幸福真谛（新知新觉）》，《人民日报》2016 年 7 月 22 日第 7 版。）

案例分析：

中华优秀传统文化博大精深，源远流长。中华世纪坛序便对中华传统文化做出了经典的论述：大风泱泱，大潮滂滂。洪水图腾蛟龙，烈火涅槃凤凰。文明圣火，千古未绝者，唯我无双；和天地并存，与日月同光。中华文化，源远流长；博大精深，卓越辉煌。信步三百米甬道，阅历五千年沧桑。社稷千秋，祖宗百世；几多荣辱沉浮，几度盛衰兴亡。圣贤典籍，浩如烟海；四大发明，寰球共享。缅怀漫漫岁月，凝聚缕缕遐想。回首近代，百年三万六千日，饱尝民族苦难，历尽变革风霜。烽火硝烟，江山激昂。挽狂澜于既倒，撑大厦于断梁。春风又绿神州，华夏再沐朝阳。登坛远望：前有古人，星光灿烂；后有来者，群英堂堂。看乾坤旋转：乾恒动，自强不息之精神；坤包容，厚德载物之气量。继往开来，浩浩荡荡。立民主，兴文明，求统一，图富强。中华民族伟大复兴，定将舒天昭晖，磅礴东方。

思考讨论：

（1）先秦诸子主张的为天下人幸福勇于担当奉献的责任意识的时代价值体现在哪些方面？

（2）请你谈谈对中华传统文化的认识。

案例二：文化中国世界瞩目

历史文化，不仅是一个民族无法割舍的血脉基因，更蕴含着破解各种难题的“钥匙”。

文化，是一个民族的根和魂。固根守魂，关系一个民族的前途和未来。不久前，习近平总书记在“七一”讲话中，将“文化自信”与道路、理论、制度自信并列，扩展成为“四个自信”，并强调“文化自信是更基本、更深沉、更持久的力量”。这样的论述，引人深思，发人深省。

时至今日，令世界倍加关注的，已不仅仅是“经济的中国”，更是“文化的中国”。年初，一部由英国广播公司（BBC）和美国公共电视网（PBS）联合制作的《中华的故事》火爆西方，这六集讲述中国的历史和传统的纪录片，占据BBC二台黄金时间。而前不久热映的好莱坞大片《爱丽丝梦游仙境2》，女主角爱丽丝一身的“中国风”服饰，让影迷眼前为之一亮。再看看《琅琊榜》《芈月传》等国产剧在海外的热播，更是一如当年的青花瓷风靡欧洲。可以说，世界正在以更积极的态度认知“文化中国”。

西方对中国文化的这种重新审视，与其说是完全出于好奇，毋宁说是希望在中国文化中找寻“新的路径”。人与自然如何相处？发展是为了什么？全球治理该有怎样的义利观？从“天人合一”的价值观念，到“以人民为中心”的发展思想，再到“国不以利为利，以义为利”的义利之辨，中国的传统、中国的实践，给出了一种不同于西方的“价值标准”。物理学家霍金曾提出一个困扰人类的难题：在一个政治、社会、环境动荡的世界里，人类如何才能继续生存？对此，历史学家汤因比早有回答：“避免人类自杀之路，在这点上现在各民族中具有最充分准备的，是两千年来培育了独特思维方法的中华民族。”所谓“独特思维方法”，说到底，就是绵延五千多年的中国文化。

当世界更加期待“中国智慧”，我们需要自问的是：我们是否已经准备好了？正如一位学者所指出的，中国文化有一层壳，“不敲开那个壳根本看不清里头是什么样”。即使是生活于其中的人，或许都不一定能敲开它，只是“日用而不知”。更有甚者，缺少鉴别力，分不清文化的精华与糟粕，或是盲目推崇复古，或是一味刻意贬低传统文化。如此，中国文化又如何能够走向远方？

欲信人者，必先自信。丘吉尔有句名言，我宁可失去一个印度，也不愿失去一位莎士比亚。其中的深刻之处，正在于指出了历史文化不仅是一个民族无法割舍的血脉基因，更蕴含着破解各种难题的钥匙。对于中国而言，五千多年的文明发展，孕育了中华优秀传统文化；近百年的上下求索，孕育了革命文化和社会主义先进文化。而这，积淀着中华民族最深层的精神追求，代表着中华民族独特的精神标识，是涵养未来最深厚的精神土壤。正如习近平总书记反复强调的："我们走自己的路，具有无比广阔的舞台，具有无比深厚的历史底蕴，具有无比强大的前进定力，中国人民应该有这个信心，每一个中国人都应该有这个信心。"坚定文化自信，才能不断从中汲取最充沛的养分、最深沉的力量。

当被问及为什么说中国是一个"文明型国家"时，英国学者马丁·雅克如此回答道："中国文化有很深的根，这就是为什么中国人有很强的历史意识，并会以史为鉴。"西方学者尚有这种理解，中国人更应该有这种自信和责任。

（选自：《在文化自信中汲取深沉力量》，《人民日报》2016 年 7 月 15 日第 5 版。）

案例分析：

在"文化的中国"令世界倍加关注的同时，我们审视五千年的中华文化，自信、自豪感不禁油然而生。中华优秀传统文化是中国人民世世代代积淀传承下来的精华部分，是中华民族 5000 多年文明智慧的基本元素和珍贵结晶，是我们取之不尽、用之不竭的智慧宝库，是发展当代社会主义文化的根。习近平总书记将"文化自信"与道路、理论、制度自信并列，扩展成为"四个自信"，并强调"文化自信是更基本、更深沉、更持久的力量"，再次体现出文化的力量。展望未来，实现中国梦需要集中一切资源，调动一切积极因素。优秀传统文化就是一项主要的资源，是最有利于调动国人的积极因素。但如果不深入探究优秀传统文化的精神实质，一味模仿复古，只会起消极作用。所以，要做好创造性转化工作，以更好地适应现代社会的需要，为推动我国现代化建设增添魅力。

思考讨论：

（1）中华优秀传统文化博大精深，体现在哪些方面？请举例说明。

（2）在做好优秀传统文化的现代化转化工作中你有什么建议。

案例三：社会主义现代化进程中的传统文化

中国传统文化作为中华民族的精神血脉和文化之根，具有凝心聚力的能量，对于推动中国特色社会主义发展，实现中国现代化和中华民族伟大复兴具有十分重要的价值。在社会主义现代化建设的背景下认识传统文化的当代价值，需要理清两大关系。

首先，如何看待传统文化与现代化的关系。现代化理论认为，现代化是从农业社会向工业社会，从传统社会向现代社会的历史变迁。近代中国被迫开启现代化进程之前，是以农业为基础、延续数千年文明发展的传统社会，中华文化在其中自成系统并通过潜移默化的影响维系了经济、政治、社会的稳步发展。鸦片战争之后，近代中国的民族危机逐步加深，中国有志之士在寻找治世良方时开始用现代化视角对传统文化进行重新评估，主要有两种观点：或者将矛头指向中华传统文化，彻底否认传统文化在现代社会的作用，导致对传统文化的断裂性认识；或者寻找传统文化对现代化可能具有的积极作用，主张对传统文化进行现代性调适以适应现代化发展的需要。在中国共产党领导中国革命取得胜利，开始社会主义现代化建设后，如何对待传统文化，避免视中国传统文化为“旧文化”而笼统加以排斥的文化虚无主义，发掘传统文化的价值，使之与社会主义现代化耦合，成为一项重大的理论工程。

其次，如何处理马克思主义和中国传统文化的关系。马克思主义中国化为中国传统文化与马克思主义的结合提供了理论前提和历史背景。但是，马克思主义和中国传统文化的契合关系是复杂的。一方面，马克思主义继承了启蒙思想以来的理性传统，在思辨形式上与中国传统文化存在很大差别。两种不同的思想系统和文化基因在中国融合，需要经过谨慎的思考和分析。另一方面，面对当今中国的实际情况，无论是把马克思主义运用到中国实际还是中华传统文化在社会主义中国的发展和实践，都遇到复杂的现实情况的限制。要顺利进行社会主义现代化建设，必须在巩固马克思主义指导思想地位的同时，深入思考如何实现马克思主义和传统文化的有机融合，为社会发展提供助力。

由此可见，在社会主义现代化建设的大背景下，对传统文化的认识不能继续停留在从文化层面思考文化问题的思维上，需要重新审视现代性和传统文化的关系，从而找到传统文化在当代中国的适用性；走中国特色社会主义道路离不开马克思主义的指导，因此必须深入思考马克思主义和中国传统文化之间的关系。党的十八大以来，习近平正是从上述两大问题出发，比较系统地回答了如何实现传统文化的当代价值。

（选自：黄晓丹、孙代尧：《传统文化当代价值实现路径探析——学习习近平关于中国传统文化的重要论述》，《中国特色社会主义研究》2016 年第 1 期。）

案例分析：

历史是连续性的、是不能被割裂的。一个民族的传统文化总是以一定的方式被当代人传承并在此过程中影响着当代人的生活。弄清楚中国传统文化传统文化与现代化以及马克思主义和中国传统文化的关系是我们传承五千年中华优秀文化传统，挖掘其当代价值，为推动中国特色社会主义发展，实现中国现代化和中华民族伟大复兴的必然选择。在理清中华传统文化与现代化和马克思主义关系的同时，我们清楚的认识到，任何将传统文化不加区分、大肆宣扬复古或者简单地将传统文化为“旧文化”而笼统加以排斥的文化虚无主义都是错误的。相反，我们应该注意中华优秀传统文化的适用性，用优秀传统文化涵养社会主义核心价值观，涵养社会主义伟大事业不断取得新进展。

思考讨论：

（1）请就关于中华优秀传统文化的适用性谈谈你的看法。

（2）请就如何做好优秀传统文化的当代转化提出建议。

二、在中国特色社会主义伟大实践中增强文化自觉和文化自信

案例一：深刻理解社会主义核心价值观的内涵和意义

党的十八大报告强调指出：“倡导富强、民主、文明、和谐，倡导自由、平等、公正、法治，倡导爱国、敬业、诚信、友善，积极培育和践行社会主义核心价值观。”这一论述明确了社会主义核心价值观的基本理念和具体内容，指出了社会主义核心价值体系建设的现实着力点，是对社会主义核心价值体系建设的新部署、新要求。正确理解社会主义核心价值观的内涵，深刻把握积极培育和践行社会主义核心价值观的重要性，对于推进社会主义核心价值体系建设，用社会主义核心价值体系引领社会思潮、凝聚社会共识，具有重要的理论意义和实践意义。

“富强、民主、文明、和谐”，是我国社会主义现代化国家的建设目标，也是从价值目标层面对社会主义核心价值观基本理念的凝练，在社会主义核心价值观中居于最高层次，对其他层次的价值理念具有统领作用。富强即国富民强，是社会主义现代化国家经济建设的应然状态，是中华民族梦寐以求的美好夙愿，也是国家繁荣昌盛、人民幸福安康的物质基础。民主是人类社会的美好诉求。我们追求的民主是人民民主，其实质和核心是人民当家作主。它是社会主义的生命，也是创造人民美好幸福生活的政治保障。文明是社会进步的重要标志，

也是社会主义现代化国家的重要特征。它是社会主义现代化国家文化建设的应有状态，是对面向现代化、面向世界、面向未来的，民族的科学的大众的社会主义文化的概括，是实现中华民族伟大复兴的重要支撑。和谐是中国传统文化的基本理念，集中体现了学有所教、劳有所得、病有所医、老有所养、住有所居的生动局面。它是社会主义现代化国家在社会建设领域的价值诉求，是经济社会和谐稳定、持续健康发展的重要保证。

“自由、平等、公正、法治”，是对美好社会的生动表述，也是从社会层面对社会主义核心价值观基本理念的凝练。它反映了中国特色社会主义的基本属性，是我们党矢志不渝、长期实践的核心价值理念。自由是指人的意志自由、存在和发展的自由，是人类社会的美好向往，也是马克思主义追求的社会价值目标。平等指的是公民在法律面前的一律平等，其价值取向是不断实现实质平等。它要求尊重和保障人权，人人依法享有平等参与、平等发展的权利。公正即社会公平和正义，它以人的解放、人的自由平等权利的获得为前提，是国家、社会应然的根本价值理念。法治是治国理政的基本方式，依法治国是社会主义民主政治的基本要求。它通过法制建设来维护和保障公民的根本利益，是实现自由平等、公平正义的制度保证。

“爱国、敬业、诚信、友善”，是公民基本道德规范，是从个人行为层面对社会主义核心价值观基本理念的凝练。它覆盖社会道德生活的各个领域，是公民必须恪守的基本道德准则，也是评价公民道德行为选择的基本价值标准。爱国是基于个人对自己祖国依赖关系的深厚情感，也是调节个人与祖国关系的行为准则。它同社会主义紧密结合在一起，要求人们以振兴中华为己任，促进民族团结、维护祖国统一、自觉报效祖国。敬业是对公民职业行为准则的价值评价，要求公民忠于职守，克己奉公，服务人民，服务社会，充分体现了社会主义职业精神。诚信即诚实守信，是人类社会千百年传承下来的道德传统，也是社会主义道德建设的重点内容，它强调诚实劳动、信守承诺、诚恳待人。友善强调公民之间应互相尊重、互相关心、互相帮助，和睦友好，努力形成社会主义的新型人际关系。

（选自：《深刻理解社会主义核心价值观的内涵和意义》，人民网，2013 年 05 月 22 日，有改动。http：//theory. people. com. cn/n/2013/0522/c40531 – 21565926. html）

案例分析：

用文化传播和滋养社会主义核心价值观，为巩固壮大主流思想舆论发挥重要作用，是坚持中国特色社会主义文化传播制度的重大实践。中国特色社会主义文化传播制度，开创了马克思主义文化传播的新阶段，是马克思主义文化传播理论在中国的具体体现与运用，是中国共产党人对文化传播制度的新探索，是中国特色社会主义优越性的体现，也是中国特色社会主义文化发展的要求。中国特色社会主义文化传播制度理论内容丰富，具体体现在：文化传播以马克思主义为指导思想，确保文化传播制度始终沿着正确道路前进；文化传播以传播社会主义先进文化为引领，确保文化传播事业的发展方向和文化改革的正确性；文化传播的所有制形式是公有制为主体、多种所有制共同发展，以促进文化传播服务的普遍性、内容的多样性、满足广大人民群众的文化传播需求，较好地适应服务社会的需要；文化传播尊重文化传播内在规律，坚持党性原则并坚持为人民服务的宗旨。

思考讨论：

（1）请简要谈谈你对社会主义核心价值观的认识。

（2）文化传播应该坚持哪些原则？你认为可以从哪些方面加强我国的文化传播制度，使其更好地服务于人民。

案例二：谱写中国特色社会主义文化大发展大繁荣的时代篇章

文化历来有先进和落后之分。所谓先进文化，就是能够顺应历史潮流，反映时代精神，代表国家和民族的发展方向，体现人民群众的根本利益，为人类社会文明进步提供强有力的思想保证、精神动力和智力支持的文化。中国特色社会主义文化是当代中国的先进文化，其先进性主要表现为以下几个方面。

中国特色社会主义文化坚持以马克思主义为指导，具有鲜明的科学性。从马克思列宁主义到毛泽东思想再到中国特色社会主义理论体系，是一套历史地发展起来、并与中国实际相结合的科学理论体系。这一科学理论体系不仅为中国特色社会主义文化提供了科学的世界观方法论指导，同时也阐明了中国特色社会主义文化建设的基本内容和原则，指明了先进文化的前进方向。马克思主义理论本身是科学的，在其指导下的中国特色社会主义文化也必然具有科学的品格和科学的精神。

中国特色社会主义文化坚持涵养民族精神，具有鲜明的民族性。中国特色社会主义文化以中华优秀文化为母体，是涵养民族精神、凝聚各族人民意志和力量的积极健康向上的文化。它深深扎根于中华沃土，凝结着中华民族五千年传统文化的精华，鲜明地体现着中华民族的思维模式、生活方式、个性特征、进取精神、道德情操以及风俗习惯，具有鲜明的民族风格、中国气派和强大的生命力。

中国特色社会主义文化坚持面向大众、服务人民、为广大群众喜闻乐见，具有鲜明的群众性。站在人民大众的立场上，坚持为人民服务、为社会主义服务的方向，是社会主义思想文化与封建主义、资本主义思想文化的本质区别，也是其先进性的根本体现。中国特色社会主义文化不是只为少数人垄断的精神奢侈品，而是来自人民、发展于人民、服务于人民，由人民共建共享的思想文化，其最深厚的根源就在广大人民群众之中。

中国特色社会主义文化坚持立足改革开放和社会主义现代化建设实践，具有鲜明的时代性。彰显时代精神、赋予时代内容、突出时代要求、注入时代活力，是中国特色社会主义文化时代性的突出表现。它深深植根于改革开放和社会主义现代化建设实践，站在时代前列，紧扣时代脉搏，关注社会生活实际，把握变动的思想流向，塑造出反映时代的理论观点与精神产品，满足人们的精神文化需求，占领并支配变动时代的思想阵地。

中国特色社会主义文化坚持面向现代化、面向世界、面向未来，具有鲜明的开放性。中国特色社会主义文化是一种不断与世界多种文化进行交流、碰撞，并在不断吸收其他一切优秀文化成果基础上发展起来的开放型文化；是一个具有开放胸襟和广阔视野，融汇中西文化，取长补短发展自身，不断完善的具有中国特色的科学、先进的博大体系。

中国特色社会主义文化坚持批判基础上的吸收借鉴超越，具有鲜明的建设性。建设性既体现在以自身的竞争性和战斗性反击资本主义意识形态侵略，消解各种异质性文化，改造落后和腐朽文化，发展先进和健康文化，捍卫马克思主义的一元主导地位；也体现在以立为主、重在建设，以海纳百川的胸怀，兼容各种文化的有益成分，吸收其积极合理的文明成果。

推动中国特色社会主义文化大发展大繁荣，就是要高举中国特色社会主义伟大旗帜，坚持社会主义先进文化前进方向，发展面向现代化、面向世界、面向未来的，民族的科学的大众的社会主义文化，培养高度的文化自觉和文化自信，提高全民族文明素质，增强国家文化软实力，弘扬中华文化，努力建设社会主义文化强国。

（选自：蒋乾麟：《谱写中国特色社会主义文化大发展大繁荣的时代篇章》，《马克思主义研究》2012 年第 1 期，有改动。）

案例分析：

中国特色社会主义文化在继承了中国优秀传统文化精华的同时，也借鉴吸收了世界优秀文化的精髓，是融合鲜明的科学性、民族性、群众性、时代性、开放性、建设性等特质于一体的先进文化。文化建设作为中国特色社会主义的重要组成部分这一地位，使得中国特色社会主义文化的大发展大繁荣关系到中国特色社会主义事业。而中国特色社会主义文化中的核心价值体系则直接决定着中国特色社会主义的发展方向。新世纪新阶段，当我们在国际上面临不同价值观念的激荡，凸显出社会主义意识形态安全和国家文化安全文化问题。同时在国内面对价值观念的多样性时，迫切需要我们加大力气推动中国特色社会主义文化的大发展大繁荣。自觉做到有力抵制各种错误和腐朽思想的影响，有效引领各种社会思潮，不断巩固全社会团结奋进的共同思想基础。只有如此，才能给全面推进中国特色社会主义事业提供强有力地支撑。

思考讨论：

（1）请举例说明中国特色社会主义文化先进性以及这种先进性给人民群众的影响。

（2）请你就如何谱写中国特色社会主义文化大发展大繁荣的时代篇章提出建议。

案例三："文化自信"三喻（人民论坛）

从海昏侯的马蹄金到故宫的石渠宝笈，博物馆一票难求，人们在与文物的对话中感受历史；从《大圣归来》到《大鱼海棠》，电影院人头攒动，一年440亿元票房堪称奇迹……

这只是当代中国文化场景的两个"特写镜头"。近年来，文化的繁荣与发展，为公众拓展了心灵空间、构筑起精神家园。"由人化文，以文化人"，人与文化的互动生长，正是一个最好的注脚，印证着习近平总书记在"七一"重要讲话中的判断——"文化自信，是更基础、更广泛、更深厚的自信"。

何以自信？有三个比喻，值得沉思。

文化，可喻之为河。有源头活水，有支流汇入，一路奔腾向海，会穿行峡谷掀起巨浪，也会途经平原静水深流，沉淀下河床，滋养出沃野，哺育出勃勃生机。理解文化，就需要理解其水有源、其流有势、其去有向，才能在大浪淘沙中赓续文化的基因。

对于我们，五千多年文明发展，孕育出中华优秀传统文化；近百年来上下求索，形成了革命文化和社会主义先进文化。这是中华民族深层精神追求的结晶，代表着中华民族独特的精神标识，是涵养我们文化最肥沃的土壤、最充沛的水源。源通流畅、源远流长，这是我们文化自信的根本基础。

文化，可喻之为山。壁立万仞，挺拔巍峨，为地之锁钥，为天之柱石。山中既有大树参天，也有溪流边野花烂漫，可曲径通幽，更可登临远望。把握文化，就需要把握其高远之处、其仰止所在，才能在高天厚土间树立文化的坐标。

对于今天，社会主义核心价值观划定时代的价值航标，是人生奋斗的梦想之舵、中华民族的精神之钙、当代中国的兴国之魂。以爱国主义为核心的民族精神、以改革创新为核心的时代精神，是流淌于历史与现实的精神潜流。奇伟瑰丽、高迈超绝，这是我们文化自信的重要内容。

文化，也可喻之为海。万川涌入，涓流汇集，因包容而成其大，因丰富而成其广。可载大舟，亦可浮一苇，“日月之行，若出其中。星汉灿烂，若出其里”。发展文化，就需要发展其多元、多样，其宽容、宽广，才能在兼容并蓄时更新文化的血脉。

对于中国，历史之船已经驶入“世界历史”的广阔海洋，“文化的对话”成为必然和必须。一方面，海纳百川，有容乃大，要吸收借鉴人类一切优秀文明成果。另一方面，文明因交流而多彩，文明因互鉴而丰富，也要以中国文化丰富人类文明的基因库。不拒众流、扬帆出海，这是我们文化自信的前行方向。

河、山、海，是“应然”境界，“实然”却常遇尴尬。或是矮化、僵化传统文化，解构、消减革命文化，截断了河流的脉络；或是抱残守缺、食古不化，既不“引进来”也不“走出去”，封闭了海洋的疆界。复兴之路上，增强文化自信，仍然任重道远。

“仁者乐山，智者乐水”。长河浩荡，在时间的轴线上，把握住历史、现实与未来；高山巍峨，在精神的维度中，把握住时代精神、民族精神与核心价值；大海空阔，在世界的尺度上，把握住文化的交锋、交流与交融，才能建立起真正的文化自信，让当代中国大踏步走向世界、走向未来。

（选自：金苍：《“文化自信”三喻》，《人民日报》2016 年 7 月 7 日第 4 版。）

案例分析：

习近平总书记在“七一”重要讲话中指出“文化自信，是更基础、更广泛、更深厚的自信”，再次强调了优秀文化对国家综合实力、国家自信的重要性。五千多年文明发展，孕育出中华优秀传统文化，而近百年来上下求索，形成了革命文化和社会主义先进文化。它们作为涵养中华文化最肥沃的土壤、最充沛的水源，是我们文化自信的根本基础，因此被比喻成为河：有源头活水，有支流汇入，一路奔腾向海，会穿行峡谷掀起巨浪，也会途经平原静水深流，沉淀下河床，滋养出沃野，哺育出勃勃生机；也被比喻成为山：壁立万仞，挺拔巍峨，为地之锁钥，为天之柱石；还被比喻成为海：万川涌入，涓流汇集，因包容而成其大，因丰富而成其广。立足于如此丰富的中华优秀传统文化的沃土上，我们应该把握住时代精神、民族精神与核心价值，放眼世界，把握住文化的交锋、交流与交融，不断巩固文化自信心。

思考讨论：

（1）把中华文化比喻成河、山、海的依据有哪些？

（2）请你简单谈谈中华优秀传统文化与社会主义核心价值观的关系。

三、积极实施文化引进来与走出去战略

案例一：与好莱坞合作，中美电影走向双赢

中美合拍片是“一个亟待开发的金矿”

中国已有多家顶尖影视企业与好莱坞展开投资与制作的合作，如博纳影业、华谊兄弟、华策集团、阿里影业等国内巨头。不久前，美国时代华纳旗下的华纳兄弟与中国华人文化产业投资基金的合资公司宣布将总耗资10亿美元在中国拍片；博纳影业宣布投资2.35亿美元，参与二十世纪福克斯公司与知名娱乐金融公司TSG的好莱坞主流电影融资计划；华策集团旗下的华策影业11月17日也透露，将与二十世纪福斯国际制作公司建立合作伙伴关系，共同制作主要面向中国市场的优质影片。

过去一年，《狼图腾》《捉妖记》等合拍片在中国电影票房市场创下历史纪录，充分反映出合拍片的市场潜力。威秀娱乐集团亚洲公司总裁艾伦·埃利亚索夫用“以中为体、以西为用”八个字来为中美合拍片把脉。她认为，受好莱坞式电影的市场驱动，中国商业电影已取得很大成功，但假如借助好莱坞优秀的技术和制片经验，合拍片会是“一个亟待开发的金矿”，有助于拉动中国电影产业升级。

中国文化为电影原创提供巨大空间

拥有20余年好莱坞编剧经验的美国燃石娱乐公司联合创始人斯科特·萨默认为，“中国电影的最大优势是中国有大量外国观众未曾了解的故事，其原创空间巨大。”

《蝙蝠侠》系列电影和乐高电影制片人迈克·尤斯兰正将目光投向以中国故事为中心的电影制作。他说，“我与中国合作伙伴一样，都希望制作出在中美两种文化中都能引起共鸣的影视作品。我们不是说要好莱坞来告诉中国电影需要怎么做，而是希望我们双方都能坐下来，像家人一样进行沟通和交流，这样能帮助我们达到共同的目标。”

华策集团创始人、总裁赵依芳指出，当前，包括影视业在内的中国整个文化创意产业都迫切需要国际化，其终极目标就是要通过电影语言呈现的中国故事来传递中国价值。她说，“我们的目标很明确，就是要持之以恒地带着具有中国特色的故事和精气神儿的文化产品走向世界，希望让全球观众喜欢。”

中美电影人和产业之间携手已成必然

中国电影市场注定是一个“聚宝盆”。未来，随着中国对外国电影进口配额限制的逐渐放宽，中国观众对高品质电影的需求将日益增大。中国电影需要在搞好本土市场的同时，全方位地与国际市场接轨，涉及电影制作投融资、国际化发行与营销、衍生品跨界合作以及技术创新等方面。

在这样的背景下，中美双方人才交流愈发频繁。从2013年开始，美国电影协会与国家新闻出版广电总局联合发起了“中美电影人才交流计划”活动，每年选派5位最具潜力的青年导演，赴好莱坞进行业务培训交流。

但也有不少业内人士认为，中国与好莱坞之间的合作尚未进入所谓的“蜜月期”，双方各有所需，却互信不够。艾伦坦言，与其说中国与好莱坞是在“度蜜月”，倒不如说双方刚开始“约会”，而互补将是对这一关系最准确的描述。

然而，无论如何，中美电影人和产业之间携手已成必然，而这种在深度和广度上不断扩延的合作也让好莱坞烙上了更多的中国印记。

（选自：廖政军：《与好莱坞合作，中美电影走向双赢》，《人民日报》2015年11月24日第22版，有改动。）

案例分析：

影片承载着一个地区、一个国家的人文风俗，具有独特的文化价值。中国电影制作与美国好莱坞携手，是影片创作者们的合作创新，也是观影者们的福音，更是中美文化之间的交流、交融。如何创作出更多的“在中美两种文化中都能引起共鸣的影视作品”是中美电影合作的目标之一，也是判断影片是否成功的衡量标准。“双方都能坐下来，像家人一样进行沟通和交流”体现出中美双方平等交流的心态，也表达了各国文化互相尊重，取长补短的地位。在倾情打造在两种文化中都能引起共鸣的影视作品的过程中，关键之处还在于把握好本土化与国际化之间的关系，立足本土，放眼国际，将民族性和世界性协调好，创造出既具民族特色，又富世界精神的电影作品，打开中美电影文化交流新局面。

思考讨论：

（1）如何理解创作出更多的“在中美两种文化中都能引起共鸣的影视作品”是中美电影合作的目标？

（2）请就“带着具有中国特色的故事和精气神儿的文化产品走向世界，希望让全球观众喜欢”谈谈你的看法和建议。

案例二：“我们需要更多的孔子学院”

6月18日，美国《纽约时报》发表题为《美国教授集体呼吁慎与孔子学院合作》的文章称，“为维护学术自由，美国大学教授协会本月公开呼吁美国各高校，结束与孔子学院的合作或重新谈判条件”。但是，接受本报记者采访的多位亲身参与孔子学院建设和运行的外国学者都对《纽约时报》的报道感到震惊，认为美国大学教授协会的态度带着政治偏见，是在故意抹黑孔子学院。事实上，与《纽约时报》报道相反，孔子学院在全球蓬勃发展，正受到越来越多国家和大学的欢迎。

无端指责，出于政治目的——德国杜塞尔多夫孔子学院院长培高德表示，美国大学教授协会的说法是完全错误的。从他个人来看，院方在制定活动安排上拥有自主决定权，比其他文化机构更有自由度。中国与外国的大学共建孔子学院，采取中外合作的方式，中方没有对孔子学院施加影响。他认为，孔子学院是在外国的大学中建立，但主要任务是传播语言文化，对大学的科研教学不构成影响。“我认为，美国大学教授协会的态度主要是出于政治目的。”

埃及苏伊士运河大学孔子学院埃方院长穆罕默德·扎耶特表示，美国一部分人关于孔子学院的观点没有事实根据，简直荒唐可笑。他认为，孔子学院既没有破坏当地的学术环境，更不是所谓的外交手段或工具，而是一个推广中国文化的国际性学术组织。美国媒体的报道别有用心，显得心胸狭隘。

学术自由，没有受到限制——《纽约时报》报道称，美国大学教授协会的声明表示，通过允许中国政府在孔子学院内部制定学术人员招聘和监管原则、设计课程，以及限制可讨论内容的范围，美国的学院和大学牺牲了自己机构和员工的独立性和完整性。

莫斯科国立大学孔子学院俄方院长塔季扬娜·布赫季亚洛娃表示，所谓的言论、学术限制，在孔子学院的课堂上更是不存在的。“我们的学生可以就任何他们感兴趣的话题进行讨论，政治、经济、文化、历史等无所不包，从未受限。”

韩国首尔孔子学院是世界上第一所孔子学院，于2004年11月正式成立。首尔孔子学院院长俞载星向本报记者介绍说，对于一些媒体所谓孔子学院压制学术自由的报道，他认为并不属实。他举例指出，在每年首尔孔子学院等机构主办、中国使馆协办的韩中教育文化论坛上，与会各国专家学者都可以自由进行学术交流，从未遭受限制。

孔子学院，全球蓬勃发展——截至2013年年底，全世界已建立了440所孔子学院，遍布全球115个国家和地区，成为推广汉语教学、传播中国文化及国学的全球品牌和平台。

比利时西弗兰德大学孔子学院比方院长冯浩烈说，我们的孔子学院位于比利时名城布鲁日。很多比利时的中小学都希望与当地孔子学院合作，开设汉语教学，扩大学校的影响力。比利时已经有4所孔子学院了，但我们希望有更多孔子学院。

印度杜恩大学中文系教师茅笃亮告诉本报记者，非常希望能够与中国的学校合作，在该校建立一所孔子学院。“如果要想在印度发扬中国的语言、文化，很需要一所孔子学院。”

文化交流，加深相互理解——孔子学院是中外合作建立的非营利性教育机构，致力于满足世界各国（地区）人民对汉语学习的需要，增进世界各国（地区）人民对中国语言文化的了解，加强中国与世界各国教育文化交流合作，发展中国与外国的友好关系，促进世界多元文化发展，构建和谐世界。

向世界介绍中国文化，让世界了解华夏文明，孔子学院已成为中国与世界各国共享文化交流的一座桥梁。

（选自：《我们希望有更多孔子学院》，人民网，2014年06月20日，有改动。http：//cpc.people.com.cn/n/2014/0620/c83083－25176504.html）

案例分析：

出于任何非正常目的而抹黑孔子学院，阻挡各国间文化交流的阴谋终将被拆穿！孔子学院以致力于满足世界各国（地区）人民对汉语学习的需要，增进世界各国（地区）人民对中国语言文化的了解为出发点，以加强中国与世界各国教育文化交流合作，发展中国与外国的友好关系，促进世界多元文化发展，构建和谐世界为办校目的，从创办以来受到了良好的效果。因此美国媒体的无端指责便不攻自破，这一阴谋激起众人之怒则是不能忍受美国忽视孔子学院在推广中国语言和文化，加强国家间的文化交流方面的职能。向世界介绍中国文化，让世界了解华夏文明，孔子学院已成为中国与世界各国共享文化交流的一座桥梁，也是践行文化开放制度的表现。我国文化开放坚持以马克思主义为指导，按照国际惯例，在全方位、多层次、宽领域的对外开放格局下，积极开展中外文化交流和对话，大力吸收、引进世界优秀文明成果，学人之长、为我所用。相信孔子学院会越办越好，越来越多，国际间文化交流也会越来越密切、繁荣。

思考讨论：

（1）你认为如何推进中国文化更好地走向世界？

（2）在文化开放过程中应该注意哪些问题？

案例三：积极实施文化“引进来”和“走出去”战略

从《云南印象》等众多赴海外演出大受欢迎，到300多所孔子学院走出国门，从埃菲尔铁塔披上“中国红”，到北京奥运会开幕式上的中国水墨，中华文化正以更加自信的姿态走出去。① 那么到底什么样的中华文化才能够有资格走出国门、推向世界呢？答案应该是中国的先进文化和健康有益文化。

我国的文化，包括社会主义先进文化、健康有益文化、落后文化和腐朽文化在内的多层次、多样性和多方面的特点。先进文化和健康有益文化顺应时代潮流，反映时代精神，代表未来方向。而落后文化和腐朽文化，都是我国社会文化生活中的糟粕文化，它们侵蚀人们的精神灵魂，阻碍社会先进生产力的发展。因而，推动走向世界的文化，应该是中国的先进文化和健康有益文化，而绝不包括中国的落后文化和腐朽文化。只有把先进的、健康有益的文化推向世界，才能够获得国际社会的尊重、支持和接受，也才能够有资格谈得上广泛参

---

① 秦杰等：《向社会主义文化强国阔步前进》，《人民日报》，2011年10月27日。

与世界文明对话，增强世界的竞争力、感召力、影响力和话语权。相反，如果把落后腐朽的文化推向世界，肯定会遭到来自国际社会的一致鄙视、反对和排斥，最终影响到先进、健康、有益文化的世界传播。只有中华文化被世界所认同和接受，那么中华文化才有可能在世界掌握领导权，也才可能牢牢掌握思想文化领域国际斗争的主动权。①

同样，“引进来”的文化主要是指世界上各个国家和民族的优秀文化成果。民族文化，是该民族生存、繁荣与发展的精神支撑和动力，是世界上各个国家和民族劳动人民对自己漫长的社会实践和理论探索的总结，是人类社会文明发展的宝贵的共同精神成果和财富。“没有文化的积极引领，没有人民精神世界的极大丰富，没有全民族精神力量的充分发挥，一个国家、一个民族不可能屹立于世界民族之林。”②

我们积极引进、吸收和借鉴世界民族的优秀文化成果，主要包括“一切有利于加强我国社会主义文化建设的有益经验、一切有利于丰富我国人民文化生活的积极成果、一切有利于发展我国文化事业和文化产业的经营管理理念和机制”③。通过引进、吸收和借鉴世界民族的优秀文化，可以有利于我国民族文化的丰富、繁荣与发展，从而增强我国中华文化的软实力和竞争力。

总得来看，文化的“引进来”和“走出去”，都会对国家的文化安全造成一定的影响和威胁，而其中“引进来”的影响和威胁可能会更大。

我们引进、吸收和借鉴优秀、健康、有益文化，有利于中国特色社会主义的文化建设，有利于我国小康社会的早日全面建成，有利于我国社会主义现代化和中华民族伟大复兴的早日实现。而落后、腐朽文化，却正好与这一要求背道而驰。为了保证我国文化的社会主义性质，党和政府必须严格加以管理、引导和控制。而对于外来的落后文化、腐朽文化和糟粕文化，要毫不含糊地坚决加以抵制、排斥和禁止。

（选自：奚莹戴胜黄兵《我国文化“引进来”和“走出去”的战略思考》，《党史文苑》2013 年第 8 期，有改动。）

---

① 关进礼：《关于加强中外文化交流的思考》，《思想理论教育导刊》2012 年第 6 期。

② 《中共中央关于深化文化体制改革、推动社会主义文化大发展大繁荣若干重大问题的决定》，《解放军报》2011 年 10 月 26 日。

③ 同上。

案例分析：

在经济全球化和世界多极化的背景下，各国文化间的交流、交融与交锋已处于势不可挡的状态。我国向来积极实施文化“走出去”与“引进来”相结合的文化政策，比如为了不断提升中华文化的国际竞争力和影响力，党的十七届六中全会通过的《中共中央关于深化文化体制改革、推动社会主义文化大发展大繁荣若干重大问题的决定》，就是我国文化贯彻落实“引进来”与“走出去”战略，提高文化开放水平，推动中华文化走向世界的指导性文件。而近年来在实践“走出去”与“引进来”的过程中，也不乏文化活动停留在表面、过度娱乐化或片面追求规模、速度和轰动效应等尴尬、对此，我们还需再次明确实施这一政策的关键还在于各国优秀文化间的深度交流与互相借鉴。而在此过程中，我们也尤其要注意文化安全问题，特别是在引进来的过程中要理性分析、科学对待。

思考讨论：

（1）我国积极实施文化“走出去”与“引进来”的意义有哪些？

（2）你认为如何才能更好地实施这一举措？

四、科教兴国战略引领新航向

案例一：农用无人机，现代农业的助航者

随着全球信息通信技术和智能控制技术的快速发展，无人机在许多发达国家和新兴经济体都取得了突破进展，并在很多领域表现出巨大的应用前景，尤其是在农业领域。2015 年发布的中央一号文件强调，强化农业科技创新驱动作用，突破智能农业的发展局限。由于智能农业的发展需要精准化的数据驱动和集约化的作业模式，而无人机在农业数据监测、信息采集、植保作业等方面具有突出的优势，多以无人机可以为农业现代化的推进提供强大的助力。可以预见的是，在悄无声息地改变着农业的生产作业方式的同时，农用无人机将引领现代农业的智能化发展之路。

农用无人机优势突出没有驾驶舱，但安装有自驾仪和飞行姿态控制仪，没有灵巧的机动性能，但是有突出的稳定性和简约的结构设计，这就是农用无人机，无人机领域的一个小家族。在以往我们接触的领域中，无人机在民用领域的应用主要是在航空摄影，地面灾害评估，航空测绘，交通监视，消防人工增雨等方面，将无人机引入到农业生产中，究竟可以起到多大的作用呢？让我们用相关数据来说话。

无人机可用在农业生产中的地方实在是太多了，但主要体现在农作物的播种（授粉）、洒药、施肥，以及对农作物长势和病虫害进行监测等方面。有了农用无人机，就可以大幅提升农业现代化水平与生产效率。如利用无人机喷洒农药，可以将农民从繁重的植保劳动中解放出来，而且效果更佳。与纯手工喷洒相比，无人机喷洒效率提升近 30 倍，无人机洒药平均每亩仅需 2 分钟，每天可 300 亩，而人工每人每天仅能完成 10 亩。将无人机引入到农业生产中还可以大量节约资源，利于环境保护。还是以喷洒农药来说，无人机喷洒农药使用的是低量喷雾技术，不但可以节省 20—40% 的农药，重要的是相比人工操作，无人机还可节省 90% 的水，对我国这样一个缺水国家又是何等重要。由此带来的食品安全和环境保护效益也不可忽视，因为随着虫害抗药性的增强，农药的毒性也在与时俱进，而减少用药量无疑有利于食品安全，也利于水土保护。此外通过无人机进行航拍测绘作业，可以极其廉价的方式收集到大量有效数据，监控作物长势或预估产量，同时这些数据也可作为进一步调整农业生产管理措施的依据。

综合来看，农用无人机具有作业效益高、速度快、防治范围广、操作安全性能稳定等优点，能大幅降低农业作业对人力在数量和劳动强度上的要求。而且无人机不受农作物长势及地理环境的限制，可有效应对农作物生长过程中人力以及施药（肥）等作业机械无法工作等情况，如在我国南方丘陵山地地区，耕作区域地形崎岖，土壤湿重且黏性大，普通机械很难下地作业，而无人机则可以在不损坏农作物及土壤物理结构的条件下省时省力地完成作业，很好地解决这一难题。

（选自：陈晓东：《农用无人机，现代农业的助航者》，《新经济导刊》2015 年第 4 期。）

案例分析：

我国的科技体制改革从上世纪八十年代开始，已经经过了三十多年的时间。科技体制改革取得的丰硕成果极大地促进了我国经济、社会和科技事业的发展。而把握我国作为一个农业大国的基本国情，运用农用无人机等高新科技，发展安全节约高效的精准农业是农业现代化的重要标志，也是我国农业发展的一个目标。2014 年中央一号文件提出要“加强农用航空建设”，十三五规划明确指出要“健全现代农业科技创新推广体系，加快推进农业机械化，加强农业与信息技术融合，发展智慧农业，提高农业生产力水平。”……这些都为农用无人机产业提供了良好的政策环境。无人机在精准农业发展中充分运用便说明了这一问题。我国科学技术的发展与运用也随着科技体制的不断完善逐渐走向更高水平。

思考讨论：

（1）农业无人机的运用给农民和农业带来哪些变化？

（2）科技体制改革对农业无人机的运用有何影响？

案例二：让“大班额”“大通铺”成为过去

张开一张覆盖贫困地区的改薄大网

“大班额”“大通铺”曾经是令很多贫困地区学校校长头痛的事情，现如今，这些情况已经大大减少。

2014年，中央决定启动全面改薄，包括保障基本教学条件、改善学校生活设施、办好农村完小和必要的教学点、妥善解决县镇学校“大班额”问题、推进农村学校教育信息化、提高教师队伍素质等六大重点任务。

目前，全国31个省（区、市）和新疆生产建设兵团均确定了义务教育基本办学标准，作为实施“全面改薄”工作的基础。各地标准从类别上涵盖了小学、初中、寄宿制学校和教学点，从内容上包括了校舍、体育场地建设标准和教育技术装备标准，基本做到条目清晰、简单明了、可操作性强。

“以前学校硬件条件差，老师们纷纷申请调走。现在学校新建了食堂、运动场，还建起了音乐、美术教室和物理、生物、化学实验室。最喜人的是，县教育局新派了12位优秀教师。”提起今昔对比，安徽省利辛县张村镇中心学校校长江威感慨万千。

用制度为管理保驾护航

尽管“全面改薄”工作已经覆盖了全国77%的县，但是各地工作进展不平衡。一些地区项目建设进展较快，而一些地区由于受施工条件限制等客观因素影响，项目建设进展缓慢，远落后于全国校园校舍建设竣工率34%的平均水平如不加大工作力度，这些省份很难在规定时间内完成“改薄”任务。

“全面改薄”工作面临的另外一个困难来自资金方面，全国经济下行压力增大，各地财政收入增长缓慢，一些县市落实地方建设资金难度加大。同时从项目规划到开工建设，涉及环节多、审批部门多，部分省份未制定或落实教育工程建设项目的税费减免政策，一定程度上增加了建设成本。

要步调一致，就要用制度为管理保驾护航。教育部为此建立了完善工作推进机制，督促各地加快工作进度。具体包括“八项机制”：双月通报制度、定向调度制度、公开公示制度、监督举报制度、定期检查制度、突发应急机制、责任追究机制、绩效评价制度。

在此基础上，各地纷纷从自身实际情况出发，形成了许多可借鉴的经验。比如，广西采用“加减乘除”4种战法进行攻坚：“加”即加快推进“全面改薄”工程，通过新建、改扩建学校，增加学校、学位和铺位，实现“扩量”；“减”即通过阳光招生、学区制改革，切实“减”轻学校压力；“乘”即充分发挥优质资源“乘”数效应，扩大优质教育资源；“除”即均衡配置教师，促进交流轮岗、教师培训等方式均衡配置教师资源，逐步消“除”教师资源差距。

用督导让每一项落实掷地有声

2015年12月，国务院教育督导委员会印发的《全面改善贫困地区义务教育薄弱学校基本办学条件工作专项督导办法》，或许可以成为解决这一问题的重要举措。

在专项督导办法中，学校布局是否作为督导的一个重要方面，农村偏远地区是否保留了必要的教学点，城镇化过程中新形成的小区是否同步建设学校，学校选址是否在安全的地方，这些都将成为专项督导的内容。

专项督导办法中明确了地方自评、实地督导、发布报告、整改落实等专项督导程序，以及责任督学日常监督、中央通过项目实施检测系统动态监督、引入第三方评估、中央省市县四级教育督导部门层层督导、重点抽查、双随机等督导方式。

(选自：刘博智：《让“大班额”“大通铺”成为过去——党的十八大以来我国促进教育公平综述》，《中国教育报》2016年6月25日第1版，有改动。)

案例分析：

教育是中华民族振兴和社会进步的基石。教育制度是一个国家各级各类教育机构与组织体系有机构成的总体及其正常运行所需的种种规范、规则或规定的总和。根据《教育法》规定，我国教育基本制度包括学校教育制度、9年义务教育制，职业教育制度和成人教育制度、国家教育考试制度、学业证书制度、学位制度、教育督导制度和学校及其他教育机构教育评估制度。党的十八大报告把教育放在改善民生和加强社会建设之首，提出要“努力办好人民满意的教育”，再次充分体现了党中央对教育事业的高度重视，对优先发展教育的坚定决心。一个个让“大班额”“大通铺”成为过去的实例也体现出党中央在促进教育公平、以建立全面覆盖困难群体的资助政策体系和帮扶制度为重点，致力于使教育更加符合国家经济社会发展对人才培养的要求，更加符合广大人民群众对优质教育的期盼，更加符合促进人的全面发展的目标。

思考讨论：

（1）让“大班额”“大通铺”成为过去的例子说明了当下教育体制存在哪些问题？党和政府是以什么样的方式解决这些问题的？

（2）请就如何实现教育公平谈谈你的看法。

案例三：开往世界的中国高铁

2015年11月25日11时许，中国高铁迎来最密集的“高端乘客”：李克强总理邀请中东欧16国领导人，从苏州共同登上开往上海的高铁列车。

“列车的时速能够达到多少？”匈牙利总理欧尔班问中国国务院总理李克强。

“300公里以上。”李克强指着车厢内的显示屏回答。此时显示时速达301公里。

一场别开生面的“高铁外交”在这列编号为G5901的高铁列车上演。首先是别具一格的外观：车头上印着第四次中国－中东欧国家领导人会晤的主场标志—结合了颐和园十七孔桥和苏州园林的亭子图案，象征中国与中东欧国家“16+1”的合作之桥；车身上绘有中国和中东欧16国的国旗，后面是“16+1>17”的字样，寓意中国与中东欧16国合作力量远远大于17。

李克强则一路用英语进行“超级推销”。此前一天，他以“高速列车”妙喻16+1合作，并向前来苏州参加第四次中国－中东欧国家领导人会晤的客人们发出邀请：共同乘坐“既舒适又安全”的中国高铁。当现场一段关于中国高铁的介绍演讲结束时，李克强笑着用英语对大家说：“这可不是宣传，这是事实。”23分钟后，列车行驶99公里抵达上海虹桥站。

中国高铁，中国制造和中国装备的新名片，经历了短短几年从无到有的高速发展之后，正从古老的东方大国奔向世界，连接着世界。截止到2015年，中国高速铁路运营里程达到1.9万公里，居世界第一位。有数据显示，目前中国中车的业务量在铁路装备行业、轨道交通装备行业已居全球第一名，中国高铁约占全球30%的市场份额。速度方面，2010年12月3日，在京沪高铁枣庄至蚌埠试验段，CRH380AL新一代高速动车组创造了时速486.1公里的世界铁路运营第一速。2011年12月，由中国南车研制的更高速度试验列车，又称500公里试验列车，在中国南车四方股份公司落成，设计速度500公里，在高速列车国家工程实验室中创造了605公里的最高轮轨试验速度。

正是有了这样的“底气”，李克强总理才会在全世界不遗余力地推销中国的高铁。

2013 年 10 月，李克强访问泰国，中泰两国签署被称为“大米换高铁”的协议，这是中国“高铁外交”正式发端的标志性事件，也是中国高铁由低谷走向复苏的转折事件。10 月 12 日，李克强在陪同泰国前总理英拉参观在曼谷举行的中国高速铁路展上提出了著名的中国“高铁三论”：技术先进、安全可靠、成本具有竞争优势，成为中国高铁被国际上认可的三条最主要论断。在这次展会上中国还将一列 1∶10 的 CRH380A 模型送给了泰方。自此，无论是亚洲、非洲还是欧洲、美洲，拥有经济学博士学位的李克强每次出访都会当起中国高铁的超级推销员，也帮助中国高铁一路走向世界。甚至在 2014 年 5 月 5 日考察亚的斯亚贝巴轻轨项目时，在埃塞俄比亚总理海尔马里亚姆陪同下，当看到中埃双方员工正在铺轨作业时，李克强同海尔马里亚姆一起拿起扳手，拧紧螺丝。

如今，中国高铁已经成为见证中国高端制造“弯道超车”的一面镜子。1978 年邓小平访问日本，两次乘坐新干线，受到很大震撼。2009 年底美国总统奥巴马首次访华，回国后在国情咨文中承认，中国正在建设比美国更快的铁路，美国应该把中国当作榜样。2010 年，时任泰国副首相素贴访华期间体验中国高铁，盛赞“中国高铁非常先进，与我在其他国家乘坐过的高铁相比最为优质”。至今已有 100 多个国家的元首、政要或交通代表团考察了中国高铁，从南美国家、中东欧国家到东南亚诸国，从曾帮助中国建设货运铁路网的俄罗斯到世界“一超”美国，都以不同方式与中方洽谈高铁合作事宜。

（选自：徐建华：《开往世界的中国高铁》，今日中国网，2016 年 2 月 29 日，有改动。http：//www.chinatoday.com.cn/chinese/sz/zggc/201602/t20160229_800050158.html）

案例分析：

集中力量办大事，中国特色社会主义制度是具有强大动员力量的制度。中国特色社会主义制度是为大多数人谋利益的制度，是摆脱了利益集团和党派纠葛的制度，因而能够充分调动广大人民群众的积极性，汇集全国人民的力量，形成全国一盘棋。利用这一优势，改革开放以来，我们先后建成了三峡工程、青藏铁路、京沪高铁、京广高铁、西气东输、西电东送以及世界上最大的电信网络等举世瞩目的建设项目。融合发展创大事，中国特色社会主义制度是具有综合创新能力的制度。中国特色社会主义制度是具备内在融合性的制度，是蕴含着丰富的创新创造能力的制度，因而能够促进我国经济社会的快速发展，实现一个又一个发展目标。利用这一优势，我国高铁技术从无到有，从弱到强，从国内走向世界。

思考讨论：

（1）分析我国高铁技术逐渐国家化的案例，你从中得到什么启示？

（2）请简单谈谈你对“制度建设推动科技进步”的看法。

第四节　社会制度

中国特色社会主义社会制度作为整个中国特色社会主义制度体系的一部分，由科学的户籍管理制度、完善的社会保障制度与不断健全的社会治理体制等内容构成，在推动我国国家治理体系和治理能力现代化进程中发挥着十分重要的作用。户籍管理制度涉及每一个公民，其发展改革历来受到亿万人民的关注。值得欣喜的是，虽然我国户籍制度改革受到诸多客观因素的影响，但近年来在经济社会发展的推动下相继出台的户籍制度改革措施取得的重大成就，对我国人口自由流动和提升生活幸福指数起到了重要的作用。包含养老、住房、医疗、就业等关系国计民生的社会保障制度的不断完善和创新则在推动落实老有所养、老有所依、住有所居、病有所医方面取得了突破性进展，一改以往形成架在人民头上的养老难、就业难和医疗难这三把大刀的情形，真真切切让老百姓增强了“获得感”。同时，面对在全面建成小康社会的进程中出现的新的社会问题，不断健全的社会治理体制积极发挥多元治理主体的作用，以实现和维护群众权利，完善社会福利，保障改善民生，化解社会矛盾，促进社会公平，推动社会有序和谐发展为不懈的奋斗目标，在创新社会治理方式、提升非政府组织建设与公民理性等方面均迈出了跨越性的一步。

一、科学的户籍管理制度

案例一：聚焦我国户籍管理制度的变迁

中国户籍管理制度的变化大致可划分为3个阶段：第一阶段，1958年以前，属自由迁徙期；第二阶段，1958年～1978年，为严格控制期；第三阶段，1978年以后，半开放期。

1958年以前，中国没有严格的户籍管理制度，人们可以自由迁徙。

1958年1月9日，经全国人大常委会讨论通过，毛泽东签署一号主席令，颁布了新中国第一部户籍制度《中华人民共和国户口登记条例》，确立了一套较完善的户口管理制度，它包括常住、暂住、出生、死亡、迁出、迁入、变更等7项人口登记制度。这个条例以法律形式严格限制农民进入城市，限制城市间人口流动，在城市与农村之间构筑了一道高墙，城乡分离的“二元经济模式”因此而生成。但是，随着社会经济的发展，旧的户籍制所带来的负效应日益显现。同时，随着市场经济的发展，计划经济体制下的“大锅饭”“铁饭碗”被打破，大量高学历或有一技之长的专业人士加入到流动大军中来……据公安部和有关专家估算，1997年全国流动人口已达1.1亿。在市场经济逐渐形成的今天，人口的合理流动已成为一股不可阻挡的潮流，对40年不变的户籍制度形成了冲击。1998年7月22日，国务院发出批转公安部《关于解决当前户口管理工作中几个突出问题的意见》。文件对当前户口管理做出了“四项改革”：1. 实行婴儿落户随父随母自愿的政策。对以往出生并要求在城市随父落户的未成年人，可以逐步解决其在城市落户的问题，学龄前儿童应当优先予以解决；2. 放宽解决夫妻分居问题的户口政策对已在投靠的配偶所在城市居住一定年限的公民，应当根据自愿的原则准予在该城市落户；3. 男性超过60周岁、女性超过55周岁，身边无子女需到城市投靠子女的公民，可以在其子女所在城市落户；4. 在城市投资、兴办实业、购买商品房的公民及随其共同居住的直系亲属，凡在城市有合法固定的住所、合法稳定的职业或者生活来源，已居住一定年限并符合当地政府有关规定的，可准予在该城市落户。事实上，上海、深圳、广州、厦门、海南等一些改革开放的前沿城市，早在这“四项”改革措施公布以前就实行了“蓝印户口”。上海市1994年2月施行《上海市蓝印户口管理暂行规定》，文件规定：在上海投资人民币100万元（或美元20万元）及以上，或购买一定面积的商品房，或在上海有固定住所及合法稳定工作者均可申请上海市蓝印户口，持蓝印户口一定期限后可转为常住户口；深圳市1996年1月1日开始实行“蓝印户口”政策，截至1998年3月底，深圳已办理蓝印户口3.7万多人，由蓝印户口转为常住户口7000人；广州1998年3月亦推出了“蓝印户口”。

2001年3月30日，国务院在批转公安部关于推进小城镇户籍管理制度改革的意见中，明确指出全面推进小城镇户籍管理制度改革。根据意见的要求，

2001年10月，全国开始推进小城镇户籍制度改革工作，广大农民在小城镇基本实现了迁徙自由，但农民进入大中城市的迁移门槛仍然很高。从2006年10月1日起，小城镇户籍管理制度改革从试点走向全面实施。

（选自：杜娟：《浅谈中国户籍管理制度的现状与改革》，《法制与社会》2006年第10期，有改动。）

案例分析：

户籍制度牵涉每个家庭，每个公民。回顾我国户籍制度的历史沿革，从1958年以前的自由迁徙，到1958年~1978受到严格的户口登记和档案管理、经济的相对封闭发展和人口交流的隔绝等因素的严格控制户籍管理，再到1978年以后的半开放期，我国户籍管理制度愈加规范、完善。且看当下的多个城市不断出台的积分落户政策也体现出我国户籍制度管理的不断革新。户籍制度不断完善的背后是人力资源流动的推动，也是经济发展的活力体现。但就目前水平来看，实现公民的居住和迁徙的完全自由条件还不成熟。这不仅与我国经济社会发展情况密切相关，也与流动人员在迁入地社会保险、福利等一些服务饱和度等息息相关。我国户籍制度改革也在持续的进行，最终完全实现人们自由迁徙的意愿。

思考讨论：

（1）从我国户籍制度的变迁中你发现了什么？

（2）影响当前户籍制度改革的因素有哪些？

案例二：让农民工不再成为“候鸟”

党的十八届五中全会把户籍人口城镇化率加快提高作为全面建成小康社会的重要目标，体现了新型城镇化建设和发展理念。实现这一目标，要求促进农业转移人口市民化，让农民工不再成为在城市和农村之间迁徙的“候鸟”。实践中，可以从以下几个方面着力。

推进农民工市民化。截至2015年底，我国农民工总数大约为2.8亿，其中在当地乡镇企业就业的有1.1亿左右，在城市就业的有1.7亿左右。在城市就业的农民工虽然在城市居住，但户籍还在农村，难以享受与城市居民同等的公共服务。这些农民工不仅是城市的“候鸟”，对于农村来说也是“候鸟”。因此，新型城镇化建设应解决这些“存量”，让已经在城市稳定就业和居住的农民变成市民，在就业、医疗、教育、养老等方面给予他们与城市居民同等的待遇，实现城乡社会保障制度有效对接，特别是实现新农合与城镇居民医疗保险、新农保与城镇居民养老保险制度的对接，建立城乡居民统一的医疗保险制度和养老保险制度。

建立城乡统一的户籍管理制度。历史上形成的城乡二元户籍管理制度承载了太多的社会福利和社会管理功能，使农民不仅成为一种职业，而且成为一种身份；不仅限制了农民自由流动，而且使农民难以享受与城市居民同等的社会待遇。有学者统计，城市户口附带了几十项农民享受不到的社会福利。因此，推进以人为核心的新型城镇化，应建立城乡统一的户籍管理制度。实际上，很多地区正在推进户籍管理制度改革，取消城市户口、农村户口之分，统称为居民户口。但一些农民工对于换户口并没有兴趣，因为在有的地区户籍改革更多是一种形式，附着在户口上的社会利益并没有改革，户籍管理的实质性内容并没有改变。如果农民工在换了户口之后仍然难以享受城市居民所享受的利益，这种户籍制度改革就没有多大意义。避免这种情况，需要深化户籍制度改革，取消户籍的身份属性，建立按居住地进行登记和管理的户籍制度，根据实际赋予农民自由迁徙、“用脚投票”的权利。

尊重农民工意愿有序推进。在以往的实践中，部分地区片面理解城镇化，简单地认为合村并居、农民上楼就是城镇化，出现了农民“被上楼”的现象。这样一来农民的生活方式虽然改变了，但生产方式并没有改变，反倒带来许多不便，最终其生活方式也难有质的提高。因此，新型城镇化应充分尊重农民意愿、维护农民利益，有序推进。城镇化必须以产业为支撑，没有产业支撑就有可能陷入贫民窟与现代建筑并存的“拉美陷阱”。以往一些地方的城镇化由于没有产业支撑，一些上了楼的农民仍然要外出打工，原来的空心村变成了空心社区。这种现象要避免再次出现。同时，应合理定位大、中、小城市和小城镇的发展关系，完善中小城市功能，积极发展中小城市和小城镇。应重点建设小城镇，因为小城镇处于城市之尾、农村之首，大多具有一定的产业支撑，可以实现农民就地城镇化，减轻农民大量流入城市带来的环境污染、交通拥堵等“城市病”。

（选自：曲延春：《让农民工不再成为“候鸟”》，《人民日报》2016 年 7 月 3 日第 8 版，有改动。）

案例分析：

在农民工城市化过程中，首要也是最为关键的便是城市户口以及附带的社会福利问题。从农民工的年龄特征上看，老一代农民工大多从事着建筑、安保等职业，对城市融入的意愿并没有特别强烈，大多还是想着能在城市赚够了钱回家过生计。而近年来，出生于80、90年代的新一代农民工由于从小跟随父母进城打工或受互联网的影响，其对城市的生活方式有了极强的认同感。他们的城市谋求一份职业，更多的还是希望能够在城市扎根，完成“农转非”的身份转变，改变上一代农民工候鸟式的生活方式。针对这个问题，党和国家也在积极寻求对策，以结束农民工“候鸟式”的生活状态，切实关切每一位公民的权利诉求。

思考讨论：

(1) 请你简单谈谈农民工“候鸟”式生活的看法。

(2) 让农民工摆脱“候鸟”模式，你有什么建议？

案例三：户籍制度，须从破冰到融冰

户籍制度改革，涉及亿万人的切身利益，因而总是牵动人心；也指向更多人的公平发展，因而终能安定人心。作为最基本的社会管理方式，在新一轮改革的路线图中，户籍制度改革无疑有着“一子落而满盘活”的意义。

去年6月，中央深改组研讨户籍制度改革相关问题；去年7月，国务院印发《关于进一步推进户籍制度改革的意见》。近日，有媒体梳理发现，截至目前已有17个省级的“地方版”户籍制度改革方案出台，其他地区也陆续推出了一些市级层面的改革意见。上下联动，这一重要改革迎来不错的开局。而其中，几乎所有省份都把建立居住证制度，作为破冰的一步。

怎样推进户籍制度改革，考验着平衡公平和效率的治理艺术。就此而言，建立居住证制度无疑是一个务实的选择。一方面，不再以城乡标准划分户口，消除制度性的歧视，体现了公平性的基本原则；另一方面，将基本公共服务与居住年限等条件相挂钩，一定程度上减轻城市财政负担，减少了改革的阻力，体现着渐进性的改革原则。可以说，从居住证入手，把住了户籍制度改革的脉搏。

曾有网友总结，北京户口上附着了80多项福利，有北京户口，无论买房、读书、看病，明显方便得多，甚至孩子考入名校的概率也比外省高……虽说数字不一定准确，但差异感是真实存在的。北京并不是特例。当前中国，游离于城市和农村之间的，是一个庞大的群体。不仅仅是2.69亿农民工，还有更多在城市居住的农村户籍人口。从“暂住”到“居住”，一字之差，为的正是让这些“风中的无脚鸟”能落脚城市，最终享受同样的公共服务。

太空舱舱内舱外压力不同，需要用两道门制造出一个缓冲带，才能更好过渡。城市农村也存在这样的落差，同样需要一个台阶一个台阶走。比如，户籍制度放开，大城市的优质教育资源、医疗资源即使翻番，恐怕也无法满足激增的需求。如何避免出现“洼地效应”，造成人口在短时间内涌入城市，让财政负担难以承受？怎样让新来人口享受到公共服务的同时，不降低户籍居民原有的公共服务水平？这是城市管理者不得不考虑的问题，也揭示出居住证制度的另一层意义。

公众对户籍制度改革的期待很高。与这些期待相比，现在一些地方的准入条件相对严苛，有的要求在当地拥有住房，有的则对学历设置了门槛。而持居住证的“新城市人”所能享受的公共服务也比较有限，住房、养老等都受到一定限制。有人质疑，“暂住证取消了，居住证又办不下来，真成‘黑户’了”。进得来、容得下，其实只是起点，关键还是留得住、过得好，这才是“居住”真正的含金量。

即便是一种过渡性的制度安排，对公众的期待也需要更加重视。仅仅破冰是不够的，还需要更多融冰，才能真正打破隔阂。正如学者所言，户籍改革改变户口只是“形”，实现公共服务均等化才是“实”。比如，城门敞开后，如何完善农民“三权”保障制度，让他们没有后顾之忧？进城后，随迁的子女入学、异地高考等教育问题怎样解决？居住证办下来了，就业、医疗、养老等一系列社会福利怎样并轨？

户籍制度改革，顶层设计在中央，但归根结底要靠各级地方政府推进。唯有用配套的改革，熨平公共服务的差距，才能让户籍制度改革真正上下耦合，让居住在城市里的人有着权利公平、机会公平，让每一个人都在这一改革中有实实在在的获得感。

（选自：陈凌：《户籍制度，须从破冰到融冰（人民时评）》，《人民日报》2015年6月12日第5版。）

案例分析：

户籍制度改革牵涉到亿万人民的切身利益，人民对其充满着期待。而现行的改革无论是出于过渡性的制度安排也好，或是为根本解决户籍制度问题而采用的阶段性措施也罢，无不对人民产生了巨大冲击。但总的来说，要实现户籍制度的从破到融，必须在紧紧依靠中央顶层设计的基础上，大力依靠各级地方政府根据本地区实际情况推行的改革措施。随着实践发展和人民呼吁，如今远远不止17个省级的“地方版”户籍制度改革方案出台。在考量这些政策是否切实让居住在城市里的人实现权利公平、机会公平，让每一个人都在这一改革中有实实在在的获得感的同时，我们也要分析各地区不同的经济社会情况，不同的人口饱和程度以及不同的城市发展容纳量等问题。力争使户籍制度改革确实发挥“一子落而满盘活”的作用与意义。

思考讨论：

当前户籍制度改革面临的困难有哪些？对此你有什么建议？

如何才能使户籍制度改革的实施既符合城市发展需求，又确实让农民工等群体有盼头？

二、完善的社会保障制度

案例一：“新农保是咱农民的贴身小棉袄”

12月10日，福建武夷山市兴田镇农民孔金龙、梅秀琴夫妇俩从信用社领到110元的养老金。如今，在武夷山市像孔金龙、梅秀琴这样，按月领取养老金的60周岁以上农民还有1.7万多人。他们都从心里感激政府的新农保好政策。

2009年12月，武夷山市作为南平市唯一列入全国首批新型农村社会养老保险工作试点县市，建立起了新农保制度。截至目前，全市应参保人数为10.47万人，已参保9.53万人，参保率91%，共发放养老金952万元。

武夷山市把新农保试点工作作为惠民工程的一项大事来抓，将新农保补贴资金列入今年的财政预算。市劳动保障部门和市农村信用社，组织精兵强将，做好基础养老金发放工作。武夷山市农保中心在人员编制暂不到位的情况下，克服一切困难，与各乡镇、街道、农茶场专兼职人员配合做好农民参保缴费工作。

武夷山市共有115个行政村，分布在东西南北10个乡镇、街道，有的村坐落在千米以上的高山上，特别是农村中不少人员是整家外出打工，给新农保政策宣传带来一定难度。武夷山市新农保中心利用广播电视、政府网站、手机、宣传册等多种形式进行宣传，并采取了村两委干部包干的办法，负责通过手机与外出打工人员联系，宣传当地新农保的好政策。

今年45岁的吴屯乡后源村农民柴良仁在接到村干部的电话后，了解了新农保政策的实惠，利用国庆假期，专门赶回村里，选择了每人缴纳600元的参保档次。他说："政府每年给我们个人账户进行补贴。到60岁时，我每月就可领近140元的养老金。这样好的惠民政策，我们农民过去是做梦也不敢想啊！"

对于农村中的重度残疾人、低保户、计划生育对象中子女死亡或伤残，手术并发症等参保缴费困难群体，武夷山市政府均给予了特殊照顾政策。星村镇红星村郑培武是一名肢体残疾人。他选择的是300元的缴费档次，政府每年给其补助50元。他感动地说："我再过5年，就可像城里的退休人员一样，按月领到一定的养老金啦。我老年生活有了保证，这要好好感谢党的好政策！"

"养儿防老，不如参加新农保。""加入新农保，一直笑到老。""新农保是咱农民的贴身小棉袄。"这些称赞新农保的顺口溜，如今已在武夷山市农村中广为流传。武夷山市新农保中心主任兰建新介绍说："目前，加入新农保的好处，广大农民已深有体会。2011年春节即将来临，又有不少外出打工的农民要返乡回家过年。为进一步提高全市农民的参保率，让党的阳光雨露惠泽更多的农民，我们中心日前已制定了新的工作方案，要进一步加大宣传力度，力争在深度上有所突破，要组织人员利用春节前后返乡农民多的机会，广泛发动，做好系列服务，吸引年满16周岁农民人人都来参保，真正让农民老来无忧虑，共享幸福晚年。"

（选自：熊慎端：《新农保：武夷山农民的贴身小棉袄》，《中国劳动保障报》2010年12月18日第6版。）

案例分析：

新型农村社会养老保险，称为"新农保"。"新农保"是继取消农业税、农业直补等政策之后的又一项重大惠农政策。采取个人交费、集体补助和政府补贴相结合，其中中央财政将对地方进行补助，并且会直接补贴到农民头上。"新农保"制度作为社会保障制度的组成部分，是加快建立覆盖城乡居民的社会保障体系的重要组成部分，对确保农村居民基本生活、推动农村脱贫和逐步缩小城乡差距及维护农村社会稳定意义重大。养老、失业、医疗、工伤、生育保险制度等共同构成了我国的社会保险制度体系。其中，在养老保险制度方面除了在农村实行新农保以外，城镇职工养老保险制度采取国家基本养老保险、企业补充养老保险和职工个人储蓄性养老保险等相结合、多层次的养老保险制度，在保障居民老有所依方面提供了制度性保障。

思考讨论：

（1）为什么说“新农保是农民的贴身小棉袄”？

（2）针对我国当前的老龄化状况谈一谈你对“新农保”制度的理解。

案例二：医养结合，推动实现“老有所依”

医养结合，对老年人来说非常重要，这有利于保障他们的身体健康，提高他们的生活质量，真正实现“老有所依”。同时，打开养老服务和医疗服务之间的双向通道，也有利于促进社会资源自由开放流动，实现“1+1>2”的最大化利用效果，提高国家的养老服务水平。

养老院里有了“门诊”

颐心苑位于攀枝花市第三人民医院心理卫生中心五楼，这个由医院开设的养老机构去年开始运营，开放日托床位21张、全托床位39张，设有保健区、护理区、康复区和多功能活动区，主要针对空巢、孤寡老人和慢性病、残障老人开展日间生活照料、精神慰藉、疾病治疗等。

颐心苑负责人续慧蕾是医院心身疾病科主任。她认为，在医院开设养老机构的好处在于，老年人的病情需要入院时可办理住院手续，仍然住在原床位，待病情好转后办理出院，继续在原床位养老。这样一方面节约医疗资源，也免去了老人转院的麻烦，“老年人经不起折腾，有病看病，病好养老，所有的跑腿工作都由我们代劳了。”

医养结合走进社区

康和敏盛老年照护中心位于一新建住宅小区，由攀枝花市中心医院与一家服务公司合办，双方签有《健康服务合作协议》。

下午三点，老人们陆续起床来到一楼，攀枝花市中心医院的5名医生已经在这里等候。

83岁的华慧兰张着嘴让医生查看她的牙齿。看完后，医生问了一些问题，如平时吃什么药、之前有没有动过手术等。这是因为华慧兰刚来，需要建立健康档案。老人们的健康档案都会被录入医院电脑系统，就诊时医生对基本情况可一目了然。医院还专门开了绿色通道，这里的老人到攀枝花市中心医院可以先看病后挂号。

同时，近年来，攀枝花市卫生计生委还在该市东区、西区、仁和区共选取了4家有代表性的基层医疗机构，开展以家庭医生签约服务为基础、全科医生团队服务为核心的老年人社区医养护服务，为老年人提供健康体检、健康管理、健康咨询、常见病诊疗等服务。

医养结合促转型发展

攀枝花市旅游局副局长彭德清说，攀枝花年日照时数近2700小时，冬春两季气候干燥温和。在钢铁行业产能过剩，市里传统的钢铁企业经营效益下滑的形势下，利用当地特殊的自然条件发展医养结合产业，让当地转型发展看到了一线“曙光”。

从2011年开始，攀枝花市不断加大交通、医疗卫生、环境改造等方面的投入，仅2015年就投入了近40亿元。截至目前，全市已开办了29所公办养老服务机构、28个社区养老服务中心、300多个民营托老机构和休闲度假机构。

随着基础设施不断完善，越来越多的老年人选择到攀枝花来过冬。为给在农家乐短期居住的老人提供健康保障，当地基层医疗机构推出了免费体检、绿色通道、定期巡诊等措施，免除老年人的健康担忧。攀枝花市卫生计生委相关负责人告诉记者：“米易县是农家乐比较集中的区域，当地专门设有‘候鸟团’健康服务室，为来攀老年人提供健康服务。”

发展医养结合产业，现代有机农业也是不可或缺的“因子”。近年来，攀枝花重点发展早春蔬菜、特色林果、畜牧水产等有机农业产业，助力这座传统的“钢铁重镇”走向医养结合的转型之路，同时促进当地农民增收致富。

（选自：《医养结合，推动实现“老有所依”》，《半月谈》2016年第5期，有改动。）

案例分析：

老年人的养老问题常常跟医疗相关，攀枝花开办颐心苑，通过医养结合探索新的保障形式来推动我国社会保障制度的发展的案例具有极强的借鉴意义。在此过程中，我们也再次认识到多元主体在进一步加强和完善我国社会保障制度建设方面的作用。为着实现“1+1>2”的最大化利用效果，提高国家的养老服务水平，需要政府和社会共谋共建。而相关市场把握先机，优先发展关联性服务产业也会对加快建设体系完整、人民满意的社会保障制度产生积极效应。有了健全完善的社会保障制度，才能实现老有所养，病有所医，才能实现伤有所保，失业有救济，残疾有安置，贫困有支援。医养结合，打造养老医疗同步同享新模式并带动现代有机农业等产业的发展模式是攀枝花市的一张名片，也是老年人安享晚年的一片净土。

思考讨论：

（1）攀枝花市打造医养结合的新模式有何意义？

（2）请你就“老龄化社会”谈谈看法。

案例三：“为民服务随叫随到，绝不讲价”

71年前，年仅29岁的战士张思德在延安烧炭时光荣牺牲，毛主席亲自主持追悼会，发表了著名演讲《为人民服务》。如今，在革命圣地陕西省延安市，张思德消防服务队“消防一小时”便民服务品牌叫得很响，成为延安市民心目中的一张“名片”。

“做圣地忠诚卫士，当红色服务标兵”，在延安精神熏陶下，2009年8月1日，延安市张思德消防服务队成立，下设张思德精神宣讲、消防巡查、抢险救援、便民服务、拥政爱民5个小分队，统一队徽、队旗、队歌，服务车辆统一喷涂标识，规范“一队、两卡、三个十服务”的承诺，无论严寒酷暑，一年四季全心全意为人民服务，架起警民连心桥。张思德消防服务队官兵表示：“为人民服务坚决做到随叫随到，不讲价钱”。

该队教导员介绍，刚建队时延安市李某家发生火灾，全家5口人租住一间17平方米的民房内，其大女儿刚考上硕士研究生，儿子高考被大学录取，李某“悲喜交加”。消防官兵慷慨捐款1万余元，帮助李某渡过难关。

2011年除夕，宝塔区枣园村自来水管突然爆裂，群众断水，心急如焚。宝塔消防中队每天派2辆消防车在早、中、晚为群众上门送水，直到正月初二水管抢通为止。

特勤班班长张彦召深有体会地说，当消防兵特别不容易，必须精益求精练就一身“人装合一”的过硬本领。2012年7月25日21时，延安市中学第二天要举行升国旗仪式，因旗杆钢丝绳锈蚀断裂卡住向消防队求助。消防员开来云梯车连夜进行检修，直到凌晨1时才将旗杆抢修完毕。

每年夏秋季节，群众门窗有了马蜂窝，消防官兵上门去摘除；居民钥匙忘在房里，消防战士从窗户爬进去取；路边遇到迷路老人、走失儿童，消防员帮助联系送回家中。类似这样的事例，数不胜数。据统计，仅就2012年，全队共开展抢险救援服务360余次、开展拥政爱民活动210余次。

延安社会单位负责人盛赞——“消防一小时”，被群众称为“圣地消防钟点工”

“何谓消防？一是消灭火灾，二是防患未然。这就是消防官兵的主业。”延安市消防支队支队长贾学琪说。而面对如何把握“延安精神”时代脉搏，将全心全意为人民服务的宗旨和消防执法工作有机结合这个问题，张思德消防服务队推行“消防一小时”便民服务模式，带动执法为民思维模式、工作方式和服务流程等全方位变革，解决了群众反映的热点、难点、焦点问题，被群众称为“圣地消防钟点工”。

“消防一小时”，即利用社会单位上午8时至9时上班前例会或下午5时至6时下班前一个小时的时间，由消防包片监督员上门对场所员工集中开展消防培训、对单位进行消防抽查，通过点对点、面对面、手把手的宣传演示，确保每个场所员工达到“三会”要求，具备“四个能力”。

此种服务模式一推出，受到延安社会单位的青睐。据统计，从2009年张思德消防服务队成立到2012年，仅3年多时间，张思德消防服务队共开展“消防一小时”服务活动1235次，消防宣传573次，组织灭火演练255场次，整改火灾隐患323处。2012年1至10月共抢险救援207次，成功救出116人，挽回经济损失5331.4万元。

（选自：《“为民服务随叫随到，绝不讲价”》，《人民公安报·消防周刊》2012年11月5日第1版，有改动。）

案例分析：

改革开放30年来，伴随着经济转轨和社会转型，我国实现了发展阶段的历史性跨越，由生存型社会开始步入发展型社会。与之相伴的是我国公共服务水平的逐步提升和社会公共服务制度体系建设的不断完善。水电、交通、城乡基础设施等公共服务的发展为满足人民生活需求、提高人民生活质量、推动建设和谐社会发挥着十分重要的作用。而实现基本公共服务均等化则是近年来国民关心的重要问题。自2012年7月出台的《国家基本公共服务体系“十二五”规划》从实践操作层面制定了基本公共服务国家基本标准，明确了四个主要目标以来（供给有效扩大、发展较为均衡、服务方便可及、群众比较满意），我国的基本公共服务水平取得了令人满意的显著成就。可以预见的是在党和政府的政策支持和社会各方力量的共同努力下，实现基本公共服务均等化指日可待。

思考讨论：

（1）结合“消防一小时”与生活中目睹的消防服务的实例，请你简单谈谈自己的体会。

（2）请就如何推进公共服务均等化提出你的建议。

三、不断健全的社会治理体制

案例一：建立社会主义公共治理体制

过去30多年的改革是围绕建立社会主义市场经济体制而展开的。尽管这项改革还没有完成，但现在仅仅着眼于市场经济体制已经远远不够了。我们现在确实需要有一个新的抓手，既涵盖市场经济的要求，同时又要超越市场经济，从社会共同体的整体来考虑。十八大报告提出"五位一体"的建设，实际上就是在超越经济建设和市场经济体制。如果用一个概念来概括，"五位一体"的建设可以表述为社会主义公共治理体制的建设。

只要存在社会共同体，就需要公共治理。在不同的国家，其公共治理的方式是不同的。关于如何推进改革，建立社会主义公共治理体制，可以以城镇化为基点，以财税改革为突破口，建立社会主义公共治理体制。

城镇化首先不是经济问题，而是社会问题。因为涉及不平等待遇的问题。城镇化首先不是扩大内需的问题，而是如何改革的问题。对城镇化的理解，应该更多从改革的层面来看。人口的城镇化、家庭的城镇化，也就是现在讲的农民变市民这个过程，不只是经济过程，更是社会要素重新组织的社会过程。进一步说，是公共化过程，是分散、个体化的农耕文明向集中、公共化的城市文明过渡的过程。要使这个过程顺畅、顺利，须解构以城乡分治为基础的传统公共治理方式，重构适合城市文明的新的公共治理方式。推进城镇化，当前面临的难题是51%的城镇化率中的16%的农民工待遇怎么解决，这涉及一系列的体制改革问题，不只是户籍变更，需要巨额财力来支撑，涉及财税的问题、涉及产业支撑的问题，也涉及这部分人现在就业能力的问题。从城镇化这个角度来看，作为一个基点，其所辐射的问题不仅仅是经济问题，而是包括民主参与、文化调适、生态文明、社会理性等方方面面属于公共治理的问题。所以，从我国现阶段国情来看，以建设社会主义公共治理体制为方向的新时期改革，应以城镇化为基点。

在现代社会，如何收税、如何花钱，愈益紧密地把公共利益与个人权利结合在一起，日渐成为公共治理的核心问题。对财税的认识，不要从部门和机构的角度看，而是要把它当成公共治理的基本制度。它涉及公共资源配置的规则问题，关涉到广大民众的利益。既是一个资源配置问题，也是一个利益分配问题，如果从制度规则这个角度看财税，那我们的认识就会逐渐统一。

财税改革，一方面为市场经济提供了公平竞争的环境，另一方面也有助于城乡分治问题的解决，推动人口的城镇化，农民变成市民。同时，还能促进政府职能的转变。如果真正把预算作为约束政府工具的话，那么政府职能转变就好办了。

公共治理涉及很多的问题，在中国当下最重要的是法治。有了法治，才有稳定、才有公平正义可言。在民主、自由、平等这诸多诉求当中，法治应当是摆在首位的。

建立法治经济，这是完善市场经济体制的基本方向。市场化改革，就是向市场放权，强化市场的自组织能力，在配置资源中发挥基础性作用。

建立法治社会，这是改革社会体制应遵循的基本方向。社会改革，就是向社会放权，强化社会的自组织能力，让社会去配置社会资源。

建立法治政府，这是政府改革的方向。这就要求用法治的思维来推进政府改革，用规则约束政府行为。规则意识，应首先在政府中树立起来。政府有了规则意识，就会带动全社会。

如果有了法治经济、法治社会、法治政府，社会主义公共治理体制也就差不多到位了。

（选自：刘尚希：《下一步改革：建立社会主义公共治理体制》，《南方日报》2013 年 1 月 28 日第 2 版，有改动。）

案例分析：

当今改革面临的新形势、新任务和新要求使得传统政府与市场“二分法”的改革方式失去了往日的效力，并令社会建设处于更加突出的位置。对此，有人指出要改变过去 30 多年围绕建立社会主义市场经济体制而展开改革的思维模式，代之以既涵盖市场经济的要求，同时又超越市场经济，从社会共同体的整体来考虑的社会主义社会治理，也就是建立社会治理体制。社会治理体制的建立与完善既是我国经济社会发展的客观要求，也是我国国家建设与社会建设更加成熟的表现。党的十八届三中全会决定把创新社会治理体制作为推进国家治理体系和治理能力现代化的重要内容，提出了“加快形成科学有效的社会治理体制，确保社会既充满活力又和谐有序”的目标要求，为新时期社会治理体制建设奠定了坚实的基础。

思考讨论：

（1）党十八届三中全会决定把创新社会治理体制作为推进国家治理体系和治理能力现代化的重要内容说明了什么？

（2）请结合实例，简单谈谈建立并完善社会治理体制的必要性。

案例二：互联网+时代下的社会治理新模式

实有人口和房屋等基础信息不够全面、准确，导致有效管理难以跟进；社情民意无法适时跟踪，以致矛盾化解、为民服务等工作难以兑现；部门之间数据运行管理机制不畅及“信息孤岛”的存在，使得政府办事效能低下、相互掣肘……大数据时代，社会治理面临深刻转型。如何将互联网发展和大数据应用纳入政府服务和社会治理的各个环节，安徽省芜湖市进行了创新探索。

破除“壁垒”，消灭“孤岛”：长久以来，政府部门之间、层级之间存在诸多信息壁垒，各部门信息条块分割且相互独立，“信息孤岛”等问题严重影响了社会治理及行政服务的质量和效率。芜湖市从2007年开始，以基层基础建设为支撑，以社会民生及治安问题为导向，试水建设了社会服务管理信息化建设和大数据应用。通过市级各部门数据整合、省市数据交换协同、政务服务过程中数据积累、社区网格员动态采集更新、政务服务过程中的数据沉淀和积累等多种渠道，芜湖市整合了包括公安、民政、工商、质监、卫生计生等159个数据来源、45.2亿条次数据交换。在信息化建设的基础上，芜湖市构建了“信息系统生命树”的基础模型，以公民生命周期为服务管理主线，把公民由生到死各阶段的服务需求与政府相关部门的职责相对应，形成居民生活全方位服务体系、生命周期终身服务体系和社会治理全程服务体系等三大体系。同时，芜湖的大数据库还为热点区域密集人流量监控、智能交通规划决策、学生报名、市场监管、信用体系建设等提供基础支持。

25天才能办好的证现在只要5分钟：为使规模庞大的信息库更好地服务于老百姓，芜湖市自行开发了“易户网”便民服务平台，平台对接着各个公共服务部门，大到公积金、社保，小到水、电、气、电视、电话，各类公共服务信息推送和费用缴纳，都能够在平台上“一站式”解决。居民只需在网上提交办事申请，系统就会自动将申请流转到居民所在社区（村）预受理，居民足不出户就能办成事。而且在这个平台上，居民还可以向政府提意见、建议，并能收到各类办事提醒和通知公告。普通百姓的问题难题、纠纷矛盾，也有专职的“网格管理员”及时收集、报告和解决。同时，“易户网”还接入了智慧医疗、智能交通、智慧社区等便民功能，通过引导各类社会服务资源参与公共服务，为市民提供衣、食、住、行、娱、购、游、家政等多个领域的个性化服务。另外，芜湖市还面向企业建设了“易企网”，为企业提供从设立到发展直至注销的全生存周期服务。除政府服务、网上办事外，还有政策发布和解读、经营咨询、法律和金融等个性化服务。

把信息化应用纳入年度考核：在社会服务管理信息化建设及“互联网+政府服务”工作的推进中，各部门数据资源的交换共享、各业务系统的互联互通是工作成败的关键。为此，芜湖市努力推进政府各部门数据共建共享，建立了全市统一的公共数据中心，将原本分散存储在不同部门、行业的公共数据陆续汇集到全市统一的公共数据中心，解决了政府各部门信息化系统的重复建设和基层信息重复采集问题，为政府大数据应用提供支撑。而且，芜湖市将数据交换共享纳入年度工作计划，将数据整合和信息化应用统一纳入年度考核，占比达10%，有效推动了各部门数据共享的能动性。

（选自：叶琦：《安徽芜湖推进公共数据共享共用把公共服务延伸到百姓家（法治头条）》，《人民日报》2016年3月23日第17版，有改动。）

案例分析：

在互联网+的时代背景下，积极运用网络化方式是创新社会治理新的方向。芜湖市推进公共数据共享共用把公共服务延伸到百姓家的重大举措给当地百姓带去实实在在的便利的同时，也给我们创新社会治理体制提供了很好的借鉴。运用网络打造覆盖面广、数据翔实的数据库，并实现互通共享，简化市民办事程序，创新市民办办事方式，以往25天才能办好的证现在只要5分钟便可办成。在致力于更好地服务于百姓，切实将社会治理体制创新的新形式运作自如，芜湖市高度重视在“互联网+政府服务”工作的推进中，各部门数据资源的交换共享、各业务系统的互联互通的作用，把信息化应用纳入年度考核，督促信息化水平提升给市民带去实惠。顺应大数据时代，芜湖市把公共服务更加便利地服务到每一位百姓家，积极创新社会治理体制的经验值得推广。

思考讨论：

（1）芜湖市运用互联网创新社会治理体制，把公共服务延伸到百姓家给予我们什么启示？

（2）大数据时代，请就如何创新社会治理体制提出你的看法。

案例三：不断创新社会治理体制

党的十八届三中全会，着眼于维护最广大人民根本利益、最大限度增加和谐因素、增强社会发展活力，提出了创新社会治理体制的新观点新要求新部署。我们要认真学习、深刻领会、贯彻落实全会精神，坚定不移地推进社会治理体制创新。

首先，要实现政府治理和社会自我调节、居民自治良性互动。社会治理是全社会的共同行为。因此，要强化政府研判社会发展趋势、编制社会发展专项规划、制订社会政策法规和统筹社会治理方面的制度性设计、全局性事项管理等职能，发挥好政府在社会治理中的主导作用；要深化居民自治。深入贯彻居委会组织法、村委会组织法，深入开展以居民会议、议事协商、民主听证为主要形式的民主决策实践，以自我管理、自我教育、自我服务为主要目的的民主治理实践，以村务公开、居务公开、民主评议为主要内容的民主监督实践，全面推进居民自治制度化、规范化、程序化。同时，要鼓励和支持社会各方面参与，从传统的社会管理转向时代发展要求的社会治理，努力在实现政府治理和社会自我调节、居民自治良性互动上取得成效。

其次，要鼓励和支持社会组织参与社会治理，激发社会活力。社会组织是社会治理的重要主体和依托。改革社会组织管理制度，鼓励和支持社会力量参加社会治理、公共服务，对于激发社会活力、巩固党的执政基础具有重要作用。要建立健全政府购买服务机制，及时、充分向社会公布政府购买服务项目、内容以及对承接主体要求和绩效评价标准等信息。非基本公共服务领域，要更多更好地发挥社会组织的作用，凡适合社会组织承担的，都可以通过竞争性选择方式交给社会组织承担。

再次，要建立畅通有序的诉求表达、心理干预、矛盾调处、权益保障机制。社会治理要以大力发展经济、保障和改善民生为治本之策，从源头上减少社会矛盾和问题，同时，必须建立畅通有序的诉求表达、心理干预、矛盾调处、权益保障机制，使社会矛盾和问题不断得到及时化解和向好的方面转化。对此，要采用畅通诉求表达机制、建立心理干预机制、完善矛盾调处机制、健全群众权益保障机制等多种方式创新社会治理体制。

最后，创新社会治理体制要健全公共安全体系。公共安全事关人民安居乐业、社会安定有序、国家长治久安。健全以食品药品安全、安全生产、防灾减灾救灾、社会治安防控等为基本内容的公共安全体系，是社会治理面临的重要课题。具体而言，要健全食品药品安全监管机制、完善安全生产监管制度、健全防灾减灾救灾机制以及创新立体化社会治安防控体系等方式积完善创新社会治理体制建设。

（选自：李立国：《创新社会治理体制》，《求是》2013 年第 24 期，有改动。）

案例分析：

社会治理的精神实质，就在于针对国家治理中的社会问题，发挥多元治理主体的作用，以实现和维护群众权利，完善社会福利，保障改善民生，化解社会矛盾，促进社会公平，推动社会有序和谐发展的过程。而针对创新社会治理体制的要求，诸多学者都从不同的角度进行探索。回顾十八届三中全会决定中把社会治理体制创新概括为改进社会治理方式、激发社会组织活力、创新有效预防和化解社会矛盾体制、健全公共安全体系四个方面，具有很强的战略指导性和问题针对性。据此，实现社会治理创新从实现政府治理和社会自我调节、居民自治良性互动、鼓励和支持社会组织参与、建立畅通有序的诉求表达、心理干预、矛盾调处、权益保障机制、健全公共安全体系等角度着手便为我们深刻理解并实现社会治理体制的创新提供了具体指导作用。

思考讨论：

（1）为什么要创新社会治理体制？

（2）在创新社会治理体制过程中，你怎么看待鼓励和支持社会组织参与这一重要环节？

后　记

《中国特色社会主义教育教学案例》是加强高校思想政治理论课专题教育教学案例丛书之一。本书由王峰提出了全书的指导思想、写作思路、提纲。在写作的过程中，写作组多次讨论、修改，并最终确定了书稿。具体分工是展婷婷负责第一章，黄楚仪负责第二章，吴红云负责第三章。

在编写的过程中，我们尽可能地吸收学术界相关问题的研究成果，但由于编写者研究能力、掌握资料有限，书中难免存在疏漏和错误，敬请学界同仁批评指正。

编　者

2016 年 11 月